相 信 閱 讀

Believe in Reading

共享

SHARING ECONOMY

經濟

改變全世界的新經濟方案

騰訊研究院

馬化騰

張孝榮 孫怡 蔡雄山
合著

目次　CONTENTS

推薦序

破解經濟剩餘的祕密

騰訊研究院院長

郭凱天

　　西方經濟理論需要發生一場革命。自亞當‧斯密（Adam Smith）在《國富論》（*The Wealth of Nations*）中談到利己主義後，「理性經濟人」就成了西方經濟學的基本假設之一。理性經濟人被看做是追求個人利益最大化的化身，把利己當成人的天性，是只顧自己利益而不顧他人與集體利益的代表。

　　但在共享經濟這個催化劑的作用下，利己主義的假設發生了變化。在新興的互聯網平台上，人們不再把所有權當成獲得產品的最佳方式，不再注重購買、擁有產品或服務，反而採取一種合作分享的思維方式，傾向於暫時獲得產品或服務，或是與他人分享產品或服務。使用但不占有，是共享經濟最簡潔的表述。但這遠遠不是共享經濟的全部。

我們看到的是：在經濟學上，供給和需求這兩股對立的力量，在共享經濟這個催化劑的作用下，也正按照一種不同以往的模式，實現大規模的連結。這是一種新情況，與傳統經濟不同的是，這種連結是基於經濟剩餘。經濟剩餘在企業層面的表現為閒置庫存與閒置產能，在個人層面的表現為閒置資金、閒置物品與閒置時間。簡單來說，就是閒錢、閒物、閒工夫。

活用經濟剩餘，是社會財富增長的一條新途徑。過去，經濟剩餘的存在相當零碎，零零散散存在於社會各個領域，整合成本極高，社會價值卻很低。現在，借助於共享經濟的各種創新模式，大量的經濟剩餘被整合起來，在整個社會重新分配供需，於是就產生了新的經濟效益。

由此，不但能讓人盡其才、物盡其用，總體經濟的發展也具備了新的動能。

騰訊眾創空間正在實踐一種面向創業企業的模式：產業生態資源分享。具體來看，眾創空間以企業為核心，分享網路平台流量、技術、產品、辦公環境、軟硬體設備、投資、傳媒等適合企業成長的各種要素，使創業者可以集中精力專注於產品研發與營運等核心事務，大大改善過去創業服務資源閒散化的問題。

　　不光是企業端可以擁有共享經濟，在社會公共服務領域也可以引入共享經濟。目前，世界主要國家都認識到共享經濟對於資源高效分配的重要價值，高度重視發展共享經濟。許多國家確立共享經濟的策略性地位，提出鼓勵政策促進共享經濟發展。例如：英國政府2014年制訂共享經濟計畫，旨在打造共享經濟的全球中心、韓國政府提出發展共享經濟示範城市、歐盟發布《共享經濟指南》等。

　　共享經濟是一場深刻的經濟革命。在去中心化的價值傳承下，合作分享的思維方式成為商業發展的主旋律，這對於整體社會的資源與組織重構、供需重塑，甚至治理模式都帶來巨大影響。正如羅蘋‧蔡斯（Robin Chase）所言，共享型企業正在推動這個工業化社會，轉型為協作經濟社會。

　　儘管共享經濟在中國發展得如火如荼，卻也還沒完全發揮出價值。持續擴大有效內需與加快供給端改革，成為國家經濟發展的兩項重要指標，共享經濟也在重新構建更有效率、更具持續性的新型供給關係上展現出巨大潛能。

　　首先，共享經濟讓每個人都有機會參與「供給端改革」這項歷史進程。隨著行動網路發展，智慧型手機與高速無線網路普及，個體自主性愈來愈受到重視。在這種狀態下，每個人都

是資訊匯聚中心和傳播主體，每個人都是雇主和雇員。新興的共享型企業不再生產商品，而是提供資訊和交易平台。

其次，企業與企業間的共享，將有利於降低成本、提高效率。隨著互聯網與傳統行業的深度融合，一批創新型共享經濟平台脫穎而出，得到消費者與市場的廣泛認可。粗略估算，2015年，共享經濟在中國市場總體規模約有1萬多億人民幣。共享經濟正從交通運輸及住宿領域，拓展到個人消費的各種領域，同時企業端市場也逐漸成形。

可以預見，這場已經影響了數億人的共享經濟風潮，將重新構建個人與個人、個人與企業、企業與企業間的連結，提升整體社會經濟的運行效率，有助於推動國家經濟加速實現新舊動能轉換，構建一個更富有人文情懷的社會。

前言

釋放經濟發展新動能

　　2015年，中國經濟社會實現了歷史性的「雙過半」。服務業在國內生產毛額（GDP）中的占比首度超過一半，達到50.5%；網路普及率也首度超過一半，達到50.3%。這顯示消費取代投資，成為中國經濟成長的主動力，同時以互聯網（Internet）為代表的新經濟逐漸占據主流消費市場。2015年也是「互聯網＋」的開局之年，社會各界積極擁抱互聯網，以物聯網、雲端運算、大數據為基礎的創新創業浪潮風起雲湧，在推動「雙過半」的過程中發揮了臨門一腳的作用。

　　2015年「兩會」，我曾經提出〈關於以「互聯網＋」為驅動，推進我國經濟社會創新發展的建議〉，希望能夠利用互聯網平台與資訊傳播科技，把互聯網和包括傳統產業在內的各行

各業結合起來，進而在新領域創造出一種新生態。2016年「兩會」，我提交的五份議案之一是〈關於促進分享經濟發展釋放經濟增長新動能的建議〉。應該說，共享經濟與「互聯網＋」有著一脈相承的關係，是「互聯網＋」在各行各業應用和普及過程中湧現出的新模式，具有打破資訊不對稱、降低交易成本、提升勞動生產率的作用。

　　歷經一年的時間，「互聯網＋」在拓展據點與奠基的工作基本上已經完成，未來將在教育、醫療、交通等規模大、痛點多的垂直產業領域縱深發展。而共享經濟很可能會成為「互聯網＋」與這些傳統產業結合的主要業態和模式。

　　也許目前「共享經濟」還不足以拿來當成一個時代的代表性名詞，卻為經濟轉型升級提供了重要契機。一方面，這兩年圍繞著交通運輸、租賃等領域的新公司如雨後春筍般出現，創造了大批的就業機會。雖然分屬不同產業，但都有一項共同的特徵：以人、服務、商品等社會剩餘資源的供需關係為主軸，重新配對後形成一個前所未有的新經濟模式。另一方面，發展共享經濟已經成為全球的共識，從2016年中國〈政府工作報告〉到「十三五」規畫綱要，到英國、法國、韓國等國家政府都提到要積極發展共享經濟。

共享經濟在世界各地的崛起並非偶然，而是當前O2O（Online to Offline）產業、互聯網行業，乃至整個中國經濟在新常態轉折背景下催生的一種新模式。共享經濟雖然破土萌芽未久，卻已展現出強大的爆發力和生命力，迅速促進萬事萬物的互聯互通。

行動網路發展的碩果

就在過去兩、三年裡，以Uber、Airbnb為代表的一批共享型企業迅速崛起。據推估，2015年，共享經濟在全球的市場交易規模約為8,100億美元；在中國，共享經濟的市場規模也超過1兆人民幣。從一個紙上談兵的觀念，轉變成席捲全球經濟與社會的潮流，共享經濟在全球爆炸式發展的背後，主要得益於本身的三大特性。

一、共享經濟是對閒置資源的社群化再利用。許多人可同時分享時間、空間、物品等資源，提高閒置資源的使用效率，創造更大的市場價值，使消費者獲得優惠和便利，擁有者也獲取額外收入。共享型企業整合社會大量的閒置資源，實現了三贏的局面。

二、共享經濟把熟人間的分享關係擴展到陌生人，提升社會成員的互信程度。共享經濟是基於熟人關係所催生出的商業型態，也由於行動網路的發展，熟人信任開始過渡到商業化信任。在這種新型態的商業模式下，人們發揮分享精神，借助互聯網帶來的便利，依靠團體合作的方式，讓社會資源重新流通，進而實現「隨選分配」的社會資源再分配，真正實現「使用但不占有」的美好願景。

三、共享經濟將生產方式轉為去中心化的個人化訂製。相較於前兩次工業革命以「大規模、單一中心、統一標準」為主要特徵的生產方式，共享經濟去中心化的價值網路，更加注重提供個人化的產品和服務。個人既是消費者、同時也是生產者，大幅激發創業創新的活力，賦能與人，真正實現了人盡其才、物盡其用。

總體來看，共享經濟也是當前行動網路技術發展到一定階段的必然產物。行動網路發展與智慧型終端機的普及，實現了參與者的廣泛互聯；行動支付與行動定位服務（Location Based Service, LBS），也讓分享變得簡單快捷。網路與大數據分析技術，實現了資源供需雙方的精準高效配對，大幅降低個體間零碎化交易的成本。社群網路及信用評價機制日漸成熟，孕育了

新的信任關係。共享經濟的發展也推動了一個超連結網路的形成，藉由對社會閒置資源的再利用，強化了人與人、人與物、物與物之間的連結。

加速經濟新舊動能轉換

中國經濟已經進入新常態，經濟成長從高速轉向中高速，人口結構也開始邁向高齡化，消費對經濟的貢獻愈來愈大，但還是有產能過剩與有效供給不足並存的現象。如今，共享經濟已經躍升為國家級策略。從中共的十八屆五中全會公報，到「十三五」規畫綱要，都提到要發展共享經濟。

2015年11月15日，中國國家主席習近平出席二十國集團峰會，以「創新成長路徑共享發展成果」為題所發表的演說中談到：「新一輪科技和產業革命正在創造歷史性機遇。」並將共享經濟做為推動改革創新的重要創新案例[1]。

中國國務院總理李克強，在2015年世界經濟論壇新領軍者年會上的致辭，也肯定了共享經濟。他指出：目前全球共享經

---

1. 延伸閱讀：http://news.xinhuanet.com/politics/2015-11/16/c_1117147101.htm。

濟呈快速發展態勢，是拉動經濟成長的新路。通過分享、協作的方式創業創新，門檻更低、成本更小、速度更快，將有利於拓展中國共享經濟新領域，讓更多人參與進來[2]。從實際情況看，共享經濟在推動經濟轉型、新舊動能轉換，取得了較顯著的成效。

一、共享經濟有助於化解部分地區與產業存在的經濟剩餘問題。以中國房地產市場為例，據國家資訊中心統計，中國商品房待售面積，已經從2010年底的7千萬坪，增加到2015年11月的2億坪以上，年均成長率超過30%，房地產市場「去庫存」的形勢仍然較為嚴峻。按照共享經濟思維，至少有兩種做法可以較快速減少庫存：一是共享經濟平台與開發商合作，以批量簽約來銷售庫存房源，為開發商提供增值服務，將促進有管家、帶租約及可交換的房產出售；二是共享經濟平台發展以租代售，藉由整合開發商、業主和消費者，滿足各類租房需求，活絡長期閒置的地產庫存。

二、共享經濟可成為供給端改革的有力推手，為服務業的成長提供新動能，實際推動結構調整。一是共享經濟透過網路

---

2. 延伸閱讀：http://news.xinhuanet.com/fortune/2015-09/10/c_128215895.htm。

社群平台，將社會閒置的庫存資源轉變成新的供給，如個人的房屋、車輛、資金、知識、經驗、技能等資源，可以在各地大規模實現供需配對，還可以降低交易成本；二是能有效擴大消費需求，如有些餐飲類分享平台，以分享個人經歷等方式吸引有興趣的人前往消費，促成很多體驗型、嘗鮮型消費，升高人們對服務的購買意願。

三、共享經濟能有效擴大就業，促進大眾創業與創新，增加人民收入。據推估，中國目前有一批新興的線上雇用、眾包快遞平台，提供了超過3,000萬個全職和兼職的就業機會。北京大學新媒體研究院2015年6月所做的一項研究調查顯示，滴滴平台旗下的計程車、專車、快車、代駕、試駕等服務，總共創造了近300萬個就業職缺。

現在，中國的共享經濟正從交通和住宿領域，拓展到個人消費的分眾領域；同時，企業端市場也逐漸成形，賦與綠色與永續發展應具足的條件。可以預見，這場已經影響數億人的共享經濟風潮，將為中國經濟成長注入一股強大的新動能，有助於中國經濟實現動力轉換，把服務業變成經濟成長的主力。

更互聯互通的時代即將到來

儘管發展聲勢蓬勃，但共享經濟在發展過程中也面臨到監管、利益調整、供給等多方面的制約和挑戰。

一、相關監管仍有待進一步與時俱進。當前中國產業的監管思路，傾向於區域與條塊等管理方式，注重事前審批和准入。但在共享經濟時代，融合性新業態大量出現，突破傳統的細分式管理模式，導致多數共享經濟模式都有「違法」嫌疑，隨時都面臨喊停的風險。因此，面對共享經濟與傳統產業不同的新型商業模式、經營方式等，監管機關不能削足適履，強迫新事物符合舊的監管框架，而是要因地制宜調整監管策略，堅持具體分析問題，及時清理阻礙發展的不合理規章制度，促進共享經濟發展。

二、創新引發的利益調整提高了統籌協調的難度。比較典型的是在交通、住宿等行業，共享經濟擁有顯著的成本優勢和全新的商業模式，使相關領域的傳統企業面臨一定的壓力，難免遭到一些質疑和阻撓。但是共享經濟與傳統企業也有許多相互融合的例子，如：福特汽車旗下頂級品牌林肯汽車（Lincoln），與設計師線上交流平台CustomMade製造商

合作，共同設計高級汽車珠寶；美國最大連鎖藥局沃爾格林
（Walgreens）與外包網TaskRabbit合作，將處方藥宅配到家；
美國家用品零售商家得寶（Home Depot）使用Uber快遞聖誕
樹。未來，共享經濟與傳統企業融合發展的案例會愈來愈多。

　　三、基礎設施不足以讓更多民眾參與。共享經濟是互聯網
高度發展下的產物，其需求廣泛存在於中國城鄉各地，然而，
中國的網路基礎設施建設卻還有待進一步提升。中國仍然有半
數人口尚未直接使用互聯網，其中有許多是殘障人士、老年人
口、偏遠貧窮地區居民，應該要讓這群人有機會融入行動網路
世界，享受共享經濟帶來的紅利，而3G、4G行動寬頻也必須
加速普及於偏遠貧窮地區。另外，中國上網的資費偏高，應有
再調降的空間。

　　從長遠看，共享經濟仍然是行動網路發展的階段性成果。
隨著科技的發展、人們觀念的轉變、商業模式的更迭，未來必
然還會推陳出新，湧現出新的模式。萬事萬物將可能會以當前
無法想像的方式，更緊密聯繫在一起，而對於未知的探索和孜
孜以求的實踐，正是人類社會生生不息的魅力所在。

第一篇

理論篇

一場源於創新的實踐

　　共享經濟的起源是什麼？面對一個新生事物的時候，總會想追根溯源。我們發現，當前全球熱議的共享經濟，原來並非是過去學院派眼中的共享經濟。這究竟是怎麼一回事？

　　「共享經濟」這個名詞的誕生，可追溯到1980年代。中國經濟學家李炳炎教授在《社會主義成本範疇初探》（1981年）和《勞動報酬不構成產品成本的內容》（1982年）兩篇文章中，在海內外首次提出社會主義共享經濟理論的核心觀點。1984年，美國經濟學家馬丁・勞倫斯・威茨曼（Martin Lawrence Weitzman）出版的著作，書名就是《共享經濟》，他在書中提出了共享經濟理論。

　　兩位學者提出的共享經濟理論，所關注的焦點都是基於微觀的企業行為，在分配領域中探尋經濟動力不足背後的因素，宣導建立一種新的利益分配制度和財稅政策，以建立新的經濟刺激結構與機制，消除傳統的利益矛盾，解決經濟發展動力不足的問題。講明白點，主要就是在研究勞工與資本家如何分配企業收益的問題。

　　很顯然，時下紅遍全球的共享經濟，並非上述兩位經濟學家所研究的共享經濟，而是一種新興的經濟現象，是一種結合高度發展的網路技術所形成的社群化商業模式。

既然是基於社群的分享，那是不是等同於基於社群化生產的資訊共享呢？2002年，哈佛大學法學院教授、伯克曼網路與社會中心主任尤查・本科勒（Yochai Benkler）在《網路財富》（*The Wealth of Networks*）一書中提出「共同對等生產」（commons-based peer production）的概念，重點描述他對社群化生產的想法。在他看來，利用網路技術進行社群化生產，可以解決資源合理利用的問題，而在資訊時代，由個人與或鬆或緊的合作者進行非市場化、非專有化的生產，所發揮的作用將日益加大。

　　這聽起來似乎很有「分享」的精神。但遺憾的是，本科勒教授的觀點著眼於解釋維基百科、開放原始碼軟體和部落格圈等案例，這些模式恰恰不是共享經濟研究的典型。換言之，這僅僅是「分享」，而不是「共享經濟」。那麼，共享經濟究竟是什麼呢？

　　至此，我們需要導入一個新的概念：「協同消費」，或稱「協作消費」。所謂協同消費，從字面理解，這是一種群體消費模式，由許多消費者揪團消費，比個人消費更有議價優勢。這個名詞源自於美國德州州立大學社會學教授馬庫斯・費爾遜（Marcus Felson）和伊利諾大學社會學教授喬・斯佩思（Joe

L. Spaeth）。這兩位教授在1978年發表了一篇論文〈社群結構
與協同消費：一種日常活動的方法〉（Community Structure and
Collaborative Consumption: A Routine Activity Approach），當時
協同消費也被稱為「合作式消費」。

2007年，英國專門研究健身產業的「氧氣顧問」（Oxygen
Consulting）公司策略分析師雷・阿爾格（Ray Algar）在〈協
同消費〉（Collaborative Consumption）一文中，帶入「協同消
費」這個詞。他發現，協同消費是一個席捲全球的現象，消費
者在線上透過eBay和英國最大分類資訊網站Gumtree等，交換
商品和服務、藉由全球知名旅遊網站TripAdvisor分享住宿經
驗，並透過集體購買力共享高價值資產，如汽車、房地產和飛
機等。他在文章中強調了「分享」的要素。

後來，協同消費又演變出更豐富的含義，如百度百科裡
提到：「協同消費，指消費者利用線上、線下的社區（團、
群）、沙龍、培訓等工具進行連結，實現合作或互利消費的一
種經濟模式，包括在擁有、租賃、使用或互相交換物品與服
務、集中採購等方面的合作。」

2011年，《時代》（Time）雜誌將「協同消費」列為改
變世界的十大觀念之一。2013到2014年，《經濟學人》（The

Economist）連續刊載多篇文章，報導美國的共享經濟發展狀態，並以專題報導探討 Airbnb、Uber 等公司，在共享經濟商業模式發展過程中遇到的問題和機遇。

許多國家政府也開始推波助瀾。其中，英國顯然相當有雄心壯志，於 2015 年提出構想，希望推動英國成為全球最適合創業、投資和發展的中心。為此，英國政府制定了一系列政策來推動共享經濟的發展，使其成為經濟發展的重要驅動力。

針對「共享經濟」這個名詞追根溯源，本意不在於咬文嚼字，而是藉由對歷史的爬梳，追尋本真，把握未來。我們不難看出，協同消費之於共享經濟，幾乎猶如一個硬幣的兩面。而共享經濟傳播幅員更為廣闊，超越了東西方地域，超越了社會型態。這場由網路技術應用引發的革命，引領全球經濟體的發展，改變了人類的生活方式，把每一個人帶入未來。

第1章
一探共享經濟真相

　　許多學者和機構認為，共享經濟的內涵類似於協同消費、隨選經濟、零工經濟等。仔細體會，會發覺共享經濟與這些概念都有交集，有時甚至高度重疊，但又貌合神離，各有差異。

協同消費的真相

　　協同經濟（collaborative economy）專家瑞秋·波茲曼（Rachel Botsman）認為，「共享經濟」就是「協同消費」。她在與人合著的書中闡述這項觀點，原文書名為 *What's Mine Is Yours: The Rise of Collaborative Consumption*，直譯為「我的就是你的：協同消費的崛起」，中文版書名為《共享經濟時代：互聯網思維下的協同消費商業模式》。該書指出，協同消費是在互聯網上興起的一種全新商業模式。簡而言之，消費者可以透過合作的方式與他人共同享用產品和服務，而不必擁有產品

和服務的所有權。這個定義從消費者的角度出發，強調的雖然是「協同」，但本質其實是「分享」，而且特別強調分享的物件是產品和服務。

瑞秋‧波茲曼認為，二手交易也是共享經濟的一種典型模式。二手交易將閒置的資源經由轉售，使其能夠再利用，提高了資源的使用效率。因此，她認為協同消費包括三種型態。

第一種型態是「產品與服務系統」。即人們將自己的汽車、房子等私人用品，在閒置時出租給其他人使用，獲取額外的收入。

第二種型態是「市場再流通」。即二手物品交易，這類型的代表包括：閒置物品捐贈平台Freecycle，交易平台eBay、Gumtree，和一些允許交換閒置物品的論壇。

第三種型態是「協同式生活」。即眾多有相似需求和興趣的人們聚集在一起，分享交換一些相對隱性的資源，如時間、空間、技能等，典型的代表有「時間銀行」（Time Bank）。

持有類似觀點的還有芬蘭坦佩雷理工大學（Tampere University of Technology）的尤霍‧哈馬里（Juho Hamari）研究小組。該小組針對共享經濟中的協同消費展開研究，分析了254個協同消費平台。研究結果指出，平台上的行為可以分成

兩大類型的交換：所有權的獲取和所有權的轉移。

　　所有權的獲取，指的是所有者可以在一定時間內提供或分享商品和服務，如出租或出借。所有權的轉移，則是指交換、捐贈或購買二手物品。馬哈里的研究小組將研究成果發表於〈共享經濟：為何人們參與協同消費〉（The Sharing Economy: Why People Participate in Collaborative Consumption）一文。

　　支持這項觀點的人還不少。〈德國的共享經濟現象：參與協同消費的消費動機〉（The Phenomenon of the Sharing Economy in Germany: Consumer Motivations for Participating in Collaborative Consumption Schemes）這份關於德國共享經濟的報告中，針對共享經濟的分類和定義也遵循瑞秋·波茲曼的理念，認為共享經濟不僅包含點對點（P2P）服務，也包含產品或服務系統與再分配市場。該報告對共享經濟的定義為：一、允許顧客使用產品，而提供者仍持有所有權；二、包含新品與二手物品交易的市場；三、透過隨選服務（on-demand services）集結眾多個人的力量完成任務。

　　世界經濟論壇全球青年領袖峰會在〈循環經濟創新與新型商業模式〉（Circular Economy Innovation & New Business Models Initiative）報告中，也將「共享經濟」連同「協同消費」

分成三個系統:一、再分配市場,如eBay、免費線上分類廣告網站Craigslist、嬰兒用品寄售平台Swap.com、二手童裝寄售平台thredUP、二手物品分享平台Yerdle。二、產品與服務系統,如線上租車公司Zipcar、社區租賃服務網站Snapgoods、汽車共享平台CarShare。三、協同式生活,如Airbnb、技能分享網站Skillshare、辦公空間供應平台LiquidSpace。

同樣以「協同消費」的概念出發,Zipcar創辦人羅蘋・蔡斯(Robin Chase)則撰寫了《共享型企業:同儕力量的覺醒與效應》(*Peers Inc: How People and Platforms Are Inventing the Collaborative Economy and Reinventing Capitalism*)一書。中文簡體版將「協同經濟」(collaborative economy)硬是譯為「共享經濟」,但羅蘋・蔡斯認為,「協同」才是她在書中要傳遞的核心思想。在協作的過程中,分享是必要的環節。由此可看出,無論「協同」或「分享」,基本方向都是一致的。

從勞動力解讀共享經濟

除此之外,共享經濟還有許多其他的名稱。這些名稱從不同視角解讀了共享經濟的內涵,幫助大家對共享經濟有更深入

全面的理解。

　　例如，美國新聞網站「每日野獸」（The Daily Beast）在 2009年1月12日刊載的文章〈零工經濟〉（The Gig Economy）中，首次提出「零工經濟」的概念。打零工，不就是一種對個人閒暇時間的分享嗎？利用閒暇時間發揮個人才能、提供服務，完成不同的工作以換取收益，又稱「兼職」。因此，美國民主黨總統候選人希拉蕊・柯林頓（Hillary Clinton）在一次競選演講中，也以「零工經濟」來泛指共享經濟模式。零工（gig）原指任何一種工作、職業、任務，這種定義陳述了共享經濟的一項新含義：線上的工作僱用，即人們藉由社群平台獲取更有彈性與靈活性的工作機會，勞動者只在某段時間內提供某種特定的服務，而不再長期受僱於某一組織或機構。

　　美國當代著名的學術思想機構之一阿斯彭研究所（The Aspen Institute）認為，雖然共享經濟尚未有官方定義，但通常指圍繞一個技術平台，促進跨行業的個人商品、資產與服務交換。在其《經濟機會：工作在美國》（Economic Opportunities: Working in America）系列報告〈共享經濟中的未來工作〉（The Future of Work in the Sharing Economy）中，將共享型企業分成兩類：促進財產或空間交換、促進勞動交流。

一、財產或空間交換。出租房間或房屋，如Airbnb；出租汽車，如RelayRides、Getaround；出租自行車，如Liquid等。

二、勞動交流。叫車或共乘，如Uber、Lyft；根據各種任務派遣的隨選勞力，如TaskRabbit；居家清潔與維修，如Handy；隨選採買食品雜貨服務，如Instacart等。

「The People Who Share」創辦人貝妮塔・馬托弗斯卡（Benita Matofska）是共享經濟的實踐者，結合自身從事共享經濟多年的實務經驗，她對共享經濟的內涵有著更豐富的定義。她認為，「共享經濟」也被稱為「點對點經濟」、「協作經濟」、「協同消費」，是一個建立在人與物質資料分享上的社會經濟生態系統，包括不同人或組織間對生產資料、產品、分銷管道、處於交易或消費過程中的商品和服務的分享。這個系統有多種型態，一般需要使用資訊科技賦與個人、法人、非營利性組織，發布冗餘物品或服務分享、分配和再使用的訊息。基本前提是，當物品的資訊被分享，這個物品對個人或組織的商業價值將會提升。

廣義的共享經濟

美國麻省理工學院公民媒體中心（MIT Center for Civic Media）2014年發表的〈分享真的是關懷嗎？對等經濟初探〉（Is Sharing Really Caring? A Nuanced Introduction to the Peer Economy）報告，將共享經濟細分為以下幾類。

1. **P2P交易市場**。也稱「對等經濟」（peer economy），由線上平台扮演會合點的角色，為提供者和消費者配對交易，如Airbnb、Etsy、Getaround、Shapeways、Uber和Lyft。

2. **禮物經濟**。「服務空間」（ServiceSpace）這家禮物經濟組織如此闡述所謂的送禮精神：「商品或服務的轉移約定中，並沒有回饋條件的規範。」舉例來說，任天堂的軟體開發人員，會免費將遊戲原始碼分享給玩家。其他例子還包括工具圖書館、同人小說等。

3. **共同對等生產**。由無數志願者集體貢獻而產生的成品，如維基百科等。一般來說，人們的參與動機是社會認可和個人滿足感。其他例子還有開放原始碼軟體、駭客組織等。

4. **團結經濟／民主財富**。社區扮演管理人的角色，財富通常用

於互助。財富和資產不局限於金錢，如時間銀行等。

5. **協同消費**。以零生產為目標的經濟體和社會，如Zipcar、社區公園、自行車共享等。

6. **P2P借貸**。包含小額貸款、購買債務資產等，如LendingClub、Neighbor.ly等P2P平台。

7. **群眾募資**。如DonorsChoose、Patreon、Kickstarter、IndieGoGo等群眾募資平台。

8. **車輛共乘**。

所有權與使用權

相對於廣義視角，另外還有一種專業化視角。傑瑞米‧里夫金（Jeremy Rifkin）在其著作《付費體驗的時代》（*The Age of Access*）中提出了「使用權經濟」（access economy）。這種說法源於共享經濟最重要的一個特點，即使用權勝過所有權。未來對於物品和資產，人們不追求如何擁有，而是考慮如何使用。比方說，我不一定需要擁有一輛車，我可能只是需要用於一次短程旅行，所以並不需要一直擁有。許多中國的學者持此論者甚多，原因是他們接觸傑瑞米‧里夫金的理論甚早。

傑瑞米‧里夫金是美國經濟社會評論家、演說家、美國華府經濟趨勢基金會（Foundation on Economic Trends）總裁，是Uber與Airbnb等共享經濟領域獨角獸崛起的引領者。他另外兩本暢銷著作為：《第三次工業革命》（*The Third Industrial Revolution*）、《物聯網革命》（*The Zero Marginal Cost Society*）。其中，《物聯網革命》一書對未來世界做出三大預測：共享經濟將顛覆許多國際化大公司的營運模式、現有能源體系和結構將被能源網路取代、機器革命來臨，目前的許多工作將會消失。這本書將《付費體驗的時代》中幾項重要觀點去蕪存菁，但對共享經濟的觀點並無更廣義的視角。

經濟模式理論

有一些學者和機構根據目前共享經濟現象，將其定義為一個供給和需求重新配對的經濟模式。例如，國際會計及諮詢機構普華永道（PwC）在〈共享經濟：消費者情報系列〉（The Sharing Economy: Consumer Intelligence Series）報告中指出，共享經濟做為一種經濟模式，有幾項別於單純分享的特點：

一、以數位平台連結閒置的產能和需求；二、提供使用

權而非所有權的交易，實現更多的選擇和更低的成本，包括出租、貸款、訂閱、轉售、交換、捐贈；三、更多的協作消費形式；四、牽動情感連結的品牌體驗；五、建立在信任基礎上的經濟體。

普華永道在報告中指出，共享經濟允許個人和團體藉由未盡其用的資產來獲取收益。實物資產透過這種方式化為服務，例如：閒置車輛的車主可能會允許別人租用他的汽車，或者公寓所有者在度假時可能會出租他閒置的公寓。

韓國住宿資訊提供網站Kozaza創辦人SanKu Jo在其〈共享經濟〉（Sharing Economy）報告中，將共享經濟定義成一個基於分享、交換、交易或出租來獲取使用權，而不是所有權的經濟模式。他認為，共享經濟是相對廣義的術語，藉由分享時間、知識、資金、自然資源等物質與非物質資源，來獲取社會、經濟、環境、政治和精神利益。

德國技術研究機構夫朗和斐應用研究促進協會（Fraunhofer IAO）在〈城市環境中的共享經濟〉（Sharing Economy in Urban Environments）報告中，把共享經濟定義為：經由科技與社群，允許個人或公司分享產品、服務及體驗的實踐和經濟模式。隱私保護組織隱私未來論壇（Future of Privacy

Forum）在〈使用者口碑：在共享經濟中建立信任、保護隱私〉
（User Reputation: Building Trust and Addressing Privacy Issues in
the Sharing Economy）報告中，把共享經濟定義為：以雙方交
換人力資源及有形資源為基礎的經濟模式。在此模式中，其中
一方需要某項商品或服務時，可以向另一方租借。

　　中國社會科學院資訊化研究中心祕書長姜奇平提出，未來
互聯網將衍生出一種新的應用對應用（application to application,
A2A）模式。他解釋：「A2A的核心特徵是對等應用，即應用
與應用間的點對點協同。A2A的特點在於，可不經由中央平台
控制，在網頁應用間自下而上形成自組織、自協調、自我調整
的智慧型商業複雜生態。」A2A對商業生態結構的要求會加
強，會逐漸由網頁本身，提供原先由平台提供的公共產品，最
終則會將整個經濟，引向以不占有為核心的共享經濟模式。

從循環經濟看共享經濟

　　另一種對共享經濟的研究視角是基於循環經濟。世界經濟
論壇全球青年領袖峰會在〈循環經濟創新與新型商業模式〉報
告中提到，共享經濟與循環經濟是相輔相成的，同時共享經濟

和協同消費都能釋出閒置產能，也就是未盡其用的資產尚有未發掘出的社會、經濟和環境價值，如今可以借助網路平台重新分配。

美國波士頓學院（Boston College）社會學教授茱麗葉‧修爾（Juliet Schor）在〈爭議共享經濟〉（Debating the Sharing Economy）報告中認為，共享經濟的活動可以歸納成四類：再循環、提高耐用資產的使用率、交換服務及共享生產性資產。

1. **再循環。** 代表例子有早期的eBay、Craigslist，2010年後的二手衣物交換網站thredUp、Threadflip，以及免費交換網站Freecycle、Yerdle，以物易物網站Swapstyle.com。

2. **提高耐用資產的使用率。** 在交通領域有創始者Zipcar，還有汽車租賃網站Relay Rides，共乘服務Zimride，叫車服務Uber、UberX、Lyft；在自行車共享領域有波士頓的Hubway、芝加哥的Divvy Bikes；在住宿領域有創始者Couchsurfing，還有Airbnb。

3. **交換服務。** 最早有時間銀行，後來有TaskRabbit、Zaarly。

4. **共享生產性資產。** 目的不是為了消費，而是為了生產。如駭客空間、Makerspaces、Skillshare.com、Peer-to-Peer University。

共享經濟的四大要素

針對共享經濟的定義,真可謂是眾說紛紜,莫衷一是。如何才能有更直覺式思維的理解呢?研究發現,學者與機構定義的共享經濟,或多或少都會涉及到四個要素:個人、閒置(剩餘)、網路平台、收益。

舉例來說,英國商業、能源暨產業策略部在最新發表的〈英國的共享經濟〉報告中指出,共享經濟是由匯聚人們的交易平台所構成,這些平台連結了供需雙方。共享經濟的早期參與者進入該領域的動機,源自於更少消費和更多合作所帶來的潛在收益(包含社會效益與環境效益)。這項定義涉及了個人、平台與收益三個要素。

哈佛商學院企管教授南茜‧科恩(Nancy Koehn)認為:「共享經濟是指個體間直接交換商品和服務,如共享汽車、共享房間、交換閒置物品等,這些交換都可透過網路實現。」這裡提到了三個要素:個人、閒置、網路。

羅蘋‧蔡斯在其著作《共享型企業》中認為,剩餘產能、共享平台、人人參與,形成嶄新的「人人共享」模式,把規模與資源等組織優勢,與本土化、專業化及客製化等個人優勢相

結合，進而在一個稀缺世界裡創造出富足。這裡強調了剩餘、個人、平台。

　　資產管理暨投資銀行業者派傑公司（Piper Jaffray）分析師麥克・奧爾森（Michael J. Olson）和山繆・肯普（Samuel J. Kemp）在〈共享經濟：產業演變軌跡深度解讀〉（Sharing Economy: An In-Depth Look at Its Evolution & Trajectory Across Industries）報告中認為，共享經濟現象是由個人尋求降低成本並創造利潤而產生的。共享經濟是一個市場，用戶是個人、企業或機構；資產或技能的供應剩餘和分享，為分配者與用戶創造了經濟效益；網路為共享的溝通與協調提供便利。這裡提到了四個要素：個人、剩餘、效益、網路。

　　在中國，復旦大學管理學院博士淩超與張贊在〈分享經濟在中國的發展路徑研究〉論文中指出：「共享經濟被稱為P2P模式，主要是一種在單個自然人之間，透過某平台（一般是網路平台）對所有物進行的租賃交易。」這個定義涉及個人與平台兩個要素。

　　《共享經濟2.0：個人、商業與社會的顛覆性變革》作者劉國華和吳博強調了網路要素，他們在書中提出：「移動終端＋互聯網＋存量高效啟動＋萬眾參與＝共享經濟2.0。」

其他類似定義，不再逐一列舉。騰訊研究院提出一個更直覺式的定義：共享經濟，是指公眾將閒置資源透過社群平台與他人分享，進而獲得收入的經濟現象。這裡包含四個要素：一、所謂公眾，目前主要以個人為主，將來會衍生到企業、政府等，但形式應該是以P2P為主；二、所謂閒置資源，主要包括資金、房屋、汽車等物品與個人知識、技能、經驗等；三、所謂社群平台，主要指透過網路科技實現大規模分享的平台；四、所謂獲得收入，主要有網路租借、網路二手交易和網路打零工等三種模式，也是基本的分享模式。換言之，如果四者缺一，可能就不是我們所關注的共享經濟。

必須注意的是，上述所提及的三種模式，主要針對個人參與者而言。在國際上，已經出現了企業與政府參與的現象，因此共享經濟的內涵還會更加豐富。當然，要準確把握共享經濟的本質，依然是一件很困難的事情。現在是全球創新的時代，共享經濟隨時都可以衍生出更豐富的含義。

形成一個定義，除了對研究者的統計有意義之外，其他作用似乎有限。騰訊研究院的定義依然有些廣義，但好處是界定出共享經濟的四大核心構成要素：公眾、閒置資源、社群平台、收入。我們深切希望將來會有更精準的定義。

第2章
四大商業模式

對共享經濟而言，並不是只有個人分享的實踐，才算共享經濟。因為個人間的分享只是現階段的主流，未來很快就會出現企業間的分享，以及更廣泛的分享方式。從供需雙方的主體類型來看，共享經濟可以簡要概括分成四種基本的商業模式：個人對個人（C2C）、個人對企業（C2B）、企業對企業（B2B）、企業對個人（B2C）。

值得注意的是，這四種商業模式都帶有明顯的互聯網基因，強調所有供需者人人參與直接交易，即P2P。而這種基因就是：分散式、去仲介。在本書中讀者大致可以做此理解：帶有這種基因的，即共享經濟，反之則否。

圖表2-1 四大商業模式

		需方	
		個人	企業
供方	個人	C2C模式	C2B模式
	企業	B2C模式	B2B模式

C2C 模式

C2C模式是最典型且最常見的模式。供需雙方皆為個人，透過社群網路平台進行交易。核心特徵為：雙方直接在平台上聯繫分享，包括註冊登錄、選購下單、服務交付、評價分享、售後服務，平台僅起到供需資訊配對的作用。

據騰訊研究院統計，2015年在共享經濟所包含的超過35個領域中，有超過80%的領域是以C2C的商業模式為主。由此可見，以個人參與為主的模式是共享經濟的主體組成部分。

C2B 模式

供方為個人、需方為企業，雙方透過專業分享平台進行交易。核心特徵與C2C模式相同，即供需雙方直接在平台上聯繫分享，平台僅起到資訊配對的作用。與C2C模式最大的區別在於，面對的需方為企業用戶。

C2B模式可能是共享經濟未來發展的趨勢之一。中國國務院總理李克強在2016年1月27日召開的國務院常務會議上說：「C2B是大勢所趨，企業不再是單個封閉的企業，而是透過互

聯網與市場緊密連結、與消費者靈活溝通。C2B 模式做為互聯網時代的新商業模式，將在共享經濟中占據愈來愈重要的地位，同時也將成為影響未來商業格局的決定性力量[1]。」

B2B 模式

B2B 模式，指企業與企業間，藉由分享平台進行閒置資源的分享。平台起到供需配對的作用。例如：分享閒置生產設備，以荷蘭 Floow2 為代表；分享閒置醫療設備，以美國醫療設備管理公司 Cohealo 為代表。

雖然目前共享經濟的主要模式為 C2C，但我們認為共享經濟的發展前景在於 B2B，企業能夠提供更多個人無法提供或無法接觸到的資源。我們可以預見，未來 B2B 模式也將在共享經濟中占有一席之地。

---

1. 延伸閱讀：http://news.xinhuanet.com/politics/2016-01/31/c_128688663.htm。

B2C 模式

B2C 與 B2B 一樣，供方為企業，可分為兩種模式。

一種模式為：供方是擁有閒置資源的企業，需方為個人，社群網路平台轉變為承包商，代理供方的閒置資源，由平台與需方直接連繫，賺取其中差價。典型企業包括國際青年公寓YOU+、辦公空間租賃業者WeWork等，這些企業透過承租社會閒置場地，再以「承租－裝修－轉租」的模式向客戶出租。就某種意義來看，在這種模式中，供方的作用類似仲介企業，Zipcar是代表之一。

另一種模式為：藉由社群網路平台，企業向個人提供閒置資源的分享服務。平台進行資訊配對，並收取一定管理費。舉例來說，「滴滴巴士」就是讓擁有閒置巴士的旅遊或租賃公司，經由滴滴平台提供個人用戶搭乘巴士的服務。

從時間來看，共享經濟在發展初期是以Zipcar為代表的B2C模式為主，當前則是演變成去中心化、輕資產、低成本的C2C模式，而未來趨勢將是C2B和B2B兩種模式。其核心應該在於分享閒置資源、降低成本，而非擴大價差謀利。

由於目前對於共享經濟仍沒有權威的定義，所以從學術角

度來看，還有不少爭議點。例如，有學者認為，共享經濟未必總是具備營利的條件，如茱麗葉・修爾在〈爭議共享經濟〉報告中沒有界定共享經濟必須是營利的，她將平台劃分為營利性與非營利性。

圖表2-2　營利性與非營利性平台

		供應商	
		B2P	P2P
平台定位	營利	Relay Rides Airbnb	Zipcar
	非營利	Food Swaps Time Banks	Makerspaces

　　她認為，那些經營公共非營利組織的共享平台，實際上發揮著「公共物品」的作用，許多公共物品具有政府對個人（government-to-peer, G2P）的結構，而非P2P結構。有學者認為，B2C模式不屬於共享經濟，因為共享經濟應該是發生於個人間的活動，但也有學者和機構認為B2C屬於共享經濟。

　　The People Who Share創辦人貝妮塔・馬托弗斯卡認為，共享經濟的主體是個人或組織。與她持相同觀點的是英國學者、知名媒體人托馬斯・史班達，其在〈C2C的共享經濟只是開始，高潮還在B2B〉一文中指出：「未來某個時期，企業與企業間的資源分享，將呈現出巨大的發展潛力，對重型設備等

高價值資源的共享，將為企業帶來巨大的收益。」他也認為，共享經濟不僅僅是個人間的分享，企業與企業間高價值資源的分享，將會成為共享經濟這種經濟模式的主流。

第 3 章
解決經濟剩餘的問題

經濟剩餘改變一切

2015 年，我們有過這樣的思考：旅遊經濟，大致指的是我們在各地旅遊的開銷；黃金週經濟，指的是我們在黃金週 7 天內的消費。共享經濟，從經濟學的角度該怎麼解讀呢？

後來，我們想到一個名詞：經濟剩餘，才總算找到了一把鑰匙。我們認為，共享經濟是一種透過大規模活用經濟剩餘而激發經濟效益的現象，目的是致力於解決經濟剩餘的問題。

所謂經濟剩餘，是規模生產與過度消費的產物。在農業社會時期，社會生產不足，人們透過奴役牲畜加強生產，但需求得不到有效滿足；進入工業社會後，人們開始駕馭機器，在各種機器的協助下，生產力大幅提升，需求卻經常不足，很多領域都因為過度開發而產生過剩現象。例如，中國在 1980 年代初期，一般家庭原本沒有電視機，連買一台都要排隊；後來當家裡有了兩台或三台電視機的時候，你還有繼續購買的理由嗎？

但廠商依然大量生產電視機，就很容易會積壓庫存。

有些廠商或許會說自己沒有庫存，但事實是，有一大部分產品沒有送到終端使用者手裡，而是積壓在各種通路商的倉庫裡。規模生產發達後，大家口袋裡的錢跟著多了起來，購物不再因需要而產生，而是成為一種習慣。想買就買，於是許多商品在生命週期尚未結束的時候，就被拋入路邊的垃圾箱，這是一種消費剩餘。

因此，經濟剩餘在企業層面的表現為閒置庫存與閒置產能，在個人層面的表現為閒置資金、閒置物品與閒置時間。簡單來說，就是閒錢、閒物、閒工夫。在過去，經濟剩餘就像玻璃碎片，零散存在於社會各個領域，整合成本極高，卻很難發揮應有的社會效益。想分享，也只能小規模、小區域的進行。

但現在，共享經濟透過互聯網技術，把大量碎片整合到專業平台，在整個社會進行大規模供需配對，產生了新的經濟效益、形成了新的鏡面。由玻璃碎片變成鏡面，共享經濟化解了經濟剩餘的問題，堪稱鏡面效應。對此，可以總括為四句話：

凡有人在，皆有剩餘；凡有剩餘，皆可分享；

凡有分享，皆可實現；凡有實現，皆是雙贏。

第一句：人就是經濟剩餘的源頭。個人有、企業有、政府有、城市有，只要有人的地方，就一定有經濟剩餘的存在。

第二句：共享經濟的產生，源自於經濟剩餘。所謂經濟剩餘，如前所述，在個人表現為閒置資金、物品和時間，在企業表現為閒置庫存和產能。只要有經濟剩餘存在，就會有分享行為產生。

第三句：經濟剩餘分享，不等於共享經濟。要讓分享這種零碎行為變成共享經濟，就必須大規模化運行。網路平台支撐了共享經濟的發展，要連結所有人，就必須依靠網路；而經濟剩餘的連結，也必須依賴發達的網路平台。在網上，能想像出來的內容幾乎都可以實現。當然，這種分享應該撇開仲介。

第四句：共享經濟必須產生收益。人們參與共享經濟的根本目的，在於節約成本，參與雙方都會受益：需方降低成本，供方增加收入。反過來說，如果某個共享經濟的平台帶來的不是供需雙贏，那就值得懷疑。

換個角度，從生產與消費的角度來看，經濟剩餘會造成哪些問題呢？我們從報紙與新聞媒體得知，當前的經濟形勢不太妙，全球經濟低迷，一個重要的原因可能來自消費過剩。消費過剩所帶來的社會問題很大，如城市裡汽車消費過剩，導致

交通壅擠，停在路邊也占滿了人行道；或是許多人擁有數間房屋，導致超出生活所需，讓房屋成為一種投機需求，價格只漲不跌，於是各地開發過剩、空屋林立，綁架整個國民經濟。

消費過剩，如果用共享經濟的思維，該怎麼解決呢？答案是：提高剩餘資源的使用率。人們過度消費許多不需要的商品，這些商品都可以進入再流通領域，再度被使用，因此不必藉由擴大生產，也可以滿足生活需要。

另一方面，共享經濟的思維能夠解決生產過剩嗎？這也是個很現實的問題，現實到讓人很傷腦筋。生產過剩將會導致大量積壓庫存，而積壓庫存，除了降價出售以外，還有沒有別的化解思路？就理論上來說，共享經濟的「以租代售」將有助於化解庫存。例如：面對大量房地產庫存，很多房地產商都開始採以租代售的方式，逐步出清；部分汽車製造商也開始發展以租代售的業務，把新製造的汽車出租，而非賣掉。

但是，還有一個讓人難過的常見事例：牛奶生產過剩。這些牛奶，一半被迫低價出售，一半用於餵狗，或是倒進水溝。面對牛奶剩餘，共享經濟還有效嗎？

我們應該具體分析問題。從銷售轉為租賃，這種轉換之所以能夠實現，核心在於房屋可以重複使用，我們是將所有權與

使用權分開後，在所有權不變的前提下，對使用權進行租賃。而牛奶是一種消耗品，消費週期較短，重複消費頻率較高，使用權一旦移轉，所有權也隨之消失，如何租賃？

　　如果你擁有一個共享經濟剩餘的平台，那情形就完全不同了。我們假設這個平台覆蓋全國各個地區，而且有大量的活躍用戶，在甲地過剩的庫存，很有可能成為乙地暢銷的商品！社會上普遍存在大量的過剩資源，由於資訊不對稱導致的供需配對效率過低而長期閒置。如果能夠創造出調和供給與需求的平台，大量的社會閒置資源將被充分利用，發揮各自的價值。

　　共享經濟的意義，在於實現整個社會的剩餘資源配對。過去，經濟剩餘以零碎的方式存在於社會各個領域，整合成本極高，難以發揮應有的社會效益。共享經濟的出現，創新性化解了經濟剩餘問題，藉由行動網路技術、線上支付平台、便捷的交通、物流網路及社群媒體，有效率的把經濟剩餘整合到專業平台上，在整個社會內進行大規模的供需配對，產生了新的經濟效益。

經濟剩餘分享模式

我們已經定義了經濟剩餘，從這個角度來看，分享行為可總結為三個模式：一、使用權剩餘分享：強調使用但不占有。二、所有權剩餘分享：二手物品再循環，產生節約資源的環保效果。三、時間剩餘分享：個人具備多重身分，帶來大量就業機會。

圖表3-1　經濟剩餘分享模式

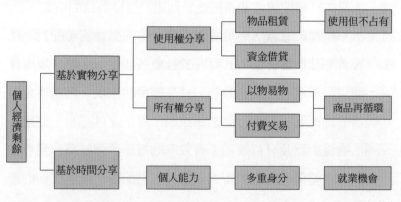

使用權剩餘的分享

經濟剩餘的第一種分享模式，是關於使用權的分享。當你

擁有的物品多起來的時候，就可以考慮出租，也是目前最流行的、對個人閒置資源的分享方式。這大致對應到兩種套路：閒置物品，可以透過個人線上出租平台實現分享；閒置資金，目前主要是透過P2P借貸平台，借給協力廠商使用。線上租賃目前在交通運輸、房地產、辦公空間、閒置資金等方面都取得了快速的發展。

在交通運輸領域，共享經濟產生出許多創新性的模式，除Uber、Lyft、滴滴出行等，還衍生出多種業態，如針對高級商務車市場的專車服務、採取低價策略的快車服務與汽車的出租服務、針對乘車線路相同者的共乘服務、在既定線路上預訂座位的網路巴士服務等。這種玩法愈來愈有趣，有向四面八方延伸的趨勢。除了分享汽車外，還出現其他五花八門的交通工具，如船舶、私人飛機、遊艇、自行車等。

在房地產領域，Airbnb改變了傳統旅館業的遊戲規則，讓一般人也能以低於酒店的價格出租自己的房間，可以靈活選擇日期與租客，不受過多的門檻限制。當然，這裡的核心在於對自住房間閒置時的出租。雖然共享經濟的壯大帶來不少專業資源，如二房東與職業房東等，但依然調動了社會上沉澱、無法創造價值的大量閒置房間，提高資源利用效率。

　　從針對消費者的閒置房間出租，到針對自由業者與創業者的閒置辦公空間出租，房屋出租的延伸進一步擴大。擁有閒置辦公空間的業主可以藉由分享平台直接與租客接洽，如馬上辦公。另一方面，更多機構採用 WeWork 這種「承租－裝修－轉租」的經營模式分享辦公空間。

　　在閒置資金領域，一般學者認為，P2P 借貸與群眾募資是一種創新的分享型態。點對點的模式無需銀行仲介，直接由個體對個體進行金融交易，無論是對個人投資者或信貸借款方而言，交易成本相對於傳統金融機構都會更低。尤其是群眾募資項目，初期難以從銀行獲取貸款，卻能透過融資方式獲得。網路群眾募資能夠減少以往融資的資訊不對稱，同時也可以提升市場影響力。

　　這些「租賃經濟型」分享平台的迷人之處在於，可以讓租借雙方獲得雙贏的局面。從理論上來說，出租方可以透過已經擁有的資源獲取收益，承租方則可以享有比大規模專業性組織更加經濟與便利的選擇。因此，無論年齡或背景，不管個人或企業，愈來愈多的消費者開始逐漸超越購買產品本身的需求，而是更傾向於購買產品的使用價值。

　　使用但不占有，這種形式打破了私人物品向來排他與競爭

的屬性，變得可以在消費者中，以個人對個人的形式被分享。
這就是共享經濟中的第一大重要模式：使用權剩餘分享。

所有權剩餘的分享

很多人可能沒有意識到，所有權的轉讓也能成為經濟剩餘的新興玩法，因為很多閒置資源可以進入再流通領域，如二手交易。準確來說，是指個體透過社群網路平台進行二手物品所有權交易，二手物品從閒置狀態透過分享再次被使用，提高了自身的使用率。與第一種模式不同，這種玩法是基於使用權和所有權兩權合一的分享。對於二手物品交易的流行，追究原因，大概有兩個。

一個原因是，網購的刺激，產生衝動型購物，造成消費過度。歷年來，網購的價格戰成為各大電商平台首選，各式各樣的促銷活動更是吸睛，折扣、秒殺、買一送一等比比皆是。遠遠低於原價的優惠價，刺激著消費者的購買神經：不管有沒有用，先下單再說。舉例來說，2015年阿里巴巴「雙11」的銷售額統計為912.17億人民幣，相較於2014年的571.1億人民幣，增幅達59.7%。

大部分衝動網購所花費的現金，最後都會變成家裡閒置的

「不動產」，像是一年穿不了幾次就退流行的衣服，看著賞心悅目卻毫不實用的家居用品，不覺得物有所值的奢侈品等等，都成為貶值又占空間的垃圾。中國人口眾多，原本就在資源分享與流動方面擁有巨大優勢。再加上網購的蓬勃發展，催生出一大批「剁手黨」，這些人樂於網購，卻經常後悔多買東西，因此產生大量閒置物品，中國二手市場的潛力由此可見。

經由二手交易將閒置物品交易出去，對賣家而言，既可獲取經濟收益，又可帶動新的購買需求；既可為家裡騰出新的空間，又可在下個網購節日愉快消費。對買家而言，以較低價格獲取品質還不錯的物品，CP值頗高。於是，閒置物品交易平台生意日益興隆，購物狂歡節後總會迎來日活躍用戶的高峰。

另一個原因是，產品更新速度加快。尤其是數位類產品，更新速度非常快。據中國最大分類資訊網站「58同城」發起的〈閒置物品能換錢：你在網上賣過二手嗎？〉調查研究顯示，有72.12%的人選擇了數位類產品，如手機、電腦、相機等。據美國德勤諮詢（Deloitte Consulting）分析，2015年全球智慧型手機的銷售量為14億部，其中10億部是為了滿足消費者的升級需求。在14個已開發國家市場中，約有70%的智慧型手機用戶在過去一年半內升級了他們的手機。

因此，隨著閒置物品逐步增多，「轉轉」、「閑魚」、「有閑」等線上二手物品交易平台，在共享經濟下獲得快速發展。二手物品的交易形式，有些完全是以物易物，有些是付費購買，還有些是二者的混合形式。有時候交易發生在陌生人的弱連結間，有時候是基於社群網路的交易連結。

其中一種是以物易物。以二手物品分享平台Yerdle為例，人們可以藉由社群帳號登錄，在好友間分享閒置物品，而且完全免費，只要支付運費即可。Yerdle平台上目前擁有1.2萬名註冊用戶，其中1/4用戶每週都有瀏覽Yerdle的習慣，隨時查看是否有自己喜歡的物品。

這家創業公司就是「集體消費觀」最新的典型代表之一。贊成共享經濟理念的人認為，相較於從生產環節下手，藉由壓縮原料來讓產品的生產變得更環保，努力提升消費者對產品的使用率是更重要的途徑。

另一種是付費交易。這種交易包含C2C與C2B2C兩種模式。C2C模式，如「58趕集」與騰訊合作推出了閒置物品轉讓的APP「轉轉」，打算藉由行動端垂直切入市場，釋放被壓抑的二手需求。據資料統計，「轉轉」上線當天註冊用戶即超過10萬。上線一週內，單日在該平台上新發布的商品數超過5000

件，每天在該平台上達成的交易量有數千單。

C2B2C模式，如阿里巴巴拆分淘寶旗下的閒置物品交易社群「閒魚」，成立專門的事業部獨立營運，已獲紅杉中國、IDG資本等多家重量級投資基金青睞，資本市場估值超過30億美元。根據「閒魚」官方資料顯示，該平台上每天擁有超過20萬件閒置物品的成功交易。

時間剩餘的分享

除了物品可以分享，如果你有閒置的時間，那麼個人勞動能力也可以分享。這種玩法也被稱為「零工經濟」、「自雇型經濟」等等，對應到提供各種付費差事與辦公室零碎工作的線上市場，催生出大量的工作機會。

借用美國紐約大學互動電信專案計畫教授克雷‧薛基（Clay Shirky）對此特別提出的一個新名詞：認知剩餘（cognitive surplus）。按照他的觀點，認知剩餘是一種隨著全球閒暇時間累計、不斷聚集而產生的新資源，讓我們有權使用這項資源的兩個最重要轉變已經產生。全球受過教育的人口每年累計有超過1兆小時的閒暇時間，另外還有大眾媒體的發明與擴散，讓以前被排除在外的一般大眾，也能夠利用閒暇時間從

事自己喜歡或關心的活動。

從分享個人能力的現象來看，關於人力資源的觀念應有所變革；從共享經濟的實踐來看，這將打破進入產業的壁壘，以較低就業門檻釋出大規模生產能力。而這些生產能力，過去散落在社會各個角落，被傳統固化的管理體制束縛，無法參與規模生產，如專車司機、短租房東、私人廚師、自由快遞員等。這會是一場前所未有的革命，正悄悄把數百萬人變成兼職者，為社會創造大量的工作機會。未來的工作，還需要朝九晚五、還需要守在同一個工作崗位嗎？

藉由時間剩餘分享，各種身分隨之崛起。舉例來說，本業是醫生的人，除了專業知識豐富、還會開車、更炒得一手好菜，閒暇時就能同時擁有教師、司機、廚師等多重身分。想要進入哪個產業，全看個人意願，因為平台早就準備好了！

在交通運輸領域，線上代駕平台正迅速發展。與汽車分享不同，代駕分享的是代駕司機的駕駛技術與閒置時間。當雇主無法自行駕車時，就會有代駕需求。雇主可以透過APP提出代駕需求，找到附近的代駕司機，由代駕司機把車輛開到指定位置，並收取一定的代駕費用。目前代駕服務主要應用於酒後代駕，但在旅遊代駕、商務代駕與長途代駕等也有一定的需求。

　　在餐飲領域，雇用主要現身於共享廚房模式，藉由線上分享平台，消除私廚市場的資訊不對稱。並不斷挖掘供給端資源，整合有閒暇時間、熱愛烹飪且樂於分享的社會閒置生產力，打造家庭廚房共享平台。這類平台有許多種形式：包括致力於「頻繁使用」＋「日常必需」的三餐家常菜外賣服務，如「回家吃飯」；尋找民間美食的私廚電商平台，如「覓食」；或是從國外引進，包含美食、社交、文化等多種元素的客製化私廚飯局，如EatWith、「我有飯」；以及強調高級氣派家宴的私廚到府服務，如「愛大廚」。眾多私廚對外分享技能與閒置時間，獲取收入和精神層面的滿足，食客則可以獲得不同於餐館的客製化味蕾感受。

　　此外，還有家事服務模式。例如，美國家事服務平台Care.com的運作方式是先由個人發布服務資訊，經平台審核通過後，才在平台上發布資訊提供使用者線上訂購。這裡的家事服務人員有一部分是兼職工作者。

　　共享經濟與教育產業的結合，有效緩解教育產業的供需不平衡，整合了社會個體的力量，用自己的技術與知識提供培訓服務，既可以讓每個人成為老師，也可以讓每個人成為學生。這也同時緩解了教育產業的資訊不對稱，藉由分享平台的展示

與溝通,將個人和機構的各類師資力量,與學生直接連結,以較低的交易成本,打破傳統培訓機構的資訊壁壘。愈來愈多的師資力量從傳統培訓機構脫離出來,以個體或團隊的形式,在分享平台上進行授課。

如學習服務平台「跟誰學」,打破由專家分享的「強連結」領域,讓普羅大眾得以觸及「弱連結」的高手,這也是共享經濟最具創造力的部分。與中國社群問答網站「知乎」、「百度知道」等知識分享平台不同,教育產業的分享更側重於一對一的服務,並提供滿足特定使用者有關話題與需求的深度資訊服務,無論是「自得」或「榜樣」的電話或線上溝通,還是「在行」的單獨見面聊,都是在為針對性、私密性的知識服務提供場所,也為建立深度的人際連結創造了可能。

在專業服務領域,以「威客」為代表的專業服務個體,在共享經濟時代大放異彩。「威客」的服務宗旨在於,藉由互聯網將智慧、知識、能力等共享給需求方,並獲取實際收益,而接受任務的人多半以兼職為主。其主要涉及領域為文化創意產業,業務範圍多半為設計類,如建築設計、平面設計、廣告設計,與網站開發等各項服務。此外在律師業、諮詢業也開始出現共享型企業,如法律服務平台「綠狗網」以調用社會閒置生

產力的眾包方式，讓每個人都能成為公司註冊代辦人。

專業服務的另一大市場，就是與來愈受歡迎的美容市場。包括美甲、美妝、按摩等領域的傳統美容師都紛紛提供分享。這類分享平台，多半是針對已經飽和的市場，解緩供需間的資訊不對稱，提升資訊配對效率，讓使用者與美容師都能有更靈活的時間安排。

線上雇用另外還衍生出C2C任務協作模式，如美國的TaskRabbit。用戶可以經由平台發布自己的任務，雇用別人去做，也可以發布自己的技能，提供服務。C2C任務協作在看護、物流、醫療等方面都取得了快速的發展。

隨著中國高齡化社會的進程加速，社會化養老模式開始受到重視，例如中國出現的「陪爸媽」，就是利用共享經濟模式切入居家養老領域。看護是來自社區衛生服務體系的醫護人員與老人照護專業畢業的學生，這群人被稱為「健康管家」。當老人提出服務預約後，健康管家會前往家中判斷老人的具體需求，提供醫療健康服務。社區醫師則是會定期提供上門檢查與社區醫院陪診的服務。

還有一個市場是寵物看護市場。隨著民眾出遊、返鄉等需求增加，傳統專業機構寄養由於場地、時間與資金的限制，往

往無法滿足寵物主人的需求。而有了「寵物幫」和Rover等寵物家庭寄養平台,有寄養寵物需要的人可以選擇把寵物交給寄養師,而有時間、有能力接受寵物寄養的家庭,則可以申請成為寄養師,為寵物主人託管寵物。

在物流領域,共享經濟與快遞業者結合,整合大量社會閒置運輸能力,根據需求商家的地理位置定位,有效率調度附近自由快遞員或貨運車輛,接到需求後到達商家所在位置取貨,然後送至目的地。對於同城物流來說,這是一種比傳統快遞更快捷也更節省時間的方式。中國目前已經出現人人快遞、達達配送、京東眾包等協作物流平台。

這類創新的物流模式,也將會是異地配送未來的趨勢。傑瑞米·里夫金曾在《物聯網革命》中預言:就物聯網而言,傳統的點對點與中心輻射型運輸,應該讓步於分散式的聯合運輸。傳統的模式是:一個司機負責從生產中心到卸貨地點的全程運輸,然後帶另一批路線上的交付貨物返回。共享經濟的模式是:第一個司機在比較近的中心交付貨物,然後帶另一批貨物返回;第二個司機裝運第一個司機交付的貨物,送到路線上的下一個中心,可能是港口、鐵路貨場、飛機場,直到整車貨物抵達目的地。

第4章

共享之後，隨選崛起

2015年1月，《經濟學人》雜誌發表了一篇重要的文章：〈流動人力市場〉（Workers on Tap）。文中介紹某個現象：公司員工可以變得跟水龍頭的水一樣，要用打開、不用關上，再也不必每天都出現在老闆面前。這是從「隨選經濟」（on-demand economy）的角度，為共享經濟開闢一片新天地。

文章發現，在舊金山與紐約等地，隨選經濟正在崛起。Google、臉書等大公司的年輕技術人員，可以利用手機上的應用程式要求Handy幫忙打掃公寓，透過Instacart採購和外送食品，透過Washio洗衣服，透過BloomThat送花等。這些APP開發商，都是從Uber獲得靈感。文章分析，知識密集型公司已經開始向市場外包更多工作，有部分原因是公司可以節省成本，也可以讓更聰明的全職員工專注於帶來更多價值的領域。

該報導指出，由於這類型的公司愈來愈多，顯示有一股更深入的轉變正準備進入新的階段。現在，使用無所不在的智慧

型手機平台，以各式各樣的方式傳遞勞動和服務，將挑戰20世紀許多基礎理論，包括公司性質與職業生涯結構等。

說到隨選經濟，資訊科技人士可能會想起IBM公司在十幾年前提出的「on demand」一詞。大概是為了顯得有力，當時並沒有翻譯成「隨選」，而是翻譯為「隨需應變」。到了2007年，IBM又向全世界發布了一個新版本「e-Business on demand」，表示隨需應變的電子商務。企業可以很輕鬆的在整個企業內部整頓、優化並整合從訂單到最終產品的全部流程，然後藉由電子商務模式來打通整個供應鏈，將企業外部的重要合作夥伴、供應商與客戶串連在一起。

時至今日，隨選經濟大行其道。那麼，隨選經濟能不能與共享經濟劃上等號呢？專業網站「THE ON-DEMAND ECONOMY」，將「隨選經濟」定義為：致力於提升商業解決方案，讓日常生活更簡單、更有效益的的整合服務團隊。這個整合服務團隊與其參與者正在塑造近十年來消費體驗的趨勢，並希望引領世界潮流。如果僅僅從定義上來看，隨選經濟與共享經濟是風馬牛不相及的。

然而，我們點選幾個連結，再往下追究，就會有驚奇的發現。該網站將隨選經濟的公司，按業務範圍分為商業服務、快

遞、教育、家庭看護、健康與美容、家事服務、P2P產品、停車、寵物看護、預訂及票務、交通和旅遊等，這與我們對共享經濟的分類非常相似。我們還可以發現，THE ON-DEMAND ECONOMY網站放在每個分類中的企業，大部分都被我們視為共享型企業，包括：Uber、Airbnb、TaskRabbit、Postmates等。

隨選經濟的著眼點，更多是對於閒物與閒工夫的租賃與販售。舉例來說，丹妮絲·詹森（Denise Johnson）與安德魯·辛普森（Andrew Simpson）在《保險雜誌》（*Insurance Journal*）的〈隨選經濟如何改變工人待遇〉（How On-Demand Economy Is Changing Workers' Compensation）報導中引用美國保險資訊協會（Insurance Information Institute）總裁羅伯特·哈維格博士（Dr. Robert Hartwig）的觀點，提出隨選經濟的存在，包括臨時司機、房屋所有者轉變的房東、獨立的專業人士，正在改變美國勞動人口和保險產業。

Uber創辦人特拉維斯·卡蘭尼克（Travis Kalanick）表示，他更喜歡將共享經濟定義為隨選經濟。他認為，Uber讓乘客在有需要的時候可以即時叫車。對於司機而言，Uber也是隨選經濟的體現。司機打開應用程式就上班，關閉應用程式就下班。目前，很少有工作可以讓人們隨時上下班，但Uber既可以

對消費者提供服務，又可以讓合作夥伴靈活執行工作。

工業模式的終結

　　隨選經濟預示著，一種連科學管理之父腓德烈・溫斯羅・泰勒（Frederick Winslow Taylor）都無法想像的經濟合作形式的到來，也預示著工業時代的終結。這位在20世紀初創建科學管理理論體系的管理大師，在《科學管理原理》（*Principles of Scientific Management*）一書中提到：「科學管理就像是節省勞動的機器，目的在於提高每一單位勞動的產量。」有人形容，實行泰勒制的工廠裡，找不出一個多餘的工人，每個工人都像機器一樣不眠不休在工作。另一位大師，亨利・福特（Henry Ford）則是將工廠的科學管理發揮到極致，他創造的標準化流水線是典型大量工業生產的組織形式，是傳統機器大量工業生產的最高水準。他們絕對想不到，工人可能將不再屬於流水線，也不再屬於自己的工廠。

　　隨選經濟為工業社會的組織模式劃上句點。取而代之的是：一、隨需隨用，所有產品和服務都能隨選獲取；二、改變職業模式，所有工作都可以是臨時的。隨選經濟把自由業者與

提供大眾服務聯繫起來，大規模提供客製化服務。在這個新時代裡，我們對待工作、同事與雇主，都要進行一種全面性的心理革命。

共享主義

　　共享經濟簡單來說，就是把自己的閒錢、閒物、閒工夫，透過某些網站分享後獲利的一門生意。如果共享經濟僅僅是一門生意的話，如何解釋這門生意不但風靡全球，受到民眾歡迎，還受到許多政府推崇？如何解釋這門生意引發了眾多學者孜孜不倦的研究解讀，卻完全沒有一個共識呢？如何解釋眾多企業，不光是服務業，甚至連製造業公司都在思考：如何分享甚至推出以租代售的經營模式？這背後，肯定大有文章。

共享經濟的基本理念

　　共享經濟的一個重要理念是：使用但不占有。這是由Airbnb創辦人布萊恩・切斯基（Brian Chesky）提出的。按照過往的方式，如果對某一資源或物品產生需求，就一定會購買，完全占有該資源或物品。通常經過一段時間，這項資源便

處於閒置狀態,也就是說,我們會為一時之需支付不必要的額外費用。

在共享經濟下,則是追求資源的使用價值,而非產品本身。即使用所有權,但不占有所有權。這個理念強調,在不影響所有權的情況下,分享某一種東西的使用權。比方說,出租多餘的房間、提供你的駕駛技術和汽車、分享一段視頻或分享一段文字。只要能夠滿足我們的需求,並不一定需要藉由買賣獲得所有權,而是可以租或借。

共享經濟的另一個理念是:夠用即可。瑞秋·波茲曼在其暢銷書《我的就是你的》中強調了這個理念。共享經濟源自人類最初的一些需求,如合作、分享、個人選擇等。信譽資本帶來了正面、積極的大眾合作性消費,創造了一種財富和社會價值成長的新模式,而共享經濟則將顛覆傳統消費模式。波茲曼認為,處於這樣的變革時期,眾人正從大量閒置與浪費的宿醉中甦醒。共享經濟能瓦解過時的商業模式,跳脫過度消費的浪費模式,並讓大家知道什麼是「夠用即可」。

全球網路導航器(Global Network Navigator, GNN)公司創辦人麗莎·甘斯琪(Lisa Gansky)在其暢銷書《10年後,你將找不到實體商店》(*The Mesh*)中,融合了這兩個理念,更

進一步提出：共享經濟強調的兩個核心理念就是「使用但不占有」和「閒置即浪費」。

形成新的消費觀念

隨著共享經濟的發展，「使用但不占有」、「閒置即浪費」的新消費觀念逐步形成，利用更少的資源消耗滿足更多的日常生活需求，更為綠色發展、永續發展提供條件。新消費觀念的產生推動共享經濟的發展，共享經濟發展過程中的主流理念，也反過來助長新消費觀念的傳播和影響。

在強調所有權的社會裡，擁有多少私人物品通常會被拿來當成判斷個人財富多寡與地位高低的依據，造成長久以來人們普遍崇尚過度消費。為了滿足欲望，人們不停購買、不停使用、不停淘汰產品，甚至無法區分真正需要與真正不需要的物品，導致閒置物品囤積。而大量閒置物品的產生，不僅對個人來說是極大的浪費，也會造成地球資源的過度浪費。

隨著分享理念深入人心，愈來愈多人開始習慣「輕資產」的生活方式，不再追求繁複的生活，而是劃分工作與生活，減少不創造價值的內容，充分發揮剩餘部分的價值，進而推動環境的保護和資源的節約。共享經濟改變了傳統產業模式大規模

生產下產能過剩、模仿型消費等狀況，形成一種全新的社會供給模式，構成物盡其用的永續消費理念。

舉例來說，現在很多年輕人認為：擁有一輛車已經不再是身分的象徵，取而代之的是，擁有出遊的自由。這種只想為產品的使用價值付費，卻不想完全占有產品的消費理念，顛覆了個體在傳統工業中對私人產權的思維型態。在這種觀念的影響下，愈來愈多的消費者開始選擇「只租不買」、「隨選付費」的消費方式。

引領社會發展的動力

我們必須觀察一下共享經濟發展的原動力，以便解開腦海中的疑惑。原動力至少有兩個：第一個與總體經濟週期相關，第二個與互聯網技術相關。

◆總體經濟週期

共享經濟並不是憑空出現的新鮮事物。從總體經濟的角度來看，共享經濟是經濟不景氣下的產物，美國2008年金融危機正是助長共享經濟覺醒的原動力。2007年4月，美國第二大次級房貸公司新世紀金融公司（New Century Financial

Corporation）宣告破產，次級房貸風暴醞釀。隨著華爾街的救市失敗，2008年全球性的金融危機為全球金融體系帶來了前所未有的災難，各國經濟都受到不同程度的衝擊。僅以美國為例，2008年後，美國就業人口總數減少76萬，失業率大幅度上升，超過7%，這項數字遠高於2003年經濟低迷時期的最高紀錄6.3%。歐盟統計局（Eurostat）2008年10月31日公布的資料顯示，9月份歐元區失業率為7.5%，高於2007年同期的7.3%。

俗話說：「上帝關上一扇門的同時，會為你打開一扇窗。」金融危機下經濟形勢的持續低迷，使得就業形勢更加嚴峻，失業人口大量增加，人民收入減少，只能靠出租、販賣個人閒置物品來維持基本生活，很多公司開始共享同一座辦公大樓來節省成本。眾人驚訝的發現，共享經濟能夠減少支出，還能夠利用閒置的資產來獲取額外收入，大家開始逐漸接受共享經濟的概念。

我們認為2007到2013年是共享經濟開始爆發的階段。短期租賃領域的代表Airbnb和群眾募資界的明星Kickstar成立於2008年，分享交通工具的代表Uber和跑腿網站TaskRabbit成立於2009年，餐飲共享網站Grubwithus則成立於2010年。2010

到2013年，每年共享經濟新創企業的數量都以將近50%的速度發展。

　　正如我們所看到的，當經濟危機席捲全球的時候，共享經濟在租車、租房等領域蔓延，以Airbnb和Uber為代表的共享經濟巨頭快速發展起來。這些現象的產生正反映了美國經濟蕭條帶來減少成本、縮減開支的需要，人們普遍需要尋找兼職來賺取生活費補貼家用，這個契機也推動了共享經濟的發展，因此金融危機帶來的寒冬，客觀上為共享經濟的出現和發展提供了社會條件。

　　中國共享經濟的發展稍慢於全球，直到2011年才開始快速發展，這與中國的經濟形勢密切相關。近年來，中國經濟進入新常態，GDP成長速度自2010年後持續下跌，2015年GDP成長速度收於6.9%，創25年新低。經濟不景氣使得人們重新審視消費觀念，更多人選擇以共享經濟的方式生活。正是在這個階段，中國大多數共享型企業開始建立和集中發展。

　　舉例來說，2011年，途家網、螞蟻短租等線上公寓與民宿短租平台起步，中國最大的P2P網路投融資網站陸金所成立，中國醫療知識分享代表業者春雨醫生成立；2012年，引人矚目的企業滴滴成立，P2P租車平台PP租車進入市場；2013年，

中國首家眾包快遞企業人人快遞成立，眾包家事服務e袋洗成立；2014年，滴滴專車上線，多家共乘、租車企業創建，以回家吃飯、覓食為代表的私廚起步，達人分享和辦公分享出現，個人跑腿服務平台您說我辦成立；到2015年，滴滴順風車、巴士和代駕上線，網購二手交易APP淘寶閑魚、58轉轉、京東拍拍成立，私廚、巴士、教育、物流、醫療等產業繼續擴張。

◆互聯網技術

互聯網連結了每個人。有人或許會問：美國歷史上經常爆發經濟危機，當時怎麼不見共享經濟應運發展呢？這裡不得不提到另外一個因素：行動網路。就是因為智慧型手機打開了通向每一個人的道路，這個過程猶如將數不清的玻璃碎片拼湊成一個鏡面，才能產生共享經濟的大爆發。這全都得歸功於一個天才推出的劃時代產品。

2007年，美國除了次級房貸風暴，還有一個革命性的產品問世：蘋果公司推出了智慧型手機iPhone。2007年1月9日，蘋果公司執行長史帝夫·賈伯斯（Steve Jobs）為此召開了全球新聞發表會，向世界宣布行動網路時代的到來，同年6月29日，iPhone上市。

　　隨後不久，Google大力推廣Android作業系統。2007年11月，開放手機聯盟（Open Handset Alliance）在Google的號召下成立，聯合業內34家硬體製造商、軟體開發商與電信業者共同組建。聯盟共同合作，開發改良Android系統。2008年10月，全球第一部Android系統智慧型手機誕生，在往後的時間裡，Android系統在Google的推廣下，逐漸從手機延伸到電視、相機、遊戲機、平板電腦等其他領域。

　　行動網路打開了通向每一個用戶的道路。在Google和蘋果兩大公司的助力下，智慧型終端機也獲得了爆炸式的成長。以Google為例，據Google官方發布資料，2011年第1季，Android的全球市占率首度超過symbian系統，躍居全球第一。2013年9月24日，全球採用Android系統的設備數量已達10億台。2013年第4季，Android手機的全球市占率已達78.1%。2015年9月，Google披露，Android行動作業系統的使用者總數已達14億。

　　共享經濟要在整個社會大規模的推廣，必須有統一的資訊技術做為奠基支撐。如租車平台，叫車者只要經由APP發送請求，車主就會在收到提醒後進行交易，如果在沒有智慧型手機的時代，根本無法想像這種情況。共享經濟所需要的技術，還

包含大數據和雲端運算。這兩項技術都能讓巨量數據有機會快速達成供需配對，也賦與個體隨機分享具備大規模商業化行為的條件。

以滴滴出行為例，該平台利用大數據分析，提升交通運能的資源使用效率，朝智慧交通生態體系發展。滴滴計程車遍及中國360座城市，每天訂單400萬；專車遍及80座城市，每天訂單300萬；順風車遍及338座城市，每天訂單182萬。要消化這麼多訂單，需要非常準確的數據配對。當訂單如洪流般湧入之際，就必須採用新型大數據分析工具，透過司機行車習慣分析，精準傳送叫車訂單，提升訂單配對率；透過動態調價分檔營運，實現潮汐戰略，滿足高峰期與低谷期不同時段的民眾叫車需求。

Uber透過大數據技術，將不同乘客需求的交通路線進行配對，解決供需間資訊不對稱的問題。Uber中國大數據專家江天，在2015中國國際大數據大會上以「人民優步＋」為例，說明該功能的理念，是基於大數據會針對不同乘客進行路線配對，及時調節供需平衡。例如，當第一位乘客打開APP叫車後，車輛一般會在5分鐘內到達，乘客上車後，再根據後台演算法配對行程相近的第二位乘客，讓叫車變得高效便捷。

　　此外，不能不提的另一項技術是智慧支付。如果說行動網路是共享經濟得以發展的技術基礎，那麼跨越時空限制的線上支付，則是共享經濟得以大規模發展的保障。一方面，線上支付能夠保障供需雙方的財產安全，如預付住房費，藉由協力廠商支付到平台帳戶中，當交易完成後再進入屋主口袋，類似支付寶在淘寶買賣雙方間發揮的作用，促進交易的安全。另一方面，線上支付的便捷性，也能為高效率分享提供保障，例如滴滴推出的企業付費服務，與企業採取公對公結算形式，用戶在使用企業叫車服務時，不必自行支付和報銷，費用會自動從企業的帳戶中扣除。許多交易，買家和賣家並不會私下見面，有效運用線上支付平台，能夠增加對買家和賣家的吸引力。

　　其他，還有精準定位技術、地圖導航技術等應用，在此不逐一列舉。

對未來的假想

　　共享經濟所具備的超越性動力來自於互聯網基因，不僅具有龐大的商業實踐價值，還具有極其深刻的社會意義。進入共享經濟大門後，就是隨選經濟；實現隨選經濟後，我們進入了

人人分享、各取所需的階段。而未來社會的經濟基礎，可能就建立在人人分享的基礎上，即所謂的共享主義。

　　共享主義其實並不遙遠，就在前方等著我們、等著整個社會。我們要做的，僅僅是在商業實踐中邁出一小步而已。

第二篇

世界篇

共享風暴席捲全球

2015年秋，騰訊研究院做了一項統計，發現共享經濟熱潮正席捲全球，已經有幾十億消費者從中受益。到了2016年春節過後，共享經濟不僅在北美、歐洲、亞洲和大洋洲有了長足性的發展，也在非洲開始萌芽。

共享經濟引發的這場經濟變革，如當前人們所見到的一切，其實是多年積累下的勃發。共享經濟並非新生事物，早在2000年就開始出現，甚至可以追溯到更早，但一直未被重視。2008年金融危機後，於2009年出現了實質性的大幅成長，而近兩年則出現了暴漲。自2014至2015年，短短兩年間，流入共享經濟的風險資金規模成長超過5倍。據美國群眾企業（Crowd Companies）顧問公司統計，2014與2015年的投資額分別為85億美元和142.06億美元，合計227.06億美元，而自2000到2013年全球流向共享經濟的投資額累計才43億美元。

不僅如此，從遍及產業來看，共享經濟也正加速滲透到人們衣食住行等諸多領域，深刻改變人們工作與消費的方式。目前，共享經濟涵蓋教育、健康、食品、物流倉儲、服務、交通、基礎設施、空間、城市建設，以及金融等各領域。參與分享的主體也不再僅僅是個人，而出現企業級分享的趨勢。共享經濟對國民經濟的修復和重塑，大大超出人們的預期。

　　縱觀各國，可以發現一個共同現象：共享經濟由產業創新帶動，自民間創業崛起，受政府支持，得以高速發展。美國、加拿大、英國、澳洲、韓國等國家政府的態度，可以說是各有特色，在一定程度上，也代表著決策者幾種不同的視角。這對轉型中的中國而言，有重要的啟發。

第5章
美國：共享風暴中心

2012年，美國零售業龍頭沃爾瑪的一位高層主管安迪·魯本（Andy Ruben）辭職了。他和一個朋友創建了Yerdle網站，專門從事二手物品交易。當時，在很多人眼裡，這種做法有點不務正業。他在公司的一場演講中講了一個故事：每年他都會幫5歲的女兒買新的足球護腿，然後把舊的收起來。某次看球的時候，他忽然發現，踢球用舊護腿的人沒有幾個，如果資深球員能把自己閒置、幾乎全新的舊護腿傳給新進球員，那該有多好！這個想法讓他激動不已。

他還想到另外一個問題：在他修理汽車、整理家具的時候，常常會覺得工具不夠用，而順手的工具，卻躺在鄰居家的車庫和櫥櫃中長灰塵。這位零售界巨頭的高層主管察覺到一個新世界：「過去幾十年的工業生產模式下，零售業的固有思維模式就是讓機器不斷生產，並努力將更多產品銷售給客戶，但實際上很多人手中都有大量的閒置物品，其實只要彼此交換一

下，就可以充分利用價值，很多朋友已經有的東西，我就不需要再買新的。」

從朋友手裡買二手貨，不用怕被坑。這真是一個絕妙的點子！因此，魯本找到環保人士亞當·韋巴赫（Adam Werbach）談了創業的想法，兩人一拍即合，於是一家名叫 Yerdle 的二手物品分享網站在「黑色星期五」購物季期間誕生了。透過這個平台，用戶可以免費向朋友和熟人提供服裝、電子產品等二手物品。

黑色星期五是美國聖誕節大採購日，性質有點像中國人春節買年貨，時間是 11 月的第 4 個星期五，這是美國人瘋狂採購的第一天。在這天，商場都會推出大量的打折和優惠活動，進行大規模促銷，進而獲得豐厚的盈利。在美國，商場一般以紅筆記錄赤字，以黑筆記錄盈利，因此這一天被商家稱為黑色星期五。Yerdle 創建於黑色星期五期間，除了搭上大採購的便車，還有些舊貨平台向新貨宣戰的意味。

共享經濟平台在美國如雨後春筍般興起，深受美國人喜愛。路透社一篇深度專題報導探究了此現象，報導提到，以分享和租賃服裝、電子產品、小型家電為基礎的新興產業正迅速崛起，尤其吸引著美國 7,700 萬的千禧世代（泛指出生於

西元1980到2000年間的人）。普華永道的喬·阿特金森（Joe Atkinson）也在一份報告中指出：千禧世代是最熱中於分享的群體，占共享經濟人群的40％。路透社分析原因認為，受到學貸債務和經濟危機的重創，千禧世代不再強調擁有某個想要的東西，而是以「分享」及「以物易物」為主。

對於這種「使用但不占有」消費理念的熱愛，可能源自於美國人獨特且不堪回首的經歷。美國前後經歷了12次大大小小的經濟危機，眾所周知，最近一次由2007年的次貸危機引發。受危機影響，美國經濟低迷不振，企業效益下滑，裁員的裁員、關門的關門。習慣於透支消費、寅吃卯糧這種消費模式的美國人，變得心有餘悸、小心翼翼。在恢復經濟的過程中，美國人需要大量的工作機會，以維持高效的生活。為了突破困境，共享經濟應運而生。

共享經濟為美國人的生活帶來新奇的刺激。中國社群翻譯平台「譯言網」曾經介紹過一對老夫妻參與共享經濟的案例。舊金山市一家電話公司的老闆亞當·赫茲（Adam Herz）和他的妻子瓊（Joan），非常熱中參與共享經濟。由於他們的子女都已經成家，這兩位空巢老人就把有兩間套房的屋子透過Airbnb和Couchsurfing向外出租。在自己忙不過來的時候，他

們還借助TaskRabbit網站雇用代辦人接待房客，並把鑰匙交給他們。

　　TaskRabbit，中文譯為「任務兔子」，也稱「跑腿兔子」。藉由這個網站，可以雇一個人來幫忙跑腿辦事，而這些辦事的人，都是事先經過調查、確認背景為清白的人，他們都想多賺點錢。赫茲說：「這是與人接觸的最佳管道。」他的套房每晚收費99美元，一年中大約有一半的時間都是租出去的，獲得的額外收入不菲。專門為共享經濟專案提供融資的「聯合基金」（Collaborative Fund）公司創辦人克雷格・夏皮羅（Craig Shapiro）表示：「在舊金山市，TaskRabbit可以讓人一個月賺到5,000多美元。真的賺得到錢！」

　　美國可以當之無愧被稱為共享經濟的發達國家。共享型企業龍頭，如最為人熟知的Uber和Airbnb等企業都創立於美國。美國《連線》（Wired）雜誌創刊主編凱文・凱利（Kevin Kelly）在「2013騰訊智慧峰會」上，分析互聯網未來10年的大趨勢時，總結出四個關鍵字，其中一個就是「共享」。他進一步闡述：「就前景而言，共享經濟無疑是美國、甚至是世界的未來發展大趨勢。」

美國共享經濟調查報告

2014年12月，普華永道公司與全球領先的調研公司BAV顧問公司合作，跨年齡、收入、地域與性別，抽樣調查對共享經濟有一定了解的美國消費者[1]。調查採線上調查方法，樣本總量共計1,000個。調查發現，有44%的受訪者對共享經濟較為熟悉，其中18%的受訪者曾經以消費者身分參與共享經濟，而7%則以供應商身分參與共享經濟。

曾參與過共享經濟的成年人中，57%的美國人「對共享型企業很感興趣，並會關注」，72%表示「將在未來兩年裡參與共享經濟消費」。其中，最熱中共享經濟的人群有：18至24歲的年輕人、家庭收入在5至7.5萬美元的人，以及有未成年孩子的父母。

有很多原因讓熟悉共享經濟的成年人熱中於此。有86%認為共享經濟可以讓人更負擔得起生活，83%認為生活更方便、更有效率，76%認為這對環境保護更有助益，78%認為可以建立更強大的社群關係，63%認為共享經濟比傳統企業更有趣，

1. 普華永道，〈共享經濟：消費者情報系列〉。

89%認為這是以供應商與用戶間的信任為基礎。

針對重新思考所有權的重要性方面，81%的人認為分享物品比獨自擁有物品更省錢，43%覺得現在擁有物品比較像是一種負擔，57%認為這種分享使用物品的方式可以被當成是新的擁有方式。但是大家也有顧慮，72%的人認為，每個人對共享經濟的體驗都不一致，69%仍然不信任共享型企業，除非有值得信任的人推薦。64%的消費者認為，在共享經濟中同行監督比政府監管更有效。

以供應商身分參與共享經濟的美國人，則是跨越了不同的年齡與家庭收入。參與的人年齡在25到34歲（24%）與35到44歲（24%）的最多，55到64歲（8%）的最少。再者，收入在2.5到4.999萬美元（24%）的最多，15到19.99萬美元（3%）的最少。

根據從美國自由工作者報稅表格蒐集到的人口統計資料，與美國勞動力人口統計資料進行比較，發現相較於傳統勞動力，目前參與共享經濟的勞動力，以男性、年輕人、高教育程度與白人居多。

交易主要分布產業

美國的共享經濟交易主要分布在哪些產業？普華永道調查結果顯示，參與共享經濟交易的美國人主要分布在四個產業，最高有9%參與娛樂和媒體業，8%參與汽車和交通業，6%參與住宿和餐飲業，2%參與零售業。舊金山市市長辦公室商業發展主管勞蕾爾·阿萬尼蒂迪斯（Laurel Arvanitidis）則認為，交通和住宿是共享經濟目前最受重視的兩個產業。

交通運輸業

一般來說，舊金山市被視為共享經濟的源頭。共享經濟理念之所以能在全球快速普及，歸功於舊金山市的Uber。去過舊金山市的人都知道，當地的計程車是以服務差聞名，這給了Uber創業的機會。2009年，Uber公司誕生。2010年，Uber軟體上線。叫車族使用後紛紛叫好，於是就撰寫部落格文章，經由推特和臉書等社群媒體互相推薦，一炮成名。

Uber從2009年創建，到成長為全球估值頂尖的非上市公司，僅僅花費5年多的時間。Uber大受歡迎，而繼Uber之後，2011年Sidecar上線，2012年Lyft創建，這些挑戰者的服務版

圖也開始拓展至全球。

除了叫車這種乘車服務分享外，汽車共享也開始活躍發展起來。兩者的不同之處在於，汽車共享強調用戶即司機，比前者更接近傳統的汽車租賃。比較著名的有Zipcar、FlightCar等公司。FlightCar採P2P模式提供機場租車服務，將閒置不用的汽車從車主處集中，然後出借給遊客，出租人不僅可以免停車費，還可以借此賺取額外收入，遊客也獲得了方便，雙方的需求都獲得了滿足。

普華永道調查資料顯示，8%的美國成年人都參與過某種形式的汽車共享，1%則做過這種新模式下的供應商，按小時、天或週接送乘客或出借他們的車。在所有研究考察的共享經濟產業類別中，這項服務是消費者最能接受並希望繼續發展的。在喜歡分享汽車的人當中，56%認為這種方式更划算，32%認為可以有更多叫車服務選擇，28%認為更方便。

起初Uber司機會駕駛林肯城市轎車、凱迪拉克凱雷德、BMW 7系列和賓士S550等高級車系。在2012年後，Uber推出「菁英優步」（UberX）服務，加入了更多車型，並在2012年宣布擴展業務項目，其中更包括可搭乘非計程車車輛的共乘服務。此後，Uber陸續完成多筆增資專案，如2014年在紐

約上線的「自行車同城快遞」（UberRush）、「快遞送餐服務」
（UberFresh），與2015年上線的「貨運服務」（UberCargo）、
「送冰淇淋」（UberIceCream）、「送聖誕樹」（UberTree）、「搬
家服務」（UberMovers）等。

　　可見，創新業務層出不窮。維基百科針對「汽車共享」有
這樣一段簡介：最簡單的汽車共享營運體系只有一或兩個集合
地點，但更為先進的體系，允許汽車接送至指定工作區域任何
可用的公共停車位。前述內容，還僅僅是服務領域的做法，在
共享經濟的推動下，就連汽車製造商也躍躍欲試，忍不住要跨
足這個領域。

　　通用汽車（GM）於2016年初推出名為「Maven」的品
牌。通用汽車總裁丹・阿曼（Dan Ammann）在記者會上表
示：「人們想要充分利用共乘、汽車共享這種全新的服務形
式，在這股趨勢下，我們看到消費者行為正在發生顯著變化。
從這些變化中，我們看到龐大商機，同時希望我們能在這塊市
場上位居領先地位。」

　　通用汽車為此將整合多種服務，其中包括正在美國密西根
州安亞伯市（Ann Arbor）測試的汽車共享服務、一項最初在紐
約啟動，現已擴展至芝加哥的二手車服務、在德國提供的P2P

汽車共享服務，以及在美國、歐洲和中國的大學校園開展相關服務。

美國政府也開始引入汽車共享。美國Local Motion公司將政府、企業和學校的車隊數位化，員工可以透過手機用戶端查看附近的閒置車輛並刷卡開車。每輛汽車都有個小盒子，一是標示該車用於Local Motion服務，二是可以根據汽車的移動位置追蹤汽車，查看即時狀況。普通用戶如果想要使用Local Motion服務的汽車，只需要下載Local Motion的APP軟體，再擁有一張員工證或公司門卡就可以了。

住宿業

據普華永道調研結果顯示，在分享住宿的業務中，6%的美國人曾以消費者身分參與住宿和餐飲業的共享經濟，1.4%則以供應商身分參與活動。在這個產業中最成功且最早的平台，當屬Airbnb。

透過Airbnb，使用者可借助網路或手機應用程式發布、搜尋度假房屋的租賃資訊並完成線上預訂。從2008年8月創建至今，Airbnb走出在美國舊金山市的誕生地，用戶遍及192個國家近34,000個城市。該網站是新興共享經濟的傑出代表，截至

2015年2月，其估值已超過412億美元，更被《時代》雜誌稱為「住房界的eBay」。

零售業

據普華永道調研結果顯示，在分享零售與消費品方面，78%的消費者認為共享經濟可以減少雜物與浪費。這項心態逐漸威脅到零售業，2014年12月聖誕節新年假期的銷售數字顯示，消費者的購買力降低了0.9%。零售業共享經濟交易的代表企業有很多，如：Neighborgoods、SnapGoods、Poshmark、Tradesy等。

其中，SnapGoods網站於2010年8月由羅恩・威廉姆斯（Ron J. Williams）和約翰・古德溫（John Goodwin）所創立，主要提供租借物品的服務，網站連結需要某種物品及希望有償出租的供需雙方。因網站上求租類的發帖數量和活躍度較高，從2011年3月開始，SnapGoods改將重點放在租借需求上。網站可以為租借者提供身分驗證，並對交易提供擔保，在出租方滿足網站條款的情況下，可以承擔丟失、損壞等狀況的物品損失。SnapGoods還設置了推薦獎勵，讓提供交易推薦的人能獲得相應積分，可用於自己的交易活動中。網站的創建者認為，

SnapGoods不僅解決大家的租借需求，更推動大家相互幫忙。

美國政府態度

美國政府在多年前就開始嘗試接觸共享經濟，如政府鼓勵採用分享交通系統提高環境資源的使用效率，相關的管理實踐措施在美國已初具規模，或是在城市內設置名為「完全街道」的共享自行車道。另外，政府還大力促進集土地使用與服務分享於一體的綜合社區發展。

在共享經濟形成風暴之前，美國政府就曾用共享經濟的理念做過一些嘗試，推行了稅務福利共享等政策。美國明尼蘇達州雙子城聖保羅（Saint Paul）和明尼阿波利斯（Minneapolis），就以其獨特的稅基共享方案而聞名。政府根據各地區的財政差異，將七個稅收管轄縣所貢獻的40%收入，做為稅基投放到共享池中，再基於各地人口和收入來重新分配共享稅基，以此減少財政差異，達到平衡[2]。

---

2. 胡利安・阿傑曼（Julian Agyeman）、鄧肯・麥克拉倫（Duncan McLaren）、阿德里安・謝弗博雷戈（Adrianne Schaefer-Borrego），〈共享型城市：寫給那些參與全球「大創意」工作的朋友〉（Sharing Cities: Written for Friends of the Earth's 'Big Ideas' Project）。

隨著新問題不斷出現，美國政府也面臨到諸多挑戰。諸如廣受熱議的Airbnb與Uber等共享型企業，在政策不明確的灰色地帶開展業務，因而在如何監管與保障消費者權益的爭論上，自共享經濟出現後就從未中斷過。由於政府沒有統一的立法，美國各州的政策制度各不相同，對於共享經濟的舉措也是各自為政。

2015年，全國城市聯盟（National League of Cities, NLC）對30個美國大型城市進行關於共享經濟的情感調查[3]。調查結果顯示，其中9個城市持完全積極的態度、21個城市存在模糊的態度。有40%的城市仍採取與現有制度相似的管理方法來處理與共享經濟相關的問題，稍加管制的占6%，完全禁止的僅占1%，另有一半城市已經開始著手訂定相應的政策與監管計畫。另外，全國城市聯盟還對986個城市的主要政府官員進行電子郵件訪問，調查他們對共享經濟的態度。調查結果顯示，有71%的政府官員支持整個共享經濟產業的發展，66%支持分享交通業的發展，44%支持分享住宿業的發展。許多官員都認同共享經濟確實為居民生活與經濟發展帶來好處。

---

3. 全國城市聯盟，〈轉變合作消費的觀念〉（Shifting Perceptions of Collaborative Consumption）。

雖然整體支持者居多，但官員並非全盤認可共享經濟。調查結果顯示，61%的官員擔心共享經濟中的公共安全問題，還有一部分官員對於用戶權益的保護、不符合現有標準的行為規範，以及可能產生收入損失等問題表示擔憂。從官員的態度調查來看，美國各地方政府還沒有在如何應對和處理共享經濟的問題上達成一致，但總體上較為包容。值得注意的是，雖然具體措施各有差異，但所有政府官員都認同一件事：不能扼殺創新能力。

據估計，2020年底，會有超過40%的美國勞動力（約6,000萬人），將成為自由業者、承包商或臨時工（Intuit, 2010）。美國政府看到共享經濟帶來龐大的便利與收益後，在欣喜大力推動發展之餘，也在為由監管缺失所帶來的負面影響而擔憂。可以說，上述兩種情況是當下美國政府對共享經濟不同態度和應對措施的縮影，但美國政府勇於正視尚未解決的監管問題，採取了廣泛聽取公眾意見的積極應對方式。

美國聯邦貿易委員會（Federal Trade Commission）於2015年6月9日舉辦一場關於「競爭、消費者保護與共享經濟所引發的問題」研討會。會議上，眾人大多支持出租房屋或汽車的分享行為，並希望在某些情況下，可以依靠這些服務來支付他

們的抵押貸款或緩解其他支出壓力。但是，傳統服務業人員則不太支持這類導致競爭的分享行為。關注者認為，政府需要根據人們的建議進一步民主的思考政策更新的問題。在實踐方面，美國政府持積極宣導共享經濟的態度，推行鼓勵政策，如共享型城市計畫。

2013年6月，這項計畫在美國市長議會中，由包括舊金山市長與紐約市長在內的15位市長共同發起，他們一致認為，共享型城市可以更鼓勵共享經濟，並認為當地的陳舊法規可能會阻礙其發展。

第6章
加拿大：探索共享新道路

　　對於一個才剛萌芽、規模不大但很有前景的產業，政府應該怎麼辦？加拿大政府的做法或許可以參考。在加拿大，共享經濟正處於起步階段。目前雖然還沒有共享經濟影響整體經濟的確切資料，但政府已經認定這是一條新路，並且相信共享經濟是未來經濟的潛力市場，將會不斷激發新的消費、提高生產力，並催化創業、產生新的稅收。

　　加拿大安大略省對於共享經濟的概況發布了聲明，並表現大力支持的態度。安大略省認為：正確的監管和稅收環境可以幫助其創新發展。為了促使共享經濟產業活絡、蓬勃，安大略省承諾與企業合作，遵守現有的義務，同時確保在永續發展的基礎上，及時制定新的政策規範以因應新興經濟的變化。加拿大人為什麼對參與共享經濟充滿期待？因為共享經濟平台確實帶來了利益。

加拿大重點城市發展成果

2015年8月，安大略省商會（The Ontario Chamber of Commerce）與普華永道調研公司合作，對安大略省居民做的民意調查顯示[1]，約40%的年輕人（18至34歲）是共享經濟活動中的消費者，其中63%認為共享經濟比傳統服務更省錢，49%被其便利性所吸引。

在安大略，使用Airbnb平台出租房屋的屋主，平均每月擁有450美元的額外收入，加拿大人平均每年有52個夜晚會在Airbnb出租房中度過。在多倫多地區，共有1.2萬個Autoshare成員和超過40萬名Uber司機，另外有1/5的居民曾使用過Uber服務。

除了Uber等國際企業涉足加拿大共享經濟市場外，本土企業參與這塊市場較具代表性的產業為私廚、借貸、職業平台等，當中也有很多深受當地人喜愛的共享經濟平台，如：線上職業資訊平台Jobblis、線上個人借貸平台Borrowell、線上物品分享平台「廚具館」（Kitchen Library）與「工具館」（Tool

---

1. 安大略省商會，〈駕馭共享經濟〉（Harnessing the Power of the Sharing Economy）。

Library）、共乘平台Blan Cride等，約有540萬美元的資金，會藉由網路借貸平台Borrowell發布。

成立於安大略的Jobblis，是為自由工作者與企業提供媒合服務的平台。因為採用可篩選出當地高信譽求職者的管理機制，深受企業及個人喜愛，有許多自由工作者和雇主利用此平台建立長期合作關係。該公司最近宣布增加新功能，包括及時工資與發票追蹤功能等。

Borrowell是加拿大的線上借貸平台，採用業內領先技術，提供更低的固定利率貸款服務，為加拿大人創造一種更明智的管理債務方法。由於平台設置信用評分機制，精心挑選機構投資者，因而能提供更好的價格、更好的服務和更好的顧客體驗，在當地非常流行。

由多倫多市民戴娜・波爾（Dayna Boyer）創辦的線上廚具分享平台廚具館，擁有50餘種可供分享的廚具。戴娜創辦這個網路平台的起因是：她曾經打算買一台果汁機，但考慮到果汁機較昂貴又不常用，而且占用空間，因而冒出了租借與分享的念頭，自此踏入了共享經濟的潮流中。這個平台深受居民喜愛，擴展了原有服務並舉辦多次廚藝講座等活動。

與此平台類似的，還有溫哥華的工具館，且規模更大。工

具館於2011年成立，目前已擁有1,000多名會員和1,700多種工具。共同創辦人克里斯‧迪普洛克（Chris Diplock）的創業觀點與戴娜‧波爾頗為相似，同樣認為某些工具其實沒必要每個人都擁有，只要在需要用到的時候，知道去哪裡拿就可以了。

除了安大略省，在加拿大卑詩省的首都維多利亞，以汽車分享為主要代表的共享經濟正發展得有聲有色。分享的概念在維多利亞並不陌生。早在1998年，打著分享旗號的維多利亞汽車共享合作社（Victoria Car Share Co-operative）已經建立。2015年4月，成立於溫哥華的另一家大型汽車共享合作機構Modo Co-op併購該公司，後者目前在維多利亞、甚至全加拿大境內提供更乾淨與省油的交通工具，同時升級車輛預訂的技術並穩定拓展業務。

2015年5月，維多利亞市議會採納了一項道路交通修正案，在法律上允許目前在北美地區盛行的汽車自由共享或單向共享行為。這項修正案頒布後，汽車共享型企業只需要獲得許可證，就可以讓會員在市內利用共享車輛叫車並在公共停車場停車。

維多利亞政府認可以下的觀點：租借和分享可以減少整體閒暇時間，也可以降低新的消費需求，這有利於讓個人和社會

的消費朝永續發展的方向邁進。政府和市民都認為共享經濟能
夠提升生活品質，是減少環境汙染、解決氣候變化問題的一種
因應方式。

　　在〈維多利亞市 2015 － 2018 政策計畫〉（City of Victoria's
Strategic Plan 2015-2018）中，市議會提出了 13 項政策目標，
而維多利亞議會認為共享經濟及隨之而來的永續發展性消費，
能說明該市正實現這些目標中，並在提升居民生活品質、城市
交通和環境保護等層面，表現出對發展共享經濟的認可態度。

政府面臨的挑戰

　　共享經濟對加拿大的主管機關帶來了一個嚴峻的問題：政
府的作用是什麼？以下是該國政府面臨的挑戰，也是接下來首
先需要解決的問題[2]。

消費者安全保護

　　目前還不清楚加拿大政府是否需要對共享經濟提出特有的

---

2. 莫沃特中心（Mowat Centre），〈共享經濟政策制定：不能只是打地鼠〉
（Policymaking for the Sharing Economy: Beyond Whack-A-Mole）。

管理辦法。在電子商務交易中，任何形式的分享都需要一定程度的信任，無論是使用他人的資產、乘坐他人的汽車，還是分享他人的寵物。在共享經濟出現前，政府干預是因應市場失靈（market failure）最有效的解決方案，防止商家利用資訊不對稱來欺瞞消費者，損害消費者權益。例如，為防止出租成本的資訊不對稱問題，主管機關會按規定抽查計程車司機的車資。

近年來，線上評價系統已經成為可代替主管機關與法規來建立信任的舉措。這種機制鼓勵買家和賣家彼此透明誠信，一定程度上能解決資訊不對稱的問題。許多共享型企業也採取類似政府在傳統產業中所做的預防措施，包括對供應商的背景進行調查、淘汰信譽不良的商家等。

此外，傳統保險產品已經不適應共享經濟發展趨勢。安大略保險公司和主管機關警告非計程車司機的一般駕駛，自用車載客收取費用的行為可能不在受保範圍內，因為在安大略的一項標準汽車監管政策中，並不涵蓋司機將自用車做為計程車來賺取收入的情況。因此，乘客很有可能乘坐的是沒有受保的車子，一旦消費者尋求法律支持和申請醫療費用的時候，可能會面臨尷尬的場面。Uber曾考慮為這些運送乘客的司機提供保險，但保險公司表示，他們不能確定未來會在何種程度上支持

Uber的這種行為。

稅務制度

共享經濟在稅收制度的執行上也存有許多難處。在共享經濟產業中，有收入相對微薄的人、憑藉個人財產進行商業行為的人，也有人不習慣在網路披露個人收入，這些都提高了確定稅收的難度。而且目前還缺乏監督獨立供應商上報共享經濟收入的辦法，甚至有些共享經濟的供應者根本不清楚他們的納稅義務。

共享經濟的商業模式結構，對徵收消費稅也有一定的影響。在現有法律框架下，無論是共享型企業或獨立承包商，他們的稅收義務都存在不同程度的混亂。例如，Uber本身為一個技術平台，負責讓司機和乘客透過智慧型手機APP交集，司機運送乘客收取報酬，因此納稅是司機的責任，但是關於Uber平台是否也要納稅卻仍存在不小的爭議。

這些缺乏明確規定的問題如果遲遲沒有相應措施，將不利於國家稅收制度的完整性，且會為現有競爭帶來不利因素。此外，更要杜絕法律漏洞的存在，以免某些參與共享經濟交易的人有逃稅的機會，加拿大政府應及時採取因應措施。

非傳統勞動力崛起

許多人以獨立承包人、個體戶或自由工作者的身分，透過共享經濟平台從事全職或兼職的工作。這看似靈活的工作性質雖然能為就業者提供更多就業機會，卻讓他們失去獲得固定職員專屬福利待遇的資格，也為政府帶來了挑戰。

根據加拿大創投公司OMERS Ventures執行長約翰·魯福洛（John Ruffalo）估計，未來在美國與加拿大的自由工作者會愈來愈多，傳統就業的優勢與共享經濟就業自由間的矛盾將愈來愈大。不過，在共享經濟下非傳統勞動力的興起並不是完全積極或消極的，如何發展還必須仰賴加拿大政府的有力管制。

加拿大政府態度

相較於發展較為領先的英美等國家，加拿大的共享經濟仍處於新生期，儘管面臨諸多挑戰，政府正在探索一條新的道路，這種情形與中國極為相似。在監管上，政府尚未有創新，依然穿著舊鞋子。來自莫沃特中心2015年2月一份名為〈共享經濟政策制定：不能只是打地鼠〉（Policymaking for the Sharing

Economy: Beyond Whack-A-Mole）的報告指出，針對多倫多計程車司機與計程車車輛大約有40頁的許可要求，從強制性的培訓到每月行車安全檢測等各層面都有諸多詳細規定；對於安大略的旅館與飯店管理也有33項的立法約束。這對計程車業和旅館業，尤其是對共享經濟中的交通與住宿分享領域，無疑是龐大的監管負擔。現有的多項規定中必然存在過時的政策，應當及時刪除或更新。

雖然目前還在沿用現行監管法規，但加拿大政府已察覺到換新鞋的必要性，開始準備擬定和修改新法律框架。例如，安大略省政府認為：正確的監管和稅收環境可以促進共享經濟的創新和發展，希望能夠藉由一些舉措來支持。安大略省調查中心向政府提出了六項促進共享經濟發展的建議，這對政府正在擬定的管理新框架可能會有所借鑒[3]。

1. 在現有的研究、調查基礎上，制定新的監管框架。隨著數位科技的興起，現有的許多法律將成為過去，政府當前應考慮更新這些過時條例、創造新監管框架。在短期內，地方政府

---

3. 安大略省商會，〈駕馭共享經濟〉。

可以互相合作，安排監管審計小組，確實找出非必要、過時
的法規標準，以便於下一步的行動。

2. 將保險囊括範圍擴展到每一項產業。保險公司應該提供靈活
的保險組合，填補現有領域的空白。至於政府應該先為企業
和個人提供汽車共享產業的保險計畫呢？還是先向保險公司
諮詢，就現有的保險囊括範圍、更改立法的必要性等問題進
行明確的闡述呢？可能需要進一步討論。

3. 回顧勞動法案，評估共享經濟帶來的影響。安大略政府正針
對現代勞動審查方案與公眾進行協商，考慮適當修改勞動關
係和就業標準，維護企業與雇主的權益，保護工人的利益。

4. 地方政府與聯邦政府合作，制定稅收指導手冊，使共享經濟
參與者明確盡其納稅義務。可行方案包括：開發線上稅收計
算系統，協助參與共享經濟交易的用戶更易計算應繳納稅
款；鼓勵協力廠商平台製作範本，讓使用者更容易知道如何
申報源自於共享經濟的收入，以及繳納稅款的方式。

5. 稅務機關公布劃分收入等級、鼓勵獨立供應商如實申報共享
經濟收入、明定稅收規則等問題的解決方案和標準。稅法應
明確規定共享經濟所得稅的繳納辦法，讓共享經濟參與者了
解納稅的責任與義務。

6. 共享經濟雖然對主管機關帶來許多挑戰，但也是不容小覷的
   契機。只要引導得當，共享經濟能帶來新的競爭力、屏除過
   時的監管要求、保護公共利益、鼓勵創新，為消費者創造更
   大的價值，推動經濟持續成長。

第7章

英國：發現共享新世界

　　2015年，英國商業、能源暨產業策略部關於共享經濟的調查報告顯示，英國透過參與共享經濟獲得的個人收入已經達到數十億英鎊，3%的英國勞動力經由共享經濟平台提供服務，英國的共享經濟正開展得有聲有色。

　　縱觀全球，各國政府意識到共享經濟將為經濟發展帶來巨大利益，都在醞釀計畫，其中行動最快、思慮最全面的當屬英國。英國政府對共享經濟發展的態度就好像哈利・波特（Harry Potter）發現奇妙的魔法世界，對共享經濟充滿嚮往，在歐洲各國中表現得最為積極。

打造全球共享經濟中心

　　早在2014年初，英國就已經宣布決心打造全球共享經濟中心，並從政策等層面給與支持，鼓勵發展共享經濟。英國政府

表示會不遺餘力營造促進共享經濟自然發展的良好環境。

2014年9月，英國商業、能源暨產業策略部啟動一項獨立調查專案，針對英國共享經濟進行評估，尋找可能面臨的障礙，其最終目的是為了把英國打造成全球共享經濟中心而規劃出一張路線圖。

2014年11月，英國獨立研究報告〈開啟共享經濟〉（Unlocking the Sharing Economy）出爐，向政府提出了30多項建議。2015年3月，英國商業、能源暨產業策略部對這份研究報告做出回應，發布一份政府對策，涵蓋一系列共享經濟扶植政策，正式邁出成為全球共享經濟中心的第一步。

英國人對共享經濟的熱情極高。Airbnb曾於2014年3月公布，當時有超過100萬名顧客來自英國和法國，而Airbnb用戶總量當時為200萬名。同年，市場調查研究公司尼爾森（Nielsen）一項關於共享社群的全球調查也顯示，在60個國家有超過3萬名受訪者願意參與共享經濟活動，這其中有1/3是英國人。

2014年，英國內斯塔慈善基金會（NESTA）委託特恩斯市場研究公司（TNS）進行一項針對英國人參與共享經濟狀況的調研[1]。結果顯示：在過去的一年裡，64%的英國人參與了共

享經濟活動，其中25%是利用網路和行動應用程式參與；而35
到44歲的人、已婚人士、有很多孩子的人、住鄉下的人、尋找
全職或兼職工作的人、管理人員、專業人員、行政人員以及照
顧兒童的人，比起其他人群更容易參與共享經濟活動。

　　愈來愈多人經由參與共享經濟活動，與不認識的人來往，
並發生金融交易。內斯塔調查顯示：2013年整年間，有20%
的英國人購買過或出售過自用商品，其中8%的受訪者甚至提
供無償出借或免費贈送的商品或服務，16%的英國人與他們不
認識的人交流。英國人參與共享經濟活動的範圍較廣，10%的
受訪者使用網路技術獲取或提供媒體資源，8%分享服飾與配
件，7%分享家居用品，5%分享交通運輸，4%分享旅行相關
產品，1%分享工作與任務等。

　　2015年秋季，英國政府官員履行公務時，可選擇共享經濟
中的住宿與交通運輸服務。早在2010年，英國克羅伊登理事會
（Croydon Council）就通過決議，開始與Zipcar合作，讓汽車俱
樂部成員取代政府車隊，在工作時間為其開闢專用車道，其餘
時間則允許當地居民參與使用。

---

1. 內斯塔、協作實驗室（Collaborative Lab），〈了解英國協作經濟〉（Making Sense
of the UK Collaborative Economy）。

共享背後的策略思考

我們發現，英國人喜愛共享經濟的初衷，源自金融危機帶來的經濟短缺。隨著國際大環境面臨困難，英國經濟也無可避免的受到影響，目前英國虛擬經濟和實體經濟領域正面臨半個多世紀以來的最冷寒冬。不少經濟學家認為，本輪經濟下滑趨勢與預期相比，將持續更長時間，情況也比預想中更加嚴重。

做為英國經濟的支柱產業，金融服務業至關重要，金融業如果不正常運轉將直接導致英國經濟失靈。目前英國的主要銀行面臨兩難困境，在希望獲得資金來改善資產負債的同時，也擔心不斷上升的違約風險，導致銀行放貸意願不足，導致信貸緊縮並帶來經濟活動縮減，成為當前困擾英國的重要問題。

除金融業外，英國住房市場持續低迷，也對整體經濟造成不利的影響。根據英國銀行家協會（British Bankers Association）公布的資料，2013年11月，英國各大銀行批准的住房抵押貸款約為1.78萬筆，環比下跌14%，同比下跌60%。此外，隨著經濟形勢的惡化，英國失業率不斷攀升，影響個人消費開支，使經濟成長缺乏動力。根據英國國家統計局（Office for National Statistics）公布的資料，截至2013年11

月底，英國失業人數已經連續10個月上升，失業總人數攀升到186萬，失業率達6%，為1999年年中以來的最高點。在如此經濟困頓的時期，共享經濟的誕生彷彿為英國人民帶來希望[2]。

　　首先，共享經濟可以省錢。在倫敦生活與工作的36歲已婚婦女安托瓦內特（Antoinett），是職涯教練、育有兩個孩子，自認是共享經濟的狂熱者。她認為在共享經濟的世界裡可以活得更簡單、省時、省錢。她和丈夫放棄了購置自用車而加入Zipcar汽車俱樂部，用租來的車接送孩子、拜訪親戚、進行日常家庭採購等等，她還用Zipvan來蒐集便宜的家具。如此一來，他們在汽車保險和維修費上平均每年就可節省2,000英鎊。他們一家也因此覺得非常有成就感，並更加熱愛這種生活模式。

　　其次，共享經濟可以為需求者提供工作機會。艾哈邁德（Ahmed）來自西非的獅子山共和國（Sierra Leone），他的家在2011年殘酷的內戰中被炸毀，父親也因此去世。他和母親不得不重新振作起來重建家園，扛起龐大的經濟負擔。5年前，他為謀生來到英國倫敦，偶然間登錄了Hassle平台，他真實體會

---

2. 黛比・沃斯科（Debbie Wosskow），〈解讀共享經濟：一項獨立評估〉（Unlocking the Sharing Economy: An Independent Review）。

到重生的感覺。目前，他成為這個平台上最忙碌的清潔工，但他樂在其中，每週平均工作40小時。由於勤奮工作與毅力，他不僅賺取了重建房屋的錢，甚至還透過借宿於其他客戶的家完成了環倫敦旅行。

　　再者，共享經濟鼓勵創新。牧師格雷厄姆‧亨特（Graham Hunter）2011年加入倫敦霍克斯頓（Hoxton）的聖約翰教堂（St. John's Church）。但由於其喬治王朝時期建築年久失修，教徒正慢慢減少，格雷厄姆也為此感到苦惱。他認為，如果教堂再不創新，必然會沒落。於是，格雷厄姆代表教堂加入JustPark平台，透過網站和APP提供了8個車位供人停車。教堂就位於霍克斯頓的心臟地帶，離壅塞、人口聚集的倫敦金融城只有幾分鐘車程，因此教堂的停車位非常受當地居民和上班族的喜愛。藉由JustPark，教會利用以前未開發的資產每月平均可以多收入500英鎊。這些收入使教會能資助一些社區項目，如當地的夜間住房、或建設一個操場，同時也可以雇用更多的青年輔導員來吸引年輕人入會，促進教堂蓬勃發展，陳舊的教堂也因此煥然重生。

　　共享經濟為工作生活帶來上述種種好處，受到英國居民的喜愛，進而引起了英國政府的高度重視。政府加大推行和扶植

力度，又促進共享經濟的發展，由此不斷正向循環。從供給方角度來看，共享經濟在英國其實不算新鮮事，從最傳統的公共浴池、自助圖書館到合租住房，都展示了英國人不介意分享的理念。縱觀當下的英國共享型企業，一部分屬於借助網路技術重新包裝的傳統企業，如協助特力屋（B&Q）顧客分享DIY技能的平台StreetClub；另一部分屬於在共享經濟浪潮下應運而生的新企業，如P2P借貸鼻祖Zopa。

英國的共享型企業近年來層出不窮。據共享型企業JustPark調查報告顯示，2015年光是倫敦的共享型新創企業就有72家，在全球僅次於紐約的89家和舊金山的131家。英國本土的共享型企業發展聲勢急推猛進，未來很有可能會憑借強勁的速度占領傳統產業的市場占比，大幅帶動經濟成長。發展突出的企業大多集中在P2P借貸和融資領域，比較出色的企業有Funding Circle和Zopa等。

Funding Circle近期成為全球第一家允許融資金額超過1億英鎊的股權融資網路平台，而2005年在英國成立的Zopa，則是P2P借貸平台的鼻祖，擁有超過15萬名借款者和5.3萬名活躍貸方，僅2013年一年就促成了2.4億英鎊的借貸，自成立以來累計促成的借貸超過10億英鎊。

　　除了金融領域，英國共享經濟在其他領域也有很多具代表性的企業。目前約有1.8萬個英國家庭、學校和俱樂部等社會組織，透過JustPark網站出租自有的停車位。這在停車位吃緊且費用高昂的英國大城市尤其受到歡迎，發展前景非常可觀。2006年，車位分享平台JustPark成立。平台與不同地區和類型的停車場合作，囊括了公共停車場、教堂或酒店車位、居民區車位等各個領域，用戶可以借助該平台隨時隨地尋找方便的位置停車。目前，每年有超過2.5萬名車位出租者，以及600萬車位使用者透過該平台實現車位分享交易。

　　二手家具平台FRN（Furniture Re-use Network）也受到熱烈青睞。迄今為止已經有超過200個英國的慈善機構和社會企業組織，透過FRN網站來回應政府「以再利用家具與電器協助有需要的人們」的政策號召，經測算每年為150萬個低收入家庭共節省4.39億英鎊的日常用品開支，平均每年減少了12萬噸以上的二氧化碳排放。FRN網站在供需兩方未來還會有繼續的成長，意味著該平台將能獲得進一步的業務拓展。

　　此外，英國第一個大規模開放式線上課程（MOOCs，簡稱磨課師）平台Futurelearn也初具規模，目前超過20所大學與4個文化機構已經簽署提供課程的協定。值得一提的是，在

我們的共享經濟定義中，磨課師嚴格來說並不是共享經濟的代表，但是我們發現英國的線上教育分享活動十分活躍，官方和產業分析也將其納入考量。英國的共享型代表企業還有很多，這些企業良好的營運狀況，使英國政府看到了共享經濟龐大的發展前景。

未來成長重點

共享經濟深受英國人民的追捧和喜愛，再加上英國政府的大力支持，在英國可以說是不想爆發都難。英國商業、創新暨技術部的獨立調查報告認為[3]，若以目前的發展趨勢來看，未來英國的共享經濟將朝著服飾與時尚、食品、商品、B2B電子商務，以及打造共享型城市的方向發展。

首先，在服飾與時尚領域，根據英國「廢棄物及資源行動計畫」（Waste & Resources Action Programme, Wrap）機構研究發現[4]，英國每個家庭平均擁有約價值4,000英鎊的衣服，但其中至少有30%超過一年沒穿。分享模式可以讓人們透過出借

---

3. 黛比・沃斯科，〈解讀共享經濟：一項獨立評估〉。
4. 延伸閱讀：http://www.wrap.org.uk/content/valuing-our-clothes。

或租用的方式體驗更多時尚風格，甚至可以從擁有的閒置衣服中賺錢。在美國，Rent The Runway平台用戶僅在2014年上半年，就租出價值3億美元的衣服，這預示著服飾與時尚領域擁有強大的發展潛力。英國該領域的共享經濟仍處於早期階段，目前類似的平台數量不多，其中一個是Girl Meets Dress，是透過共享設計師服裝的方式，讓使用者僅需支付少部分購買價格，就可以租用高價的衣服，回響較好。另外還有Uniqlo衣物回收計畫和瑪莎購物（M&S's Shwopping）等。總體而言，服飾與時尚領域的共享經濟目前屬於較可開發的一類。

其次，在食品領域，食品分享模式可存在於食物生產與分配中的各個階段，現有項目包括：想要種地的人和擁有閒置土地的人藉由某個平台取得聯結，如：英國名廚休·芬利懷廷史托（Hugh Fearnley-Whittingstall）的「土地共享計畫」（Landshare Project）；直接向農民購買糧食的企業平台，如Farmdrop、The Food Assembly；以快閃餐廳為主軸，邀請美食大師到臨時餐廳，讓消費者體驗特殊風味的平台，如Grub Club；與不能自己做飯的老年人共進餐食的平台，如Casserole Club。在食品方面的共享型企業已經浮現雛形，但當前仍存在法規監管不統一的問題，還需要企業和政府共同摸索出一條健

全發展的道路。

二手商品交易也是共享經濟中愈來愈流行的一部分，英國現有的案例包括：資源回收社群Freecycle，鼓勵人們放棄自己不想要的東西，進一步回收再利用；物品分享平台RentMyItem、Ecomodo、StreetBank和StreetClub，提供人們免費或支付少量金額來共享物品，如居民的電動工具等。這些模式，對於人們需要卻不常用、又很昂貴的東西而言，特別有效且便捷。而且Wrap研究顯示，消費者使用他們的電器產品時，更注重永續性：僅5%的消費者已經換購或轉售DIY和園藝工具，但有78%願意考慮這樣做；80%到90%的消費者願意考慮換購或轉售電視和筆記型電腦類的消費性電子產品；19%已經使用過租借DIY和園藝工具的方式，但有69%仍在等待此模式可行時才願意採用。

B2B電子商務與物流分享也是具備潛力的領域。迄今為止，在共享經濟上的大部分創新都是關於消費者的，然而，共享經濟也為企業提供了分享彼此資源的機會。英國人力資源部門已經開啟共享後台的功能，但這只是開始。線上平台BrandGathering幫助企業開展合作行銷並進行品牌推廣活動，利用對方的網路和客戶來幫助企業節省資金。另外，在共享經

濟中，物流可能是另一個愈來愈重要的領域。在全球其他地方已經有Nimber這樣的共享經濟平台，落實「點對點」的方式交貨，提高效率同時又節省資源。

最後，是分享型城市理念。目前英國已經設有兩個試點城市：里茲（Leeds）和大曼徹斯特（Greater Manchester）。未來可著重於挖掘這類領域的發展，鼓勵更多城市加入共享型城市計畫，進而把日常生活中交通、辦公室、宿舍與技能等層面，都導入共享經濟模式的運用當中。

總之，透過內斯塔調查報告和英國政策建議報告可以看出，在英國新模式的發展過程中，共享經濟理念對於連結社區、推動城市發展都有非常重要的作用，一個完善與智慧的發展規畫可以使個人、企業、政府和社會都受益。希望我們以國外為借鏡，尤其是英國的做法，幫助國內共享經濟獲得更公平與健全的發展，共同創造更光明的前景。

英國政府態度

英國政府正積極嘗試各種鼓勵政策，推行積極促進共享經濟的政策計畫。綜合多篇學者為英國政府提出建議的文章，我

們發現英國在共享經濟領域實現領先全球野心的策略，多集中於以下幾點：

1. 利用共享經濟所提供的機會，提高公共資源的使用率。
2. 確保嚴格審查，特別是住宿與線上任務共享平台。
3. 支援共享型新創企業，鼓勵由實踐和創新共享成果。
4. 共享經濟業務應集中制定統一的服務與產業原則。

　　英國政府十分重視共享經濟領域，在政策、資金等方面都給與大力的支持。在具體產業的扶持上，政府的努力也獲得一些成果。政府督促保險商為共享經濟設計更多的保障服務，想方設法除去短租的法律障礙，鼓勵開放更多O2O房屋短租，並祭出一些補助政策，如：當租金每年不超過4,250英鎊時，會給與屋主免稅待遇。2012年，英國還投入2億英鎊，促進P2P借貸平台的發展。這對於企業與創業者而言，都能夠發揮很大的鼓勵作用，吸引他們匯聚一處，催生新的商業模式。

第8章
歐盟：積極擁抱共享

　　歐洲在2008年的金融危機後又面臨歐債危機，這是美國次貸危機的延續和深化，其根本原因是政府的負債已經超出合理的承受範圍，因此面臨嚴重的違約風險，損失慘重。共享經濟開啟了新的思路，帶來能省則省的共享方式、大量的就業機會與額外的零工收入，為歐洲居民停滯的工資市場和暗淡的生活模式帶來春風。共享經濟的源源不絕的能量正廣被歐洲各國，歐洲人趨之若鶩。

　　國際資訊與數據機構奈爾遜在網上調查了3萬多人後發現，有37%的英國人接受共享經濟，而歐洲及全球平均水準分別為54%與68%。在歐洲，南部國家的人最樂意參與共享經濟，其次為北歐和東歐，但是以德國為代表的西歐國家參與熱情相對較低。

歐盟各國發展差異

　　整體看來，歐洲國家普遍已經開始涉足共享經濟的不同業務，不過每個國家發展共享經濟的著力點各有不同，呈現出有趣的差異。

瑞士

　　據2015年德勤（Deloitte）調查[1]，瑞士人最能接受的共享經濟活動是分享交通和住宿，占共享經濟比重約60%。另外，在物品交易、服務和金融方面，也已經開始涉足。超過一半的瑞士消費者表示，未來一年內將參與共享經濟交易，有18%的居民已經參與過共享經濟交易。該調查同時揭示了一些有趣的現象，如參與調查的瑞士人中，講法語的人有65%表示非常支持共享經濟，但講德語的人只有32%做出相同表態。

　　瑞士的共享型新創企業生存在良好的商業環境中，以Airbnb和Uber為首的外來共享型企業受到熱烈歡迎，同時也有愈來愈多的瑞士新創企業鋒芒漸露，有幾個甚至已經將版圖擴

---

1. 德勤，〈共享經濟：瑞士如何看待分享和獲利？〉（The Sharing Economy: Share and Make Money How Does Switzerland Compare?）。

展到其他國家。全歐洲最大的租屋住宿平台HouseTrip、擴展
到德國的共享車位公司Parku，以及初試啼聲就被認為是軟體
發展領域先鋒的汽車共享平台Sharoo，都是瑞士本土的共享型
企業。

荷蘭

荷蘭在飲食共享經濟的發展尤其引人注意，這與當地居民
的飲食習慣及文化息息相關。荷蘭的外賣種類不如紐約豐富，
且價格又不如德國便宜，所以可改進提升的空間很大，吸引了
分享餐飲企業的大量出現。

在荷蘭，比較著名的平台有Peerby和Shareyourmeal。其
中，Peerby是一個將某顧客的臨時租借需求與願意租借者相連
結的平台。Peerby曾參與阿姆斯特丹「RockStart創業加速器」
計畫，並獲得荷蘭創新機構和社會組織的支援，贏得Postcode
Lottery環保挑戰賽的國際永續發展獎，吸引許多商業投資者。
2016年，Peerby在群眾募資平台成功募得220萬美元，擁有上
萬名平台會員，每月成長10%到20%。

Shareyourmeal是一個線上美食市集，提供家庭廚師，可以
向感興趣的鄰居推銷自己家裡煮的飯菜。網站創辦人在全職工

作時，每天都需要訂外賣，這讓他覺得嚴重缺乏社區的溫暖和愛心，感到冰冷孤獨，於是萌生了這樣的創業想法。該平台目前共有超過3.5萬名荷蘭用戶與8,000名比利時用戶，每年成長2萬名新用戶，平均每天成長60到120人，可見其潛力龐大。Shareyourmeal已經吸引來自基金會和地方當局的多次補貼，近期的目標是回收成本，開始正式營利。

芬蘭

　　芬蘭的共享經濟在金融領域有很大的發展。這裡的居民生活都很安逸舒適，願意在網上安排各種活動，特別是金融活動。而且，芬蘭政府多年前已經引導市民在各類行政系統中使用電子身分認證，使得線上借貸的步驟相對簡單，這對於金融類共享經濟平台而言，是非常理想的市場。

　　在芬蘭，Fixura是一個深受民眾喜愛的線上P2P借貸平台。允許潛在貸款人和借款人分別設定借或貸的具體標準，並透過多個貸款人參與貸款，將個人風險降低，贏得客戶喜愛。根據歐盟執行委員會（European Commission）於2013年9月的報告中提到，該公司為4,500項貸款提供服務，共有約1,500個投資者和約2.5萬個借款者。目前，Fixura促進貸款1,300萬歐

元，總利息返還給投資者超過100萬歐元，每年的平均收益約
為10.91%[2]。

法國

在法國，共乘業務最引人矚目。在歐洲搭飛機價格太
貴，搭火車時間太長，2006年成立的巴黎長途共乘服務公司
BlaBlaCar，便為人們提供了一種更廉價、更方便的交通運輸方
案。2015年，該公司剛融資2億美元，融資後估值超過16億美
元。據統計，過去3年，BlaBlaCar共收購8家公司，其中還包括
歐洲的最大競爭對手德國Carpooling網站。目前BlaBlaCar的業
務遍及19個國家，共有2,000萬名用戶。拿到融資後，BlaBlaCar
相繼在俄羅斯、印度、墨西哥、巴西和土耳其等新興市場開展
新業務，並且計畫在2016年進軍拉丁美洲和亞洲市場。

共享經濟在法國的本土代表企業，除了BlaBlaCar，還包
括Leboncoin。因為在法國，個人間物品和服務的交換在實踐
應用上非常普遍，二手物品的買賣尤其常見。法國民調機構
Mediaprism負責人勞倫斯・比約大衛（Laurence Billot-David）

---

2. 歐盟執行委員會，〈共享經濟：以P2P市場商業模式為基礎的平台〉（The Sharing
Economy: Accessibility Based Business Models for Peer-to-Peer Markets）。

說：「目前，法國的二手市場交易原則已深植人心。」25歲以下的年輕人，有59%曾買過二手貨；月收入低於1,500歐元的上班族，有62%曾買過二手貨；住鄉下的人，有55%曾買過二手貨。

德國

德國也是較早踏入共享經濟的國家，汽車共享業務已經有較長時間的發展，不來梅市（Bremen）已經進行了26年。該業務最初由一個僅有30人和3輛車的環境保護俱樂部所發起，後來逐漸發展為商業化企業，許多汽車共享業者都與其合作，提升了汽車共享的效率和服務品質，進一步促進汽車共享業在不來梅市的發展，甚至在其他城市擴展業務。

2013年3月，德國舉辦了全球最大資訊及通訊技術博覽會漢諾威（CeBIT）展覽，主辦方在官方網站上寫道：「無論在經濟還是社會，共享經濟在當前都是引發激烈討論的議題。」

得利於成熟的汽車科技，因此德國的共享經濟也在汽車相關領域嶄露頭角，跨出有力的一步。統計顯示，2015年德國汽車共享用戶有26.2萬人，相較2014年增加了15.8%。隨著汽車共享產業發展，汽車業者也紛紛開始發展自己的共享業務。

BMW、賓士、福斯等廠牌都開設有汽車共享服務，讓客戶可以擺脫煩瑣的預訂和取車手續，僅用手機就能結算，也不需要把車歸還原處。

除了物品可以共享，連人也可以共享。目前德國約有200家企業已經進行過員工交換活動，員工可以在交換的過程中，相互學習技術，也有利於企業的共同進步。德國財經網指出，共享經濟的興起與歐債危機有關。特別是年輕人，由於經濟拮据，透過分享就能節省支出，但生活品質沒有下降，還強化了社交能力，網路與智慧型手機為此提供了保證。專家認為，共享經濟正處於起步階段，還有很大的發展空間。

歐盟各國政府態度

歐盟成員國家對於共享經濟有共同的願景：提高資源效率、創造就業機會、建立社區參與、推進社會創新。有一些國家對共享經濟的理念並不陌生，對目前共享經濟的潮流自然是樂見其成，在原有基礎上進行鼓勵和推進。在汽車較多的荷蘭，1960年代就發起過名為Woonerven的街道共享計畫，該地區曾存在車輛與行人共同使用道路空間的情況，荷蘭政府意識

到，這不僅僅會影響汽車數量的成長速度，也會增加道路安全問題，影響城市社區生活品質，繼而將其街道重新規劃並取得良好成效。隨後，丹麥、德國和瑞士政府也紛紛實施類似專案，有效改善城市道路通行狀況。

此外，許多歐洲國家陸續推行相關的分享行為，有些政府則鼓勵共享設施與服務。舉例來說，推行合作社，包含許多形式的合作，如共享製造商折扣的零售商合作社、共享企業股份的職工合作社、共享零售及金融服務的消費合作社、共享各種住房股份、會員資格或入住權的住房合作社，或是共享可再生能源發電的能源合作社。其中，由西班牙政府扶植推行的蒙德拉貢合作社（Mondragon Cooperative Corporation），規模極大，包含111個小型、中型和大型公司，也是世界上最大的工人合作組織，已在全球實現150億美元的銷售額[3]。

有部分歐盟國家，看到共享經濟帶動經濟新成長的可能性，因此以較為積極主動的態度來推動發展，並大力支持各類項目。例如，Autolib是法國巴黎政府與波洛黑集團（Bolloré Group）聯合開展的「共享電動汽車」服務專案，該專案運用

---

3. 胡利安・阿傑曼、鄧肯・麥克拉倫、阿德里安・謝弗博雷戈，〈共享型城市：寫給那些參與全球「大創意」工作的朋友〉。

「企業營運＋政府補貼」模式，希望達到公共服務和經濟效率的無縫連結。截至2012年，該項目已經擁有3,000多輛共享汽車，營運網站增加到1,200個，而且服務範圍已擴展至巴黎以外的其他城市。

截至2014年12月，Autolib已吸引近4萬人共同參與。波洛黑集團推出了另一個共享計畫：bluecar，每星期都會有4,000到5,000次的租用紀錄，尤其是週末的使用率最高，在短短的10個月裡已經完成了超過50萬次的租用紀錄，共行駛了482.8萬公里，預計在巴黎每年可減少相當於22,500輛車的廢氣排放量，即零排放行駛6,437.38萬公里。目前在巴黎街頭有670個可供1,750輛車停放的停車點，最終的目標是建設可供3,000輛bluecar停放的1,050個停車點。同時，政府要對汽車共享組織或企業實施嚴格的監督。

有些政府在共享經濟領域雖沒有大力推動的措施，卻也有所作為，例如明確提出或鼓勵或反對的政策，像是在租屋領域，法國就將短期租屋合法化。2014年2月，荷蘭阿姆斯特丹通過立法，對共享經濟領域的Airbnb等類家庭旅館業實施監管，是世界首項共享住宿領域的立法法案。在法案中規定，出租者應申請「個人閒暇短租」許可證，建立「個人閒暇短租」

新類別，允許本地居民將個人房屋在閒暇時間整棟出租給外來訪客，短租房屋可為自有房屋，或經屋主同意的租賃房屋。由相關機構根據區域、房屋品質、環境等評估，房屋評估月租金必須達到958美元以上，才能獲得「個人閒暇短租」許可。

對於非共享模式的短租限制包括：同一組房客不得連續短租4天以上，每年短租不得超過60天。平台要向屋主與房客明示政府有關監管要求，每年向屋主發送兩次郵件提醒法律規定。並要求短租不得影響社區及鄰居，若被投訴，監管機構可以取消許可。每間房屋每次接待短租房客不得超過4人，並向出租者徵收5%旅遊稅。

針對私廚、外賣等共享餐飲領域，德國成立了全國統一的網路食品銷售監管機構，規定線上食品供應商應在當地監管部門登記註冊，以接受監督。荷蘭經濟部長漢克‧坎普（Henk Kamp）於2015年7月也表示，將修改法律，祭出更多技術中立法規，以推動住宿、交通等領域共享經濟的發展，讓荷蘭成為相關創新的第一個受益者。在義大利一些城市，共享汽車可以在市中心的收費停車場享受免費停車待遇。這些規定既給消費者帶來停車便利，又降低停車費用，吸引大批消費者參與。

歐洲議會產業研究暨能源委員會（ITRE Committee）與內

部市場暨消費者保護委員會（IMCO），聯合發布了對數位市場新策略的立場文件，支持共享經濟發展，贏得歐洲議會所有黨派的支持。立場文件表示，歡迎互助經濟模式帶來的競爭，讓消費者增加更多選擇，就業市場更具包容性，敦促歐委會和成員國支持共享經濟的進一步發展，以消除人為障礙與相關法規障礙。歐洲議會希望歐盟執行委員會審視現有法規，判斷是否可以解決人們對共享經濟的擔憂，呼籲歐盟執行委員會持續支持線上平台創新的政策。

從歐盟2020年政策計畫中可看出，歐盟非常重視共享經濟的發展。該計畫明確表示未來的商品和服務應加強智慧、永續和包容的特點，並且強調要著重於創造就業機會、提升生產力，並加強經濟、社會和領土的凝聚力[4]。

然而在實現偉大願景前，歐盟國家仍面臨許多問題。地方政府需要組建什麼部門或機構來支撐共享經濟策略與發展？如何讓共享經濟有助於實現各國城市目標，如減少碳排放、氣候行動計畫與回收再生資源？如何在共享經濟生態系統下刺激城

---

4. 歐洲共享經濟聯盟（The European Sharing Economy Coalition），〈共享經濟：以優勢、劣勢、機會和威脅為基礎的培植工具書〉（The Sharing Economy: Training Toolkit Based on Strength, Weaknesses, Opportunities and Threats）。

市公共投資和社區集中融資，如投資育成中心與創業加速器、建設共享基礎設施，並鼓勵小型公司創新？當前哪些城市，已經可以直接加入共享型城市計畫，而哪些還需要準備？

從政策法令來看，歐盟各國目前仍缺乏聚焦的政策架構與提供支援的機構，來規範這個新興的領域。如果監管措施空白，可能會影響共享經濟的創新和健全發展，甚至可能導致某些公司試圖鑽法律漏洞來損害消費者權益。例如，芬蘭對P2P借貸市場並沒有明確的監管。對於企業借貸業務而言，無須像傳統銀行一樣遵循嚴格的審查程序，雖然可以降低P2P貸款的壁壘，加快貸款交易的時間，但同時，客戶利益安全的保障也相對薄弱。

荷蘭對於P2P平台的計稅與安全問題尚未明確，Shareyourmeal客戶在分享餐飲過程中的盈利，是否需要課稅還是不得而知。再者，萬一客戶在分享餐飲時生病了，責任歸屬又當如何？類似問題都會讓用戶在參與共享經濟時產生顧慮。在創新方面，雖然荷蘭政府創新機構對Peerby表大力支持，但是當其要求創新津貼時，卻因政府部署的補貼計畫只針對短期循環計畫，不適用於這種新型創業計畫而沒有下文[5]。

歐洲共享經濟聯盟

　　雖然在推行共享經濟的路上困難重重，但前歐盟執行委員
會數位計畫副主席尼莉‧克羅斯（Neelie Kroes）曾發言：「事
實上，無論是計程車、住宿、音樂、航班、新聞或其他業務，
數位技術都正在改變我們生活的各個層面。我們絕不能忽略、
逃避或試圖禁止創新帶來的諸多挑戰。」由此可見積極樂觀的
態度。為了解決這些問題，歐洲成立了共享經濟聯盟組織，積
極向歐洲政策制定者提供確實的數據和集思廣益得出的解決方
案，以促進歐洲共享經濟的發展與創新。

　　歐洲共享經濟聯盟幫助歐盟監督共享經濟的推行過程，並
提出了「MASSIVE」方針計畫。其中「MA」指促進共享經濟
的主流辦法，即透過宣傳來提高認知、知名度與提升政策的領
導能力；第一個「S」指藉由公平的宣導與合理的規定來維持
共享經濟，確保共享經濟成為歐洲政治上的首要任務；第二個
「S」指針對歐盟國家間的可擴展性和可效仿性，樹立實踐情形
最好的國家表率，並由其帶領其他國家逐步發展共享經濟；最

5. 歐盟執行委員會，〈共享經濟：以P2P市場商業模式為基礎的平台〉。

後的「IVE」指透過提高歐盟對共享經濟的投資，在歐洲所有城市中開啟相關的試點專案和平台。

歐洲共享經濟聯盟還針對歐盟政策制定者提出以下建議：

1. 創造一個有利於共享型企業發展的環境，鼓勵眾人創造更多經濟收入。必要時可推行更明智和更有目標性的規定。
2. 重視共享型企業，要將其視為P2P市場的促進者，而非傳統雇主。
3. 只有市場失靈時，才可視立法為一種輔助手段，祭出規範。
4. 公平對待P2P業務和傳統業務的競爭關係。
5. 以大數據和市場變化為依據，靈活制定決策並評估其影響。
6. 促進地方政府和城市學習共享經濟機制，並規劃合適的規則和基礎設施。

其他歐洲諸國組織也為鼓勵共享經濟，實現〈歐盟2020策略計畫〉，視分享為整合歐盟的創新政策，相繼推行許多政策條例。例如，為扶植共享經濟的新創企業，公共部門應提供更多的金融支援，像是依循CAPs projects of DG Connect，對市場資料進行蒐集；依循歐盟內部市場總署和歐洲群眾募資

網，在群眾募資領域發布白皮書和諮詢結論；依循DG Health & Safety，歐盟執行委員會將探討協作和參與消費的可能性；依循專業資格證書修訂指令，設立微型創業組織的許可和自由進入歐盟的勞動立法；依循金融服務修訂指令，支持設立通用的P2P金融立法；依循歐盟環境影響評估，通過共享經濟的應急方案和彈性規畫提議；依循P2P住宿聯盟，組建更多的跨部門聯盟，由上而下進行重點宣傳；依循夏爾巴小組高鋒會（HL Sherpa Group Meeting），建立歐盟共享型城市的智慧型網路；依循歐盟生態設計修改指令，在目前的產品設計中更關注產品壽命的臨終階段，為客戶尋求持久、可共享的產品設計；依循歐洲選舉活動，在公開的歐洲議會和歐洲公民倡議中，強調共享經濟和自由工作者就業的重要性；依循歐盟消費者議程、電子支付修訂指令和BEUC，為電子支付的消費者制定有效的保護措施；依循歐盟數位議程發展協會，支援地方區域高速寬頻專案的直接融資等。

第9章

澳洲：逐步實現共享

2015年，澳洲國家辭典中心（ANDC）將「共享經濟」選定為國家年度代表詞。正如澳洲國家辭典中心主任艾曼達・羅格森博士（Amanda Laugesen）所言，共享經濟2015年在澳洲有非常顯著的表現，因為Uber等共享服務進入澳洲後，引發廣泛關注與討論。

澳洲共享經濟調查報告

加拿大的市場研究科技公司「關鍵願景」（Vision Critical）與協作實驗室（Collaborative Lab）合作發布的澳洲共享經濟調查報告顯示[1]，約有43%的居民認識或理解共享經濟行為，61%注意到分享服務，其中27%關注Uber、20%關注Airbnb、

---

1. 關鍵願景、協作實驗室，〈澳洲新興的共享經濟〉（The Emerging Collaborative Economy in Australia）。

17%關注Kickstarter、16%關注Goget、15%關注CouchSurfing等共享型企業。

報告還顯示，其中53%的受訪者曾在去年參加過共享經濟活動。在分享交通領域，參與共乘的有34%，參與汽車共享的有10%，參與摩托車共享的有10%。在分享P2P零售商品領域，有11%的受訪者曾經參與。在分享住房領域，有7%參與過房屋交換活動，22%參與過房屋分享活動。在分享金融方面，有9%參與過群眾募資活動，8%參與過P2P金融。這些用戶都是以什麼身分參與共享經濟交易呢？有35%的受訪者以供應商的身分參與，76%以顧客的身分參與，18%以供應商與顧客的身分參與。還有15%以交換者的身分參與，主要是參與交換物品和服務，不涉及金錢利益。

參與過共享經濟的受訪者表示，其動機主要有以下幾種：節省金錢、嘗試新服務、方便、不喜歡占有、保護環境、期待更多合作，以及見識到共享經濟的價值。由於受益良多，所以很多參與者表示未來會再參與共享經濟交易。其中75%的受訪者參與過分享交通、65%參與過P2P交易、64%參與過分享住宿、60%參與過分享金融。同時，有9%的參與者已將共享經濟服務完全視為傳統服務的替代品，20%表示會經常參與共享

經濟，44%則表示只是偶爾參與。

　　另外，也有63%的受訪者表示，雖然目前並未參與共享經濟，但是期待未來能夠參與。其中36%表示將參與分享交通、36%將參與分享住宿、19%將參與P2P交易、18%將參與分享金融。但是，這些人仍對於共享經濟有一些顧慮：有38%不知道如何涉足這個領域，33%擔心遇到詐騙，31%考慮到信任問題，22%不相信賣方或供應商的可靠性，12%不想被這種新興服務打擾，6%不予置評。最後，約有33.3%的受訪者看好共享經濟，認為未來一定會繼續蓬勃發展，但有62%則表示不確定未來會如何發展。

　　其他相關調查也有類似發現。受任務共享型社群平台Airtasker委託，澳洲研究機構Pure Profile於2015年進行名為〈未來工作調查觀測〉（Future of Work Research Monitor）的研究，透過調查澳洲1,004名工作者發現，將近43.5%的人想在新年找份新工作，92%希望賺點外快。其中，68%正考慮借助共享經濟社群平台達成目標。年輕族群對彈性工作的渴望和尋覓新機遇的意願較高，4%的受訪者表示，他們已經開始利用這些線上平台，其中年齡在25到34歲的占比達到了10%。

產業發展現況

據澳洲競爭和消費者委員會（ACCC）調查，最近幾年共享經濟在澳洲已經開始快速成長，尤其是交通與住宿產業，外來企業Uber和Airbnb已經變得家喻戶曉，擾亂本土傳統產業的知名企業。其他共享業務包括P2P借貸、共享任務、服務、家庭用品等也不斷擴張。

澳洲企業Mindahome則為旅行者提供了新的共享經濟思路，提出了「顧家度假」的概念。很多希望去度假的人往往面臨寵物無人照顧的問題，Mindahome提供一個平台，讓願意照顧寵物的人可以自由交換度假居所。出門旅行的人可以選擇住到同樣出門度假的房屋主人家裡，幫忙照顧寵物和房屋，同時也可以節省旅館的開銷，並享受屋內的各種設施用品，擁有家一般的居住體驗。而房屋主人則可以節省寄養寵物的麻煩與費用。Mindahome目前已經幫助過上萬名澳洲寵物主人，尋找到願意照顧住家的旅行者；也有上萬名旅行者，借由該平台實現多地的完美旅行。

此外，2014年蒂姆‧馮（Tim Fun）所創辦的跑腿服務平台Airtasker，截至2016年止，用戶數量已經從最初7萬人成長

到超過80萬人。人們可以在該平台發布任何任務，從低技術的體力勞動，到市場調查研究等專業服務都有。如今，Airtasker每個月要處理價值680萬美元以上的工作。

澳洲政府態度

澳洲政府是共享經濟積極的支持者。目前，雪梨出現了一種由政府主導加上企業營運的模式。當地政府設立400多個專屬停車位提供給600多輛共享汽車，為鼓勵消費者使用共享汽車，政府會給與共享汽車一定的停車優惠，並將「汽車使用共享」計畫列入「雪梨2030」城市發展規畫，並且給與足夠的重視。由於該計畫的核心是方便且實惠，據雪梨市政府統計，目前全市已經有6.4%的家庭使用共享汽車，超額完成預期目標，「汽車使用共享」計畫產生的社會效益，是成本的19倍。因此政府再次設定新目標：2016年將達標的比例提高至10%，並在2023年前達到22名會員共享一輛汽車。除雪梨市之外，德國不來梅市也透過此模式成功利用汽車共享替代1,000輛自用車[2]。

共享經濟正在改變澳洲人買賣商品和服務交換的方式，同

時，也改變了人們對私人物品與公共資產間界線的思考方式。
澳洲工黨（The Australian Labor Party）致力於保護澳洲工人、
消費者在共享經濟活動中的勞動權益，因此制定了明確的共享
經濟勞動原則。內容如下[3]：

1. **主要的勞動屬性是分享。**當澳洲人使用個人基本資產提供服
　務時，便適用針對共享經濟而訂定的規則與條例，當中也應
　該考量低干涉的規範，在不製造過度的監管負擔下，保護消
　費者。

2. **分享服務必須確保良好的工資與條件。**共享經濟服務不應剝
　削澳洲工作者的工資與條件。促成人力媒合的公司應該確保
　報酬與合約符合產業標準。

3. **所有人都必須支付合理公平的稅款。**共享型企業必須按照澳
　洲標準公司稅率納稅。由於共享經濟活動幾乎都發生在線
　上，所以簡化稅率計算就變得非常重要。共享型企業在申報
　納稅時，應該蒐集線上稅務檔案號碼或澳洲商業號碼，並且
　上報實際年利潤數據。

---

2. 周溪召等，〈中國汽車分享運營模式的可持續發展研究〉。
3. 澳洲工黨，〈國家共享經濟原則〉（National Sharing Economy Principles）。

4. **妥善保護公眾安全**。一方面，共享型企業必須設立適當的保險政策，以降低顧客與協力廠商的風險，並且應該與保險部門合作，開發出適用於保護個人共享經濟資產的保險產品，例如，用於分享的汽車和房屋的保險。另一方面，共享經濟服務應嚴格遵守澳洲消費者法規，這表示澳洲人使用這些服務時，在產品安全、欺詐行為和消費者權益上有權得到法律保護。

5. **兼顧所有情況**。鼓勵共享經濟平台為殘疾人士提供服務，如Uber提供協助行動不便旅客的關懷服務。澳洲人權委員會（The Australian Human Rights Commission）應該依據〈殘疾歧視防制法〉（Disability Discrimination Act），避免為殘疾人士提供的服務可能無法達成協議，或無法達成標準要求。

6. **嚴格執行規則**。制定法規時必須全面考慮各種情況，並且應盡量減輕共享經濟發展的負擔。但是當相關法律確立後，就不允許澳洲人無視法律規則。嚴格執行立法，對於一再違反規定的行為不再容忍。一旦有公司或個人觸犯，勢必會受到嚴厲的懲罰。對於屢次違反法律的情況，政府應該吊銷其營運資格。

　　國家與地方政府也都將遵循以上原則，逐步開展監管法律的改革計畫。澳洲競爭和消費者委員會、生產力委員會（Productivity Commission）則負責監管整個共享經濟活動的發展，評估法規的執行成效，以及對既有市場的影響。

　　現有的執行法規主要在私廚外賣領域，澳洲政府規定任何家庭式企業的食品加工與外賣同樣需要申請商號。並且規定肉類與雞蛋必須要儲存在攝氏5度以下的冰箱裡、食品容器不可以混雜使用、所有原物料都必須記載購買來源和批號，以確保需要追溯任何原物料時可以隨時找出來。違反食品安全條例的外賣機構將會被處以2,000到20,000澳幣的罰款。如果外國人在澳洲違法，甚至有可能會被遣返回國。

第10章
韓國：搶進共享新市場

　　相較於英美，韓國共享經濟起步較晚，是隨著國外企業進入才引發整個社會對於共享經濟模式的思考與探索，卻以後起之秀的姿態崛起，發展與表現絲毫不比他國遜色。

　　2015年10月和11月，釜山市曾針對全市500名19歲以上的市民做過一項相關調查，調查顯示，時至2015年11月，只有5.2%的市民表示其聽說並了解「共享經濟」。而在我們前面提到的普華永道對美國共享經濟的調查中，有大約50%的受訪者表示聽說過這類公司，其中還有很大一部分的人表示在未來兩年內會使用這類服務。釜山是韓國第二大城市，經濟發展程度和人口規模僅次於首都首爾，上述調查雖然存在樣本範圍較小的問題，但仍能反映出共享經濟這個新興事物，在韓國依然有很長的路要走，更有很大的發展空間可以利用。

　　雖然起步較晚，但韓國共享經濟近年來的發展非常迅速。根據韓國產業通商資源部統計資料，2015年韓國共享經濟規

模為4,700億到7,300億韓圓,占全球共享經濟規模的2.8%到4.4%。預計2025年,韓國整體共享經濟市場規模將達到84,900億到131,500億韓圓。截至2016年1月,已有145家團體和企業在首爾「共享經濟樞紐」網站上註冊,其中完全由政府設立的團體有4家,其他141家均為民間創業團體與企業,或是外國企業在韓國的分部。

縱觀韓國現有的共享型企業平台,會發現這些企業分別針對多樣需求,開發各種各樣的網路平台,這些平台分布在各個不同的產業中,積極探索發展模式。由首爾市政府支持營運的「共享經濟樞紐」網站將註冊的企業按營運項目分成12大類,分別是教育、圖書、物品、照片、影像及音樂、民宿、旅行、藝術、衣物、汽車、經驗才能與知識,另外還有空間的分享。有的企業僅從事上述一種類型的共享經濟業務,有的則涉及多種類型。

除了人們容易理解的物品分享、住宿分享、車輛分享與知識分享外,韓國的共享經濟還出現了把時間當成分享目標的服務,如Zipbob服務就是一種基於social-dining理念所創立的網路平台,將有共同愛好的人透過網路聚集起來,提供使用者自行討論並組織聚餐的平台,想要參加聚餐的用戶只需要打開

Zipbob網頁，瀏覽並決定參加哪一次的聚餐即可。聚餐費用分為事前支付和現場支付兩種方式，具體費用則視具體聚餐規模而定，Zipbob則與註冊餐廳簽訂協定，從中抽取一定比例的聚餐收入。

除了在「共享經濟樞紐」上註冊的企業，韓國部分觀察者將房地產信託基金類型的企業也納入共享經濟的討論裡。

韓國代表性產業發展情形

韓國民間企業大多是新創企業，大部分在2011年後成立。汽車共享、住宿共享與二手交易市場是表現最突出的三個領域，而成長最快的企業，集中在汽車共享領域。

汽車共享

韓國汽車共享市場，基本呈現由SoCar與GreenCar並立的局面，首爾市、水原市等市政府，透過與民間企業的合作提供這類服務。目前韓國汽車共享新創企業密集，產業領頭企業迎來好時代。

2015年10月京畿開發研究院，針對在韓國CCKOREA註

冊的主要共享型企業進行調查[1]，其中80%的企業資本額不足
1億韓圓，企業人員不超過5名，大多是新創企業。但與此同
時，汽車共享領域的領先者GreenCar與SoCar，依然獲得外部
融資。汽車租賃業的龍頭企業樂天租賃，在10月以10,200億
韓圓的高價，買入市值7,000億韓圓GreenCar其中47.7%的股
權，SoCar也接受大企業SK集團的資金，讓SK集團以590億
韓圓獲得其20%的股權。這表示，汽車共享市場的價值得到進
一步的認可。

　　韓國京畿開發研究院2015年4月的調查顯示，共享汽車
市場的主要用戶是年齡在20到40歲間的男性職場人士與無車
人士，每月使用次數不足3次者達到90%。使用理由中，相較
於大眾交通更為便利、沒有其他交通運輸方式等，占據多數；
而搭乘目的，則是在平日裡以旅行、購物居多。出現車輛共享
後，人們對延遲處置現有車輛與購買新車的意願為51%，其中
延遲5年以上占8.7%。保守估計共享1輛車能夠替代16.8輛汽
車，車輛共享經濟能夠抑制汽車數量成長，提高搭車自由度和
便利度，減少溫室氣體排放，鼓勵大眾交通，緩解停車位不足

---

1. 韓國京畿開發研究院，〈汽車分享的經濟社會性效果〉。

的壓力。

　　共享汽車服務的類型中，韓國主要是公私合營的形式，由首爾市、水原市等公共機關支援，與GreenCar、SoCar等民間專門企業支持，共同提供服務。公共團體的事例還有：土地住宅公社（Land & Housing Corporation, LH）針對出租公寓提供「LH幸福車」服務。而專門共享企業除GreenCar、SoCar以外，還有Citicar等企業，汽車租賃企業如KTrent-car、AJrent-car等也開始進入共享汽車市場。

　　截至2014年，GreenCar遍及702個服務區，註冊有1,067輛車，而SoCar也有702個服務區，註冊有1,002輛車。二者主要在首都圈提供服務，80%左右的服務區都在首都圈範圍。截至2014年末的會員數分別為22萬人和18萬人，此數字在2015年1月都突破了50萬人，其中SoCar更是在2015年8月，率先突破100萬會員數，成長速度極高。

　　SoCar是韓國分享汽車領域的龍頭企業，2012年以100輛共享車輛開始從事汽車共享業務，憑藉搶先占領首都圈共享汽車市場的優勢和大力推廣，以及針對不同種類車型設計的合理付費機制，吸引20到40歲年齡層的韓國民眾，全國有1,600餘處駐點，3,100餘輛車，2015年上半年銷售收入180億韓圓，發

展迅速。目前該服務主要限於大城市，企業負責人表示，2016年起將會繼續往韓國其他中小型城市推廣此項服務。此外，SoCar與擁有16萬司機會員的韓國叫車軟體Kakaotaxi合作，將道路交通服務進一步智慧化、便利化，屆時可能會有更快的成長。SoCar以突飛猛進的發展姿態，將共享經濟這種新型經濟模式帶入韓國的經濟生活當中。

全球有60多個國家、1,000多個城市使用汽車共享服務，韓國截至2014年的會員數為496萬人，自2008起，成長了將近40%。韓國的汽車共享市場尚未飽和，除首爾、釜山等大城市外，其他中小型城市目前較少利用共享車輛，仍存在較大的成長空間。

住宿共享

與汽車共享市場不同，韓國的住宿短期出租市場發展較早，長期以來，鎖定留學生、外地遊客提供的客房，在韓國各大城市都不罕見，不過在住宿市場出現共享經濟前，提供房屋住宿的屋主，通常是自己將房屋狀況簡介和提供住宿相關事項張貼在個人部落格，或委託前房客撰寫住宿體驗和攻略的方式吸引新房客。

大致來說，雙方都需要付出一定的搜尋成本。以韓國目前利用網路平台提供短租的市場來看，率先在韓國提供住宿共享平台的外國企業Airbnb仍然居絕對優勢，是極具代表性的公司。據Airbnb韓國負責人李准圭所說，2014年4月到2015年4月整年間，全球用戶透過該平台到韓國旅遊、訪問人數達到18萬人，與前年度同比上升294％。韓國市場成長的速度在整個亞洲區域是數一數二的，將愈來愈成為亞洲重要的旅遊國家。Airbnb公司認為，未來隨著出遊韓國的人數增加，公司在韓市場也會有進一步的擴展。

　　本土新創企業在市場擴展、推廣行銷、引入融資等方面，目前仍面臨較大的挑戰。代表性的本土網路短租企業有Kozaza、BnBHero等。

二手交易市場

　　根據相關資料估計，韓國目前整體二手交易市場規模約18萬億韓圓，其中線上交易規模約10萬億韓圓。進行交易的二手物品按類別有衣物、美容用品、優惠券、日用雜貨、育兒用品、家具、家電、汽車和自行車等。在韓國各大搜尋網站如Naver、Daum等，都有一項名為「二手交易」的子欄目，專門

用於用戶上傳二手物品照片、提供二手物品使用情況和期望報價，及個人聯絡方式。這類網站訪客量龐大，具備先天的用戶基礎。此外，韓國也有像Joonggonara、Open Closet等專門針對二手物品交易的網站和應用軟體。

與韓國整體二手交易市場相比，線上規模約占有一半以上，但隨著網路經濟發展和共享經濟理念的認同感提高，下載二手交易應用軟體與註冊二手交易網站會員的人數有成長趨勢。目前，利用網路進行二手交易的使用者數量，約為韓國全體國民數量的1/4。

共享經濟興起成因

小家庭數量增加

隨著經濟社會發展至今，韓國人的獨身與頂客族家庭比率上升，愈來愈多人更偏好一個人或者僅有兩個人居住在一起。此外，還有經濟方面的因素，讓如今韓國小家庭數量一直在成長。根據韓國統計廳資料，一人戶家庭的比重占全國的25.6%，也就是說，在韓國有500多萬戶家庭是由一個人所構

成的。一到兩人的小家庭比重則已經超過50%，家庭結構變化勢必會伴隨生活需求方面的變化。

以汽車需求為例，一個三口之家或四口之家出門時，為了準備孩子的衣物、奶粉和嬰兒車等，擁有一輛車是更為便利的選擇。某段時期SUV休旅車是主流，但在僅有一到兩人構成的家庭裡，汽車未必是必需品。隨著科技的發展，韓國的KTX高速鐵路可以連接除濟州以外的各個地方，也有方便的市內公車系統，幾乎只有在目的地是交通運輸工具很難到達的地方時，才會需要使用私人汽車。

買房需求與購車需求類似，也呈現下滑的趨勢。韓國家庭收入在小家庭比重上升、就業難度增加的大前提下，自然有所下降。與之相反的是，房價卻在政策支持與不動產業景氣復甦下持續上漲，因此比起買屋，租屋更成為人們解決住宿問題的途徑。

自有財產需求的降低，為以分享使用權為理念的共享經濟提供了發展空間。韓國汽車共享市場的快速發展和住宿共享市場的大範圍普及，也印證了這一點。關於生活方式和意識形態改變，常是潛移默化且持久深遠的，當自有朝分享轉變的理念愈來愈深植人心時，共享經濟就有更廣闊的發展天地。一旦共

享經濟日益滲透人們生活的各個層面時，反而會強化人們對共享經濟的認同和擁護。

國民經濟成長低迷

在過去10年裡，韓國經濟呈現快速發展，引人矚目。然而，這樣的好日子似乎已經不再。韓國十大財團之一三星集團所屬的三星電子，曾在國際市場叱吒風雲，擊敗許多日本、歐洲的電子製造商，但現在三星電子的競爭力也似乎不再強盛。曾經被三星、LG與蘋果手機三家獨大的韓國智慧型手機市場，也悄悄被華為、小米等中國智慧型手機製造商瓜分市場大餅。其他韓國企業巨頭，如現代汽車、LG電子與大規模的造船企業也面臨困境。種種跡象顯示，韓國經濟已經開始碰壁，經濟成長率長期低於4%，至今依舊成長緩慢。

經濟成長低迷的環境下，人們的收入受到限制，過度消費的觀念相對減低，而且愈來愈多人開始認同「比起自有，分享更好」的協同消費觀念，從收入最難以負擔的住房開始，延伸到汽車、兒童物品等其他消費領域，從更加經濟實惠的角度進行生活中的消費決策。

智慧型手機普及率高

SoCar在成立不到4年間快速發展，創辦人兼執行長金智滿表示，如此快速的發展大半都得利於韓國極高的智慧型手機普及率，以及通訊網路發達的優勢。共享經濟的一大要素就是憑藉互聯網平台，透過網路連結需求者和供給者，節省雙方的搜尋成本，有效率的媒合供需雙方並解決問題，將各自分散的需求贏利點集合成龐大的需求網，從而創造價值。韓國發展共享經濟的一大優勢，在於網路系統發達，而智慧型手機的普及也在相關企業推廣線上服務時提供良好基礎。

韓國智慧型手機普及率相當高，2013年6月美國市場調研公司（SA）發布報告指出，2012年韓國的智慧型手機普及率為67.6%，比世界平均值14.8%高出3.6倍，首度成為世界第一。到2015年，該數字達到83%，位居世界第四，僅次於阿聯酋、新加坡和沙烏地阿拉伯。手機早已成為人們生活中的重要環節，人們透過手機購物、上網、金融交易、發送電子郵件、聽音樂或聊天等。韓國主要電子製造商LG和三星電子分別是世界第四和第二大手機製造商。智慧型手機通常採用分期付款簽約的方式購買，電信業者推出各種通話費與網路流量套餐與

手機綁約銷售，分期付款期限通常為1到2年，用戶每月分擔包括通訊費在內的費用一般為40,000到60,000韓圓，每月負擔較小。

　　韓國的通訊網路技術在全世界也是數一數二的。早在2011年，韓國就已經進入4G時代，2013年上半年，全國41%的手機用戶已經是4G LTE網路使用者。2013年6月，韓國電信營運商SK電信在首爾及其他部分城市推出世界上第一個LTE-A（LTE-Advanced）網路，推出14天後，LTE-A使用者已經超過15萬，這是全球第一個開啟LTE-A商用的業者。該網路支援每秒300Mb的下載速度，相當於28秒就可下載完一部1GB的電影，是第四代通訊網路LTE下載速度的4倍，是第三代網路通訊技術下載速度的21倍。而韓國的無線網路普及率也很高，連海邊和地鐵裡面都可以使用Wi-Fi，通訊公司在每個學校都鋪設了Wi-Fi，餐廳和咖啡廳如果沒有Wi-Fi，更是沒有生意可做。首爾市政府還於2016年1月起，在首爾市內地鐵提供超高速公共無線網路，解決地鐵車廂內網路速度過慢的問題。

政府鼓勵創業

　　韓國在經濟發展中，面臨到一項重要的問題：愈來愈多

的大企業壟斷現象。2015年，韓國前十大集團分別是三星集團、SK集團、現代汽車、LG集團、韓國電力公社、浦項鋼鐵（Posco）、GS集團、現代重工、樂天集團，與韓國天然氣公司（KOGAS），這十大集團實現的全年收入約1,090兆韓圓。

　　大企業的壟斷地位，使得中小型企業的生存空間不斷受到壓迫，然而中小型企業是社會90%就職機會的創造者，其發展與許多人的工作與生活都息息相關。中小型企業發展面臨困境，導致更多的人失去工作或薪資減少，社會消費的動力也會隨之不足。韓國大企業勢力日益增強，將對國家帶來大而不倒的隱憂，一旦大企業出現問題，其影響將遠不止於一家企業陷入困境或倒閉，而是會撼動整個國家經濟，這對政府來說是很可怕的。大集團壟斷逐漸被視為經濟發展的阻礙，韓國政府近年來也開始推動各項政策鼓勵創業，正是意識到壟斷的危害，並予以改善的努力表現。

　　從這點來說，鼓勵發展共享經濟，是政府鼓勵整個社會創業的一個子項政策選擇。自從Uber、Airbnb進入韓國市場，最先在韓國年輕人間掀起共享熱潮，並且出現了更多其他方面的共享平台，滿足多樣化的需求。有需求就有價值，從2011年開始，民間共享經濟創業團體和企業如雨後春筍般設立，韓國創

業者對共享經濟的青睞和熱情，讓政府看到共享經濟的活力，
進一步有支援民間企業創立共享經濟模式和平台的動機。

韓國政府態度

　　韓國政府對於共享經濟的重視與態度，使得共享經濟在韓
國前景非常明朗。2015年12月，韓國企畫財政部（Ministry of
Strategy and Finance）首次宣布擬將共享經濟納入制度層面管
理。2015年12月8日，企畫財政部正研究在「2016年經濟政
策方向」中納入共享經濟相關政策的方案，計畫確定後，將會
成為國內共享經濟推動發展的最初政策支援事例。企畫財政部
擬從汽車共享和住宿等產業形式比較明顯的部分開始接觸，致
力於相關規制的完善，並推動特定地域的示範產業。在韓國，
Uber及Airbnb等公司被判決為不合法，因此，政府比較關心的
是，警戒將「從那些範圍，到哪種程度」給與鬆綁。

　　韓國政府擬對有突出貢獻的企業給與資金支援和宣傳幫
助，還計畫於2016年對相關法規進行調整，以適應共享經濟
的發展。擬將共享經濟當成服務新產業的政府，也逐漸看出努
力。2016年2月17日，在青瓦台召開的第9屆貿易投資振興會

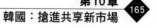
上，政府將共享經濟納入了四大新服務市場的開拓方案。

政府計畫先針對共享經濟打造法律性、制度性的基礎，致力於將其納入制度範圍內，從而促進創業及新的企業活動。具體來說，促使以「移動平台基礎仲介交易」為特性的共享經濟，能夠適用於「直接交易」中心的既有法律制度，針對消費者保護和衛生、安全等存在問題的部分妥善解決，進而促使健全成長，並將共享經濟特有的自律規制系統善用到極致。

另外，為了讓共享經濟與既有經營者的利益衝突降到最低，採取均衡接近的方針。從成長可能性相對較高、且有市場需求存在的住宿、車輛、金融產業促進制度改善。但並非單方面促進制度改善，舉例來說，針對住宿業，在預想到市場既有旅館、飯店等利害關係業者可能會進行反對並發生衝突時，示範性導入規範自由區，進一步和緩應對。共享經濟的理念在2016年首先導入釜山、江原道和濟州島等規範自由區。至2017年，韓國將通過修改國家住宿業相關法律，使其合法化。

韓國政府對發展共享經濟的支持，以地方政府最為積極，首爾市政府更是於2012年就開始推動共享型城市建設。從地方立法來看，韓國部分的地方政府，主要集中在京畿道、首爾市、釜山廣域市、城南市、全州市等地區，頒布了針對共享經

濟的法律法規，具體情況可參考附錄。

　　共享經濟不是分享所有物品、空間、資訊等，而是透過互相借與的活動提高資源的經濟、社會、環境等價值。前述的各項條例包括：為促進共享經濟的支援中心設置和事務委託、共享事業參與團體或企業支援方案、共享促進委員會設置及營運等內容。其共同點是：要求各地區的市長或區長，組建共有促進委員會，並定期制定一份促進共享經濟的具體計畫。條例正式施行後，對民間企業或團體等共享活動的行政、財政性支援將成為可能，不僅是公共部分，甚至民間部分的共享經濟參與活動也都將更上一層樓。

　　以城南市為例，其在條例制定前即開展了市政廳會議室的市民借用、健身房開放、兒童樂園玩具借用，甚至市民停車場的建成、開放等多樣化的共享事業。城南市還計畫積極培育並支持共享經濟事業，使市民能夠享受更多的優惠。

　　政府表態將在2016年6月前，制定針對培育以Airbnb、Uber、Kakaotaxi為代表的O2O產業綜合計畫。這些計畫中對各項規定的鬆綁將是核心。Uber由於與原先的計程車產業有衝突，導致在韓發展步伐受阻，吸取這項教訓，政府意識到對於這類企業的束縛規定必須要鬆綁。

　　在監管方面，韓國政府對於共享經濟的代表性企業如Uber
和Airbnb的態度並不寬容，二者先後受到來自韓國國土部的罰
款指令，尤其是Uber的專車業務和Airbnb平台上的超短期租
賃業務，都被認定為非法，Uber公司更在韓國首爾等大城市，
遭到計程車產業協會和司機協會的多次集體抵抗。

　　總之，原有的法律對於共享經濟的發展有一定的約束和阻
礙，但政府有可能在不久的將來，就共享經濟這一產業形式創
建較為寬鬆的新政策環境，共享經濟將能成為政策的寵兒。

第11章
香港與台灣：開始迎接共享

在亞洲，共享經濟為傳統商業模式帶來巨大衝擊。共享經濟活動有助於減少資源浪費，而不是從傳統企業中搶走商機。共享經濟的目的是從共享資源中獲得利潤，相對的，傳統經濟的思維是擁有資源再買賣謀利。

推動發展的原因

香港互聯網註冊管理有限公司（HKIRC）在2015年6月一項針對近1,500名網路使用者的調查顯示，近30%的受訪者曾參與過共享經濟的相關活動，當中近50%的新用戶群組表示有1到3次參與共享活動的經驗，82%的網路用戶為共享經濟的消費者，表示已經把共享經濟當成新的消費模式。香港最常見的三種共享活動是汽車共享、網上集資和房間住宅出租。

香港人認為除了節省金錢之外，共享活動可以帶給他們有

趣和愉快的經歷，認為共享經濟是易用且高效的。同時調查結
果也證明，教育是改變觀念的關鍵，因為網路用戶過往的參與
經驗、教育程度和共享活動有顯著的關係。參與者多半以高學
歷人士為主，74%擁有大專或以上學歷。推動香港人熱中共享
經濟的原因包括：從重新分配閒置資源而獲得的經濟報酬、人
們享受分享活動的過程、能從分享行為中獲得滿足感等等。

　　至於台灣，根據台灣經濟研究院分析：首先，台灣網路
整備度高。2014年全球網路整備度指數（Networked Readiness
Index, NRI）中排名第14，經常上網人口數超過1,100萬。其
次，地狹人稠的地理環境帶來發展機會。在人口密度高的台
灣，更應透過共享經濟充分利用閒置資源，提升資源使用效
率。再者，國際知名的Airbnb、Uber、Sculfort Marina等紛紛
進軍台灣，引起熱烈回響。最後，本土新創企業的萌芽獲得
人們的喜愛。如共乘平台Carpo、物品及空間出租平台「租生
活」、外包接案平台「愛蘇活」等，都是以共享經濟模式運作。

　　台灣的共乘平台Carpo，2013年上線不到一年，共乘數即
破萬筆，平均每月吸引超過250位會員加入。2012年12月，吳
敬庭召集7人小組，在台北成立了Carpo，2013年3月正式營
運。Carpo建立了可同時透過電腦網站及行動裝置APP使用的

共乘平台，駕車者發布資訊搭載順路的旅客，乘客也能發布自己共乘需求的資訊，不需要將手機、APP帳號等個人資訊提供給對方，即可獲得安全便利的共乘服務。

面臨的困境

和所有新興產業一樣，共享經濟也面臨著一個法律的灰色地帶，略顯尷尬。在香港的法律中，導遊必須持有證書。為遊客安排旅遊、食宿或交通等，一直被視為旅行社的專利。很顯然，共享經濟平台的用戶大多沒有旅行或導遊證。香港旅行代理商註冊處也表示，這些網站可能違反了旅行代理商條例，如果被檢控和舉報，最高可被罰款10萬港元及監禁兩年。除了協力廠商保險存在的問題外，計程車司機也提出對Uber的聯合抵抗遊行，抵制這些黑車搶走他們的工作。

台灣也遇到了類似的尷尬困境。據台灣經濟研究院分析，在金融領域，有關規定明確指出：非銀行不得經營收受存款或視為存款的業務。在短租領域，短期租屋被定義為觀光旅館、一般旅館或民宿，經營前必須先取得登記證。在交通領域，發生交通事故時平台是否提供司機及乘客保障、提供載客服務是

否侵害計程車業等問題尚未解決。在二手物品方面,販賣二手
物品的網路平台是否同受消保法七天鑑賞期管制也未有定論。

香港與台灣政府態度

新上任的香港特區政府資訊科技總監(OGCIO)楊德斌,
在HKIRC以「共享經濟:機遇與威脅」為主題的第7屆數位市
場研討會上表示,看到出席研討會人數眾多,已理解到香港市
民對於共享經濟的關心。他認為,10年後共享經濟將會有超過
3,000億美元的市場,市場機會巨大,《時代》雜誌更提到,共
享經濟會是改變世界未來的十大觀念之一。

楊德斌在提到共享經濟的挑戰時也表示,其實香港政府很
支持創新,數碼港和科技園都有支援新創企業的計畫,不過創
新想法遇上傳統思路時難免不協調,法律應該尊重,如果有法
可依循的事應該遵守,即使有創新想法也不代表能不理法律。
法律難免滯後於創新,這是全球都有的現象。他鼓勵創新者、
監管機關、消費者和參與機構要一起找尋方向、達到共識,走
出一條既不損害既得利益者,也不違反法律的道路,創出新的
局面。HKIRC行政總裁謝安達也認為,共享經濟模式減少資源

浪費，是大勢所趨，調查顯示香港的消費者已經準備好接受這種新模式，即使會對傳統產業有衝擊。對於Uber車主及職員被高調拘捕，他認為只是小風波，大勢不會因此消失。

至於台灣部分，經濟研究院針對政策提出了以下改進方案。首先，需要對有關規定進行調整，包括跨部會協商和規定調適作業。跨部會協商指先行針對具有爭議的議題或極具發展力的領域，邀請相關單位，進行了解共享經濟的本質與發展性，並協助各利害關係人溝通協調。有關規定調適作業，是針對可能抵觸現行有關規定的相關共享服務加以盤點，讓共享服務業者、民眾與既存業者釐清管制規範，再個別討論各領域該如何讓共享服務符合有關規定。對於不合時宜的有關規定，擬討論鬆綁共享經濟各領域相關條例的可行性，建立促進共享經濟發展的依據。

其次，創建平台，促進各界資訊交流。透過舉辦座談會等活動，集結產、官、學、研多方會談，建立各專家學者、從業者與當局間的連結，及時掌握產業動態、釐清從業者需求，並共同討論最佳解決方案。鼓勵民間建立共享資訊整合平台，提供民眾的衣、食、住、行、育、樂等共同需求資訊，整合各領域從業者所提供的服務。同時可提供企業在經營管理、供應

鏈管理、顧客管理等方面相關功能，協助新創企業或中小型企業，透過平台資源得以快速發展。

最後，促進發展。提倡與宣傳共享經濟的本質與重要性，藉由文案、舉辦會議等相關活動提高各界對共享經濟認識。凝聚地方與當局資源的力量進行推動，例如：以一鄉鎮一特產來發展地方特色旅遊，或將2014年票選出苗栗、彰化、花蓮等10條民眾最想造訪的重點旅遊路線，與民間共乘平台從業者合作，共同推廣民眾善加利用共乘服務，以期在推廣地方特色時，降低當地旅遊交通擁塞[1]。

縱觀各國，可以發現一個共同現象：共享經濟由產業創新帶動，自民間創業崛起，受政府支持，得以高速發展。美國、加拿大、英國、澳洲、韓國等國家政府的態度，可以說是各有特色，在一定程度上，也代表著決策者幾種不同的視角。這對轉型中的中國而言，有重要的啟發。

隨著共享經濟席捲全球的浪潮，在中國也獲得高度的成長。近幾年來，滴滴出行、途家網先後躋身全球獨角獸公司，而豬八戒網、人人快遞等代表性平台也快速實現了跳躍式發

---

1. 台灣經濟研究院，〈共享經濟崛起對台灣中小企業之機會與挑戰〉。

展。共享經濟在中國呈現出全產業開花的趨勢，快速滲透到許多分眾服務領域，演變出眾多的創新模式。

然而，中國的共享經濟創新創業仍處於成長期，高潮遠遠未至。經過幾年快速發展，暴露出不少尚待解決的問題。從共享經濟在世界各國的發展情況來看，這些問題需要在民眾、平台企業和政府三方的共同努力下才能圓滿解決，共享經濟也才能夠走向更廣闊的天地。

第三篇

中國篇

各行各業蓄勢待發

第12章
中國共享經濟發展現況

　　當前，共享經濟正在全球快速發展，成為金融危機後經濟成長的新亮點。共享經濟借助創新平台，以更低成本和更高效率實現經濟剩餘資源的供需配對，達到人盡其能、物盡其用，取得巨大成功。根據初步統計，2015年共享經濟在全球的市場交易規模約為8,100億美元。共享經濟在中國的發展方興未艾，在租賃、交通運輸等領域的創新獲得顯著成績，中共十八屆五中全會公報中也提到發展共享經濟，但目前共享經濟的發展還面臨一些問題，值得重視和解決。

　　隨著科技的發展，生產力和社會財富快速提升，經濟過剩成為全球新問題。經濟過剩帶來經濟剩餘資源，在公司或企業中會呈現在閒置庫存和閒置產能，在個人部分則表現在閒置資金、物品和認知剩餘。共享經濟，可以透過大規模活絡經濟剩餘而激發新的經濟效益。正如中共總理李克強在2015年夏季達沃斯論壇指出的：「共享經濟是拉動經濟成長的新路，通過分

享、協作方式搞創業創新，門檻更低、成本更小、速度更快，這有利於拓展我國共享經濟的新領域，讓更多人參與進來。」

目前中國共享經濟在許多領域都取得不錯的成績：在閒置房產領域，一些網站透過以租代售的分享方式，催生了旅遊住宿新模式，促進了旅遊經濟的發展。在勞動服務領域，線上服務群眾外包模式得到社會認同，目前已創造了上千萬的就業機會，大幅緩解就業壓力。在交通運輸領域，滴滴順風車僅在春節前就輸送81萬人共乘返鄉，一定程度上緩解了春運交通運輸力不足的問題，展現共享經濟化解社會問題的強大適應性。另外，在製造業領域，共享經濟帶來的生產革新也開始萌芽，已出現分享供應鏈和透過以租代售化解企業庫存的做法。

當前，中國的共享經濟正從交通運輸和住宿領域，拓展到個人消費的諸多領域，同時企業端市場也正逐漸成型。隨著共享經濟的發展，「使用但不占有」、「閒置即浪費」的新消費觀念逐步盛行，利用更少的資源消耗，滿足更多人群的日常生活需求，為綠色發展、永續發展提供了條件。可以預見，這場已影響數億人的共享經濟風潮，將為中國經濟成長注入一股強大的新動能，有助於中國經濟實現動力轉換，把服務業變成經濟成長的主動力。

影響共享經濟發展的問題

當前，中國共享經濟還處於發展初期，市場發展不完善。2015年中國共享經濟市場規模超過1兆人民幣（占中國GDP不足1.6%），其中非金融類的規模不足一成。而美國共享經濟總量已超過3兆人民幣（占美國GDP3%），而且非金融類的占比超過九成。相較之下，中國的共享經濟還有很遠的路要走。目前主要有以下幾項制約問題：

◆監管模式不利於產業創新

中國現有的監管思路，主要強調在區隔市場基礎上的市場准入監管，通過牌照等方式管理。而在共享經濟時代，融合性新業態大量出現，突破了傳統的區隔式管理模式，如果直接套用既有的監管模式，監管效果不僅會大打折扣，更有可能直接扼殺新興的經濟業態。與此同時，在共享經濟的監管方面，泛安全化的現象值得深思。安全問題往往成為否定共享經濟新業態的重要原因。但對於安全問題的討論，過於廣泛空洞，往往缺乏充分具體的論證。

◆徵信制度等配套制度不完善

信用是共享經濟的「硬貨幣」(hard currency)，市場的供需雙方必須建立互信關係，才會發生分享行為，達成交易。共享經濟下，需要通過雙重身分驗證、社群帳號登錄、好友關係提示、雙方互評體系、個人簡介、保險賠付等制度，快速增加經濟參與主體間的信用關係。但由於目前中國的徵信體系仍不完善，例如，在共享經濟中，平台企業審查供應方的信用，只能依靠商業徵信與評價制度等方式。而以人民銀行徵信中心為代表的金融徵信，以及各類行政管理徵信，如公安、工商、稅務、海關等，雖然更為真實有效，卻難與平台企業實現有效配合，使得平台企業對服務提供者的資格審查仍存在一定的風險和漏洞，影響共享經濟的安全性。

◆基礎設施能力不足

共享經濟是網際網路高度發達後的產物，其需求廣泛存在於中國各地城鄉之間。然而，中國網路基礎設施建設還有待進一步提升。首先，中國網路普及率雖然已成長至50.3%，但比已開發國家80%以上的普及率仍有不小差距。其次，行動寬頻4G/3G應用主要分布在經濟發達地區，部分三、四線城市和農

村地區發展不夠理想。第三，上網的資費依然偏高，有進一步
降低的空間。基礎設施能力不足直接影響了13億國民對共享經
濟的參與。

促進共享經濟發展的建議

**在認知層面，應進一步普及共享經濟的理念和價值，並讓
共享經濟數據統計機制完善。**政府可從社會意識、學校教育，
以及設立共享經濟示範城市等多方面著手，宣傳共享經濟為經
濟、社會和環境帶來的良好效果，鼓勵青年學生參與共享經濟
的創業創新專案，消除社會大眾對於共享經濟的一些疑慮和誤
解，最終提升社會大眾對於共享經濟的認識和參與熱情。另
外，共享經濟帶來的經濟增量數據並沒有體現在GDP統計中，
建議政府建立新型數據蒐集機制，有效統計共享經濟對GDP和
CPI的影響，為政府決策提供精準數據分析。

在監管層面，堅持包容治理，營造開放包容的監管環境。
目前世界各國高度重視發展共享經濟，許多政府提出鼓勵政策
促進共享經濟發展，例如：英國政府2014年制定共享經濟計
畫，旨在打造共享經濟的全球中心；韓國政府也在放鬆市場

管制，提出發展共享經濟示範城市。面對共享經濟新型商業模
式、經營方式等與傳統產業的不同，不能削足適履，強迫新事
物符合舊的監管框架，應該因地制宜調整監管策略，堅持具體
問題具體分析，及時清理阻礙發展的不合理規章制度，促進共
享經濟發展。

　　在配套制度層面，要讓信用機制等配套制度的建設完備。
首先，應大力發展徵信市場，加快社會徵信體系建設，推進各
類信用資訊平台無縫對接，打破資訊孤島。加強信用紀錄、風
險預警、違法失信行為等資訊資源線上披露和共享，為經營者
提供信用資訊查詢、企業網上身分認證等服務。其次，進一步
讓社會保障和福利機制完備。有關機構應為共享經濟參與者提
供必要的保險和福利，提供共享經濟就業指導，以幫助求職者
提高經驗、技術和收入。鼓勵共享經濟平台與保險機構合作成
立賠付基金，或雙方合作提供保險產品等。

　　此外，還必須加快共享經濟所需的基礎設施建設。進一步
加強寬頻基礎設施建設，加速上網資費降價，消除數位鴻溝，
讓更多人融入共享經濟平台，參與共享服務；推出共享經濟示
範城市，樹立示範效應；將共享經濟納入政府採購範疇，鼓勵
各級機構使用共享經濟平台進行採購、交通、住宿等服務。

第13章
交通運輸業的共享經濟

　　從世界的角度看中國，共享經濟在各國走過的道路，或多或少會反映在中國身上；從中國的角度看世界，中國共享經濟呈現出來的氣象卻又更加宏偉瑰麗。筆者將之歸納為一個詞：見龍在田。

　　農曆二月二日前後，傍晚向東望，會看到東方蒼龍星座的角宿一升起。這是一年中東方蒼龍星座第一次在太陽下山後立刻升起，《易經》稱為「見龍在田」，民間稱為「龍抬頭」。《周易・乾卦九二》有一句爻辭：「見龍在田，利見大人。」翻譯成白話，就是：見龍在田，有想法的人們值得出來幹一番大事，例如創業。

　　共享經濟正如蒼龍一樣崛起於地平線，從產業發展的角度來看，見龍在田這個詞，正是共享經濟在中國的絕佳寫照。這是春天到來的氣息，這是生命復甦的黃金時節！據資料顯示，共享經濟的諸多領域，有的正在萌芽，有的蓬勃向上，有的突

飛猛進，充滿了生命的張力。

在交通運輸共享的領域，中國市場規模非常龐大。據滴滴披露，2015年，滴滴出行包含計程車、專車、快車、順風車等所有平台訂單總量高達14.3億，這個數字相當於美國2015年所有計程車訂單量的近兩倍，更超越Uber全球累計的10億訂單數。然而，這僅僅是一家公司的資料，如果擴大到整個產業，估計將會在20億左右。

在共享住宿領域，中國市場的成長速度驚人，4年成長百倍。根據中國的調查研究公司艾瑞的統計資料顯示，中國線上短租市場在2012年加速起步，當年市場規模為1.4億人民幣，2013年市場規模約為8億人民幣，2014年為38億人民幣，2015年市場規模約為105億人民幣。百億規模不是空談，另外中國兩家研究調查機構，速途研究院和易觀智庫的資料也同樣顯示，2015年線上短租市場規模突破100億人民幣。

中國的P2P網路貸款市場規模在2013年為270億人民幣，這一數字到2015年就達到了驚人的9,750億人民幣。資金分享領域的P2P網貸和群眾募資不僅發展到很大的規模，同時還呈現高速發展的趨勢。據零壹研究院數據，2015年中國網路群眾募資市場規模約為150億人民幣，P2P借貸和網路群眾募資二

者加總的市場規模為9,900億人民幣。

在共享任務領域，根據豬八戒網的使用者數據推測，2015年中國自由業工作者的人數約為3,000萬人，線上雇用市場規模約為234.5億人民幣。

在共享二手物品的領域，據艾瑞諮詢資料顯示，2015年國內二手汽車市場規模約為5,000億人民幣，其中線上交易規模約為100億人民幣。家電類二手市場交易規模為1,000億人民幣，線上交易規模約為20億人民幣。除此之外，家居、書籍、玩具等其他品類二手交易市場規模相對較小。因此，預計線上二手交易總體規模約為200億人民幣。

產業發展黃金期

中國共享經濟的發展正步入黃金期，原因大致歸結如下：

第一，市場規模龐大。中國擁有全球最龐大的用戶群，共享經濟在中國相當有群眾基礎。2016年1月22日，中國互聯網資訊中心（CNNIC）發布第37次〈中國互聯網路發展狀況統計報告〉，報告顯示，截至2015年12月，中國網民規模達6.88億；網路普及率為50.3%，較2014年底提升了2.4%。中國手機

網民規模達6.20億,較2014年底增加6,303萬人;網民中使用手機上網人群的占比提升至90.1%;手機是帶動網民規模成長的首要裝置,也是推動共享經濟發展的重要工具。此外,據尼爾森2013年在全球進行的對參與分享的意願調查,94%的中國受訪者都喜好與他人分享,此比例名列各國榜首,可見共享經濟在中國的人氣之旺。

第二,**風險投資撐腰**。共享經濟在中國的發展從整體上來說,晚了國外3年多。許多共享型企業於2011年前後開始創建,2014年開始掀起熱潮。共享型新創企業非常受歡迎,大量風險投資挹注支援創新。估值超過10億美元的獨角獸企業,截至2015年底已經超過16家,遍及八大產業;而估值接近10億美元的準獨角獸也超過30家,累計估值金額超過700億美元。當然,我們也注意到,全球性的投資高潮,正伴隨著投資產業的發展週期開始緊縮。儘管創業融資在個別領域開始變得有點困難,但總體來看,國內外風險投資機構手裡的資金,還可以支持共享經濟創業發展2到3年。

第三,**公共環境支持**。中國政府非常重視共享經濟,2015年,中共十八屆五中全會報告中出現了「共享經濟」一詞。中國總理李克強指出:「目前全球共享經濟呈快速發展態勢,是

拉動經濟成長的新路子，通過分享、協作方式搞創業創新，門檻更低、成本更小、速度更快，這有利於拓展我國共享經濟的新領域，讓更多的人參與進來。」2016年的兩會〈政府工作報告〉，兩次提到共享經濟。按照報告表述，共享經濟是經濟發展的新動能，是創業創新的新潛能。《人民日報》為此發表評論，從2015年中央文件中首次出現的「發展共享經濟」，到2016年〈政府工作報告〉裡的「促進共享經濟發展」、「支持共享經濟發展」，反映出的不僅是中央對共享經濟的看重，還表明了堅定的立場和鮮明的態度。

市場龐大、資本撐腰、政策支持，從產業發展角度來看，我們認為，共享經濟在中國已經步入了黃金期。儘管共享主義商業實踐在某些領域遇到一些障礙，儘管有的領域剛起步，有的領域還在熱身，但共享經濟席捲中國，用共享主義實踐解決中國社會問題，大勢已成，任誰也無法阻擋。

產業發展的未來

Google正在研發全自動駕駛汽車，即Google Driverless Car，「全自動」在於該汽車無需駕駛員駕駛就可以在公路上安

全行駛。新聞報導說，截至2015年6月，Google宣布該車已經在測試中行駛了160萬公里，測試地點主要為舊金山和美國德州首府奧斯汀（Austin），是無人駕駛服務最先推出的城市。無人駕駛汽車領域的競爭也愈發激烈。Google無人汽車擺脫了普通汽車的方向盤和剎車系統，只需一個按鈕就可將客戶順利送達，適合多種場景下的不同需求。

這種特殊的汽車，儘管受到政策的種種限制，但Google仍繼續不遺餘力推進無人駕駛汽車計畫。這種執拗，我們推測主要不是出於滿足消費者想過過無人駕駛癮的需求，而是受到共享經濟的鼓舞。這種推測不是空穴來風。自2015年2月以來，Google著手研發可與無人駕駛汽車相結合的服務，如果研發成功，將可能與Uber展開市場競爭。但有趣的是，Uber和很多汽車製造商也在開發無人駕駛技術，並進行大量測試。

Google的舉動顯然發出的訊息是，要向Uber、Lyft這類交通運輸共享先鋒企業與傳統出租業發起挑戰。共享經濟，有了Google這樣的網路龍頭的參與，真的非常熱鬧。可以想像未來的某個城市全部都是無人駕駛汽車，全部經過統一平台集中分享，根據個人需要，隨約隨到；這樣的場景呈現在每個人面前時，應該相當壯麗。屆時，城市大街小巷無須再停滿汽車，也

無須為公車改革之類的問題煩惱。全城無人駕駛，大約在10年後出現。如今，正破土而出，在其美國加州的故鄉，Google正努力突破當地政府設定的限制。

三種交通運輸模式

目前，座落在地球另一端的中國城市，不但還沒做好無人駕駛的各種準備，甚至連分享乘坐汽車，都被一種抵制、懷疑和排斥的氛圍所籠罩。

長期以來，中國居民習慣的城市交通運輸工具，主要有兩種：第一種是私人交通工具，包括步行、自行車、摩托車和汽車等；第二種是公共運輸工具，包括公車、地鐵、輕軌和計程車等；近幾年來，第三種交通運輸模式崛起，包括網路叫車、網路專車、P2P租車等。這三種交通運輸模式相互配合，才使得城市交通運輸服務系統完備。尤其是第三種模式，目前正以共享經濟的方式潛移默化改變大家的生活，但同時也帶來不少爭議。我們該如何看待共享經濟對交通運輸工具的改變呢？

第一種模式完全依靠個人力量，你買車我也買車，大家不加節制自由發展，結果就是資源氾濫，這就是產生經濟剩餘的

根源之一。

第二種模式主要依靠政府和少數企業，透過政策的規定，形成一個帶有濃厚管制色彩的市場，隨著城市人口與車輛愈來愈多，反而出現交通設施供不應求的困境。一邊是日益成長的需求，一邊是成長相對緩慢的供應，當需求長成大象，供應卻還是沒有長大的螞蟻。螞蟻豈能給大象餵奶？這是管制策略對市場造成的困境。

第三種模式則是依靠大眾，透過市場和技術機制重新組織資源。這是一種強調整體、注重系統的科學模式，在「給大象餵奶」這種讓人頭疼的社會問題上，扮演著救世主的角色。

我們以中國城市交通問題為例來進行分析。羅蘭貝格（RolandBerger）諮詢公司曾在一篇報告裡，以量、效、質、果四個層面，對城市交通問題進行研究，此處我們也借用這四個字進行解讀。

第一，在「量」的問題上：消費者叫車需求不能得到有效的滿足。這個問題明顯呈現在大城市早高峰和晚高峰時期，此時車輛供給嚴重不足。以北京的計程車市場為例，從2003年至今的十餘年間，北京市常住人口增加了700萬，但是計程車總量竟然停滯在6.6萬輛，一直沒有成長。北京市早高峰時段消

圖表13-1　北京市高峰時段計程車市場供需關係圖

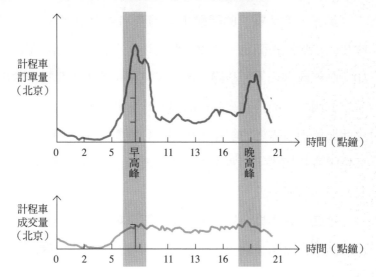

資料來源：羅蘭貝格〈行動網路下的城市綜合交通變革〉

費者對計程車的需求量比供給量高出3倍之多，供給和需求嚴
重失衡。

　　第二，在「效」的問題上：消費者交通效率低下。此問題
主要呈現在交通擁堵嚴重，大量浪費交通時間。據羅蘭貝格報
告統計，2014年第二季，中國十大城市交通效率指數僅僅達到
50%。十大城市當中平均每位消費者每年的擁堵時長達到85小
時，其中北京市達到100小時，擁堵已經成為當今中國城市交

通最嚴重的問題。

第三，在「質」的問題上：消費者乘坐交通運輸工具的層次需求無法被滿足。問題主要呈現在在缺乏高品質服務，例如：高階商務人士、孕婦、老人、兒童、病人等具有特殊用車需求的用戶不能得到高品質的專屬化服務，計程車根本不能提供此類使用者需要的舒適乘車環境和優質的服務體驗。據羅蘭貝格調查資料顯示，37%的中國城市居民認為計程車不能滿足其升級的交通需求。

第四，在「果」的問題上：主要呈現在城市交通的不合理現象造成大量的經濟損失、嚴重的環境汙染與治安問題。據統計，2014年中國共有25個省分約6億人遭受霧霾困擾，2014年北京市全年空氣汙染天數達到175天，而霧霾的首要汙染源，就是因為大量汽車上路造成廢氣過量排放。

第三種模式的共享經濟

我們知道，一隻螞蟻無法給大象餵奶，一群螞蟻也不行。但是，如果是滿滿一城市的螞蟻，就另當別論了。問題是，哪裡有這麼多的螞蟻？原來是來自整個社會的車輛，或者說是閒

置資源。

首先，乘車共享的方式透過創新業務模式，調動社會閒置車輛資源，大大增加交通供給量，有效解決高峰時期運輸力資源不足的問題。據羅蘭貝格統計，截至2014年底，中國全國專車市場規模已達近30萬輛，抱持共乘意願的自用車數量高達4,000多萬輛。

其次，行動租車、叫車平台大幅降低消費者等車和行車的時間，在降低交通擁堵的同時提高了交通效率。據美國麻省理工學院研究，共乘能減少55%的交通擁堵。而據中國清華大學媒介調查實驗室〈2014年移動出行白皮書〉調查顯示，隨著專車交通服務的快速發展，中國2015年可以減少1,000萬輛自用車上路行駛，預計城市日平均擁堵時間比2014年下降28.1%。

再者，汽車共享服務有效滿足交通運輸工具的多元高品質、個人化需求。例如說，滴滴推出的專車是提供與計程車差異化的中高級服務用車，專車對司機的選拔、培訓、考核都更加嚴格。車上除提供飲用水、車用充電器外，還配置防霾口罩、藍牙耳機、車用Wi-Fi等供乘客使用；為吸菸的乘客準備清潔袋，允許乘客攜帶寵物，也可為老人、孕婦、小孩等乘客提供客製化服務。

　　最後，大幅降低資源和能源的浪費，能夠有效減少碳排放，保護環境。清華大學國家金融研究院推出的〈關於推動我國互聯網專車有序發展的政策建議〉指出，一方面，汽車共享可以減少自用車的保有量，每增加一輛共享汽車在歐洲可以減少4到10輛自用車，在北美可以減少6到23輛自用車，在澳洲可以減少6到10輛自用車。另一方面，汽車共享可以大幅減少汽車空車行駛里程數。在歐洲，每個汽車共享用戶大約會減少28%到45%的空車行駛里程數，在北美平均會減少44%。全球汽車空載率每降低10%，就能夠減少碳排放量約364萬噸，相當於3億棵樹的全年生態補償量。據滴滴大數據顯示，目前滴滴每年可減少碳排放約1,335萬噸，相當於11.3億棵樹的全年生態補償量。

　　事實上，第三類模式高效而簡潔，受到消費者廣泛的青睞。Uber已經遍及全球63個國家、344個城市，為消費者提供安全低價的專車服務。在中國，以滴滴出行為代表的車輛分享平台已經掀起一場全民共享的高潮。專車、共乘、分時租賃、代駕、P2P租賃等眾多「互聯網＋交通」共享交通運輸業態及其行動應用迅速湧現，並飛速的普及和發展。

第14章

住宿業的共享經濟

　　2007年10月，兩個名不見經傳的大學畢業生租住在舊金山的一個小閣樓裡。一個叫喬‧傑比亞（Joe Gebbia），另一個叫布萊恩‧切斯基。當地要舉辦一個大會，吸引許多參展商和遊客前來觀光，旅館人滿為患。這兩人靈機一動，決定把客廳租給遊客，再用遊客交的住宿費繳房租。於是，傑比亞負責處理床位，他找了幾個閒置不用的充氣床墊，布置在客廳內；切斯基負責登錄當地網站，發出招租廣告。計畫進行得很順利，三、四天後，有三個年輕人成功入住他們的客廳。於是，第一桶金就這麼誕生了。看著這筆小小的收入，切斯基和傑比亞兩人意識到，這是一個不錯的商業模式，既然許多人都有閒置的房源，許多旅客想要有家的體驗，那麼何不做一個網站，讓大家都能享受到這種新穎的服務呢？

　　於是，Airbnb在2008年8月誕生了，到了2015年，Airbnb已經在全球超過34,000個城市落地開展服務，在全球擁有超

過110萬間房子提供給使用者，發布的房屋租賃資訊多達5萬條。而這番成績，Airbnb只用了7年，被《時代》雜誌喻為「住房中的eBay」。2015年夏季，該公司完成了10億美元融資，估值超過240億美元。預計到2020年，其稅前息前利潤將達到30億美元。

短租崛起的兩個條件

從前面的案例可以看出，以Airbnb為代表的短租模式，是伴隨共享經濟模式興起而出現的一種新興的房屋租賃形式，崛起仰仗了兩個條件：一是旅遊業的繁榮，二是相關網路平台的發達。

從中國來看，滿足第一個條件是沒有問題的。隨著中國旅遊業近幾年的蓬勃發展，亮點頻出，產業得到快速的發展。根據中國國家旅遊局資料顯示，2015年上半年中國國內旅遊人數為20.24億人次，同比成長9.9%；中國國內旅遊消費為1.65兆人民幣，成長14.5%，比社會消費品零售總額成長高出4.1%；星級飯店經營出現回暖趨勢，客房收入和平均房價增幅約1%。除了旅遊外，商務出差也是促進短租產業發展的一項

重要因素，出差的人員透過短租住宿可以替公司節省一大筆差旅住宿費用，因此也頗受公司青睞。

第二個條件也沒有問題。在共享經濟的大形勢下，愈來愈多的人願意將自己的閒置房屋出租給有短期住宿需求的用戶。因為從住宿體驗來看，短租房與傳統旅館相比，擁有更低的價格但提供同等水準的服務，家的氛圍還能為客戶帶來更強的歸屬感。短租房擁有房型更豐富、租期更靈活、服務型體驗更充足等多方面優勢。

據聯合國世界旅遊組織（UNWTO）的數據顯示，2014年，中國出境的遊客人數達1.09億人次，自2012年以來，中國一直是旅遊支出最多的國家。因此，Airbnb已經調整策略，將發展目標鎖定在中國市場。根據Airbnb公布的數據，2014年6月至2015年6月一年的時間裡，透過Airbnb實現出境旅遊的中國客戶增加了7倍。根據這項關鍵指標，中國已成為Airbnb成長最快的市場。

中國國內旅遊業快速崛起，各種房屋短租平台也發展起來，Airbnb崛起的兩個條件已經俱足，這會為中國當前房地產業帶來什麼啟示呢？

中國房市高庫存已經成為當前經濟的痛處。中國國家統計

局的數據顯示，截至2015年10月，中國全國地產開發投資增
速出現了20連跌，跌幅近九成，而庫存面積已接近2.1億坪。
讓人焦慮的是，這一統計數據只包括竣工後未售出的現房，大
量已建設未竣工，以及還未開工的潛在庫存並未計算在內，一
旦計入，中國房市的庫存可能倍增。

如果算上中國全國各地的小產權房，以及一些沒有納入統
計的房子，目前中國房地產沉澱房有2.2億套，空房近5,000萬
套。在國泰君安證券首席經濟學家林采宜看來，截至2015年
11月為止的庫存，按照2014年的銷售速度好好賣，要賣8年才
能夠賣完[1]。

房市庫存問題已經引起政府中央高度關注。2015年11月
10日，中國總書記習近平在中央財經領導小組第十一次會議上
強調，要化解房地產庫存，促進房地產業持續發展[2]。11月11
日召開的國務院常務會議更是指出，以加快戶籍制度改革帶動
住房、家電等消費。

---

1. 延伸閱讀：http://gz.house.163.com/15/1123/15/B949TERJ00873C6D.html。
2. 延伸閱讀：http://news.xinhuanet.com/politics/2015-11/10/c_1117099915.htm。

化解房地產庫存危機

途家網執行長羅軍提到兩種做法：一是共享經濟平台與開發商合作，批量簽約銷售庫存房源，這為開發商提供增值服務，能促進有管家、帶租約和可交換的房產出售。二是共享經濟平台發展以租代售，透過連結開發商、業主和消費者，滿足各類租屋需求，變相活絡長期閒置的房地產庫存。

2011年，途家、愛日租、游天下、螞蟻短租等短租平台相繼創建，象徵中國線上短租的興起。2012年，中國線上短租市場開始加速發展，據艾瑞諮詢資料顯示，當年線上短租市場規模為1.4億人民幣；而根據中國數據分析公司易觀智庫統計，2014年市場規模接近30億人民幣，2015年突破100億人民幣，4年時間市場規模成長超過50倍。在中國旅館業市場普遍面臨發展瓶頸期時，線上短租則表現出強勁的成長形勢。

一些分眾產業更是透過共享經濟而迅速崛起。根據統計，主攻城市短租預訂平台的小豬短租，平台遍及200多個城市的5萬多個房源，2015年底的業務量較年初成長了4倍；做旅遊民宿生意的途家超過40萬套房源。2015年上半年中國線上度假租賃市場中，途家的交易占比達到41.9%，領先優勢明顯，

圖表14-1　2015年上半年中國線上度假租賃市場

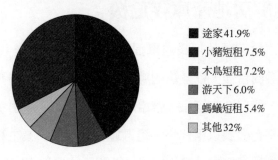

■ 途家41.9%

■ 小豬短租7.5%

■ 木鳥短租7.2%

■ 游天下6.0%

■ 螞蟻短租5.4%

□ 其他32%

資料來源：易觀智庫

小豬短租、木鳥短租、游天下分列第二、三、四位。短租產業蓬勃發展的背後，離不開需求和供給的共同推動。

從需求端分析：旅遊熱帶動民宿短租

據中國國家旅遊局統計顯示，2012年，中國國內旅遊人數為29.57億人次，旅遊收入為2.27萬億人民幣；2015年，旅遊接待總人數突破40億大關，旅遊總收入超過4兆人民幣。

愈來愈多人將旅行當成一種生活調劑、釋放壓力的方式，而更多的人為了充分享受旅行帶來的滿足感，會放棄跟團旅遊而選擇自由行，因此每個城市中出現很多「背包客」及「窮遊客」。據線上旅遊入口網站遨遊網數據顯示，2014年跟團、自

由行遊客占比約為5.5 4.5，相較於2013年度的6 4，自由行遊客的占比成長了5個百分點。

出境旅遊的發展則帶動了境外短租的興起。2015年中國出境遊人數達到1.2億人次，較2014年成長20%，平均每天有32.9萬人出境。另外，根據〈中國出境旅遊發展年度報告〉顯示，2012年中國受訪的出境遊客在出遊的消費中，住宿占比在10%左右。隨著人們對旅行享受的要求不斷提高，住宿環境的選擇也變得必不可少，2013年中國出境遊客的住宿消費占比上升至15%。中國的代表企業住百家和游天下均主打出境短租，為出境的遊客提供便捷舒適的住宿。Airbnb則已在全球190多個國家、3.4萬個城市提供服務，房客總數已突破2,500萬。

選擇住處是旅行中必不可少的一個環節，也是決定旅遊品質的關鍵因素。伴隨著自由行的流行，民宿短租在年輕人中漸漸興起。相對於旅館業，民宿短租有以下幾大優勢：

◆價格優勢

相較於旅館而言，短租業在價格方面有著獨特優勢。短租平台上的房源在水、天然氣和用電費用上都是民用價格，這個價格一般低於旅館需要支付的價格。一般情況下，短租的房屋

價格是低於旅館的，這也是吸引消費者的重要因素之一。從價格層面來看，短租房的優勢尤為明顯。短租房低於相同檔次的旅館價格超過40%，而每晚要價200人民幣的經濟型旅館房間僅可供2人入住，但相同地段和檔次的短租房則可供4人入住。

◆個人化體驗

短租不是一個必要性強的產業，滿足的是一種結合多樣化、個人化和CP值的住宿體驗需求，而共享其實更符合這種長尾需求。此外，住宿相較於交通運輸更具有社群屬性，且其非標準化特徵更為明顯。在出遊過程中，每天在旅館花費的時間幾乎占到一半，千篇一律的旅館布置很難讓旅客留下深刻印象。因此木鳥短租將自己的競爭力聚焦於房源的特色，選取有特色、有格調的房屋布置，爭取創造記憶點，讓客戶擁有更美好舒適的享受。另外，在文化全球化的大背景下，愈來愈多人更願意與不同國家、不同地區的人交流，包括當地文化、當地習俗與風土人情等等。與此同時，也能透過這種方式結交到不同類型的朋友，擴充自己的朋友圈。

從供給端分析：房地產閒置資源豐富

數據顯示，截至2014年底，中國城鎮存量住房超過2.11億坪，戶均住房超1套。根據中國家庭金融調查與研究中心的資料，2015年，中國家庭總資產中，房產占比高達69.2%，是美國的兩倍多。中國房地產市場的持久繁榮使得房屋對於一部分人來說已成為一項盈餘資產。

不僅在中國，對於國外而言也是如此。據英國《衛報》調查顯示，歐洲目前閒置的房屋超過1,100萬間，這些閒置的房產大部分在西班牙、法國、義大利、德國等西歐發達經濟體。小豬短租大區總監劉瑜表示，中國的住房空置率近30%，而在海南島最南端的三亞等旅遊城市，空置率甚至超過80%。從這些數據來看，短租市場還在普及階段。

租房市場的發展與當前中國房地產市場的轉型升級密不可分。房地產市場居高不下的價格出現鬆動，從前依靠房屋買賣而獲得投資收益的情況開始逐漸轉變，積累的房產存量無法進行交易，必然會導致更多的房屋持有者轉而將目光投向其他領域，以房地產為主軸而衍生的租房市場未來也將存在很大的成長空間。在北京、上海的部分區域，短租的收益會是長租的

數倍。因此，隨著近些年來經濟不斷衰退，很多人將自己閒置
的房屋進行出租，不僅能夠補貼家用，而且也為需求者提供便
利。這種現象在北京、上海等一線城市尤為明顯。

短租兩大商業模式

以 Airbnb 為代表的 C2C 模式

Airbnb 模式在中國的代表是小豬短租、游天下、螞蟻短
租、住百家。該種模式的主要特點是為房源發布者與租屋者提
供一個資訊發布和房屋交易的平台，平台本身主要依靠營運、
收取傭金來盈利。傭金比例5%到10%不等。這種模式的形成
依賴三個角色，即房東、短租平台和房客。

Airbnb高速的發展顯示了房屋分享的價值。如今，Airbnb
的線上房屋租賃服務已遍及全球191個國家的3.4萬個城市，共
擁有4,000多萬套房源，估值已高達255億美元，與全球市值最
大的希爾頓飯店並駕齊驅，並遠遠超過市值約131億美元的喜
達屋酒店、92.2億美元的洲際酒店和75.7億美元的凱悅酒店。

以Homeway為代表的C2B2C模式

途家網是Homeway模式的中國代表。途家網擁有房源的具體控制權，對合作的房源進行統一的裝修和管理。其盈利來源於與房東的分成，以及提供其他的增值物業服務的報酬。從這個意義上說，途家網的經營模式更類似於傳統的旅館。但是，因為其節約成本的方式是托管而不是租賃，途家網也只有當房客入住時才進行收入分成。途家以高級旅遊度假市場為目標，房源主要來自個人託管、開發商未出售房源，也包括旅館、公寓、別墅、民宿等。

◆對於房客

提供高品質服務式公寓是途家追求的目標，遍及中國全國200多個城市的房源，可滿足旅行、差旅等人群多樣化的住宿需求。與其他短租公寓不同，途家的多數房屋均提供諸如機場接機、廚房廚具等五星級飯店附加服務，另外，途家網還積極開拓海外市場，現可提供遍及全球96個國家超過5萬套高CP值度假公寓的住宿線上預訂服務。途家網提供的房屋全部保證為實地驗真、圖片實拍。同時，途家還提供完善的「房客保障

計畫」，保證為租客提供可靠放心的住宿體驗。

◆對於房東

途家網不僅是一個免費的房屋推廣平台，還為有閒置房屋的業主提供多樣化的服務。房東不僅可以在途家免費發布房源資訊，還可以選擇房屋託管、房屋打理等服務。憑藉著房源數量大、市場涵蓋面廣等優勢，途家迅速成為短租市場中極具競爭力的一員。據統計，截至2015年第二季，已經有超過4,000萬用戶下載途家APP，每天有數十萬使用者透過這款軟體進行查詢及預訂。

短租市場的未來趨勢

新興的短租市場，還沒有發展到構築產業壁壘的時候。做為住宿產業下的一個分眾市場，短租尚未獲得較高的市場認知，預計未來將會有三個發展趨勢。

多樣化發展

無論是Airbnb，還是中國的途家、小豬短租、住百家等短

租平台，都是從旅遊和度假角度切入人們的短期住宿需求。然而，這個市場正慢慢飽合，商旅市場將成為下一個戰場。除商旅之外，以旅遊和度假為主的短租不斷發展，供給端呈現出新的特點。包括異地求職、看病等過渡性短租需求日益增多。這類用戶通常對價格更為敏感，更傾向於選擇小豬、螞蟻等C2C短租平台[3]。

非社交發展

Airbnb早期比較注重社交理念，房東會選擇分享單個房間或床位，以便大家共處一室開展社交。但後來Airbnb發現用戶的住宿需求也很多樣化，如家庭、情侶、團隊等，更傾向於選擇獨居的住所。於是，他們開始調整業務，增加獨居的房屋和公寓。據小豬短租的執行長陳馳估計，Airbnb現在已經有75%的住宿場地，房東和房客是不住在一起的，而且這個比例還在升高。

---

3. 企鵝智酷，〈複製Airbnb太難：中國短租行業「真相報告」〉。

混合模式發展

◆輕重結合

短租業的營運模式主要分成C2C的輕模式和C2B2C的重模式。這兩種單一模式長期來看都難以發展，而介於純粹的「輕模式」和「重模式」間的混業經營或許會成為未來趨勢。途家已經開始從B2C朝包含C2C在內的混合業態發展，一方面彌補開發商房源標準化的短板，進一步實現供給端規模化和多元化；另一方面在房東與用戶之間搭建一個社群互動平台。

◆拓展產業鏈

通過策略合作拓展產業鏈。以途家為首的產業聯盟，實現了從旅館到短租再到長租的業務模式整合，未來也會囊括房地產、金融、群眾募資等項目。

二房東問題

隨著Airbnb朝全球化發展，用戶數量急增，對於房源的

需求也急速擴大。很多房主因種種原因並不會上網,掌握大量房源的二房東就成為合作對象。美國的二房東被稱為 Property Manager,或稱物業管理,與中國的二房東不盡相同,他們有時候也會和網路旅行社(Online Travel Agent, OTA)進行分銷合作。

但是,二房東與 Airbnb 的合作卻受到監管的壓力。據《洛杉磯時報》(*Los Angeles Times*)報導,由於受社區和社會團體施壓,美國的房屋管理部門也開始不斷對 Airbnb 加強審查,導致後者開始減少部分與職業房東合作的業務。舉例來說,Airbnb 在洛杉磯地區最大的兩個屋主,均在 2015 年 4 月下架,他們都是擁有幾十套公寓的度假租賃公司,而這地區其他大屋主的房子,也相繼從 Airbnb 網站上消失。

此外,還有些相關的法律規定也進行了限制。美國舊金山法律明確規定,轉租者須先知會房主,並徵得同意。若租房協定禁止,則不得轉租。轉租價格不得超過原租價,違者按日罰款 1,000 美元。法國的法律規定,業主外出度假的時候可以合法出租其主要居住場所。但是,如果業主有第二個家,其出租房屋的時候就需要支付旅遊稅。

第15章
金融業的共享經濟

　　無風險的分享閒置資金，是人類自古以來的金融夢想。
這個夢想催生了金融與共享經濟的結合，產生了P2P網路借貸
和股權群眾募資等一系列光榮的創新。然而，資金分享與其他
閒置資源分享略有不同，資金分享具有一定的風險。人們為此
想了很多辦法，儘管人類目前還沒有辦法實現完全零風險的借
貸，卻一直在努力降低風險。

　　不過，最近兩年的情況卻有點微妙，一提到P2P網路借
貸，就讓人想到倒閉、跑路、不還錢等不良現象。這到底發生
了什麼事？

P2P網路借貸的發展

　　回顧中國P2P網路借貸誕生以來的發展，跌宕起伏似乎已
經成為一種常態：投資者在把錢匯入P2P借貸平台的同時，該

模式所引發的風險問題卻源源不斷。據理財網站銀率網數據庫統計，2015年中國新出現1,862家P2P網路借貸平台，年末全國累計數量達4,329家。然而，伴隨平台快速增長而來的，還有各式各樣的問題，光是2015年，問題平台的數量就達到1,054家，與2014年相比，幾乎翻了一倍。到2015年底，中國問題平台的數量達到1,439家，占全部P2P網路借貸平台的33.2%。

　　2015年底的「e租寶事件」將危機推向顛峰。根據《新華社》報導，辦案民警表示，從2014年7月e租寶上線至2015年12月被查封，犯罪嫌疑人以高額利息為誘餌，虛構融資、租賃專案，持續採用借新還舊、自我擔保等方式，大量非法吸收公眾資金，累計產生交易額達700多億人民幣。警方初步查明，e租寶實際吸收資金500多億人民幣，涉及投資人約90萬名。

　　然而，e租寶的問題到底是P2P產業本身的問題，還是當前發展方式的問題？換句話說，P2P的信任危機是不是可以避免的？如果可以避免，應該怎麼做？中央財經大學法學院教授、金融法研究所所長黃震如說：「現在出的問題，實際上是偽P2P和變異P2P出的問題。真正的P2P是不會出問題的。」

　　其實，e租寶根本就不是P2P。《新浪科技》報導提到，根

據e租寶平台實際負責人、鈺誠集團董事會執行局主席丁寧在看守所裡的供述，他們虛構融資項目，把錢轉給承租人，並給承租人好處費，再把資金轉入其關聯公司，以達到事實挪用的目的。換句話說，這就是所謂的「挖東牆補西牆」。e租寶的投資項目是假的，擔保方也是假的。從這點來看，e租寶既不是金融資訊仲介，也算不上是P2P借貸，上演的是穿著P2P外衣的龐氏騙局。

那麼真正的P2P網貸是什麼？P2P網貸類似於民間借貸。全球首家P2P金融平台誕生於英國，於2005年成立的Zopa成為了網路借貸的鼻祖。同年，美國第一家P2P平台Prosper宣告成立，該平台為使用者提供小額貸款服務，從中抽取一定比例的收益。上線3年後，平台借貸金額就達到了12.5億人民幣，三個月以上的逾期還款率也僅為2.83%。美國的P2P平台還有LendingClub等。英美兩國的蓬勃發展引領著P2P金融逐漸走向世界的視野之中。

2015年〈中國互聯網金融發展研究報告〉認為，P2P網貸從2007年開始進入中國，拍拍貸是國內第一家註冊成立的P2P貸款公司，同期還有宜信、紅嶺創投等平台，2013年以前P2P網貸平台數量不足200家。直到2013年網路金融概念爆發，

P2P平台開始如雨後春筍般出現，每年約有300家P2P平台誕生。2013年可被視為中國互聯網金融的元年，隨後P2P平台迎來了高速發展的新階段。平台數量僅在2014年12月就淨增35家，成交量達到370.77億人民幣。截至2015年11月，中國正

圖表 15-1　全球 P2P 網路借貸發展歷程

資料來源：〈十張圖讓你了解P2P網貸〉

圖表15-2　中國P2P產業規模變化情形

時間	成交量 （億元）	營運平台 數量	貸款餘額 （億元）	當期投資人數 （萬人）	當期借款人數 （萬人）
2012年前	31.00	60	13.00	2.80	0.80
2012年	212.00	200	56.00	5.10	1.90
2013年	1,058.00	800	268.00	25.00	15.00
2014年	2,528.00	1,575	1,036.00	116.00	63.00

資料來源：中信建投研報〈銀行與P2P攜手共進〉

常營營的P2P平台已達到了2,612家。

　　從市場占比來看，中國P2P平台在全球範圍內也占有一定的市場比例，其中以紅嶺創投為首。其他網貸平台也迅速發展起來，市場規模日益增大。目前，中國國內P2P網貸平台較多，競爭較大，形成了魚龍混雜的局面，如何在眾多P2P網站中辨別較有發展前景的企業，必須謹慎的分析和思考。

P2P網路借貸優勢

　　如上文所言，真正的P2P是不會出現類似「e租寶事件」這樣重大的問題，而英美P2P借貸的健全發展，也證明了這個產業健全發展的可能性。再者，短短的10年間，能夠在英國、美國和中國快速流行起來，說明這種基於民間借貸的金融模式

有其自身特有的優勢。具體來看，這些發展優勢主要分為如下幾點。

第一，投資報酬率高。P2P網貸年化收益率（annualized rate of return）超過10%，基本上為同期存款的3倍左右。「網貸天眼」抽樣調查了約12,200名投資人，95%的投資人投資網貸盈利。其中60%投資人的投資回報年利率在16%至20%，低於2013年25.06%的產業平均水準。

第二，投資期限靈活。與銀行理財產品相比，P2P網貸產品的流動性更高，收益率也更大，用戶的投資時限也更靈活，包括1個月、3個月、6個月、12個月、18個月、24個月等。

第三，借貸便捷性高。P2P業務辦理流程相對簡單透明，而網貸緩解了中小企業融資難、融資貴的問題。

P2P網路借貸運行模式

在中信建投證券研究發展部的報告中，將中國P2P網路借貸的營運模式歸納成以下四種[1]。

◆傳統平台模式

在此模式中，P2P平台是純粹的仲介方，為借款人和投資者提供資訊管道：借款人透過該平台發布相關借款資訊，投資者根據平台選擇相關的借款人，通常採取一個投資者對應多個借款人的形式。借款利率透過投資者競標確定，並要求還款人採用按月還本付息的方式，以降低投資者的風險。

拍拍貸就是傳統平台模式的典型代表。長期以來，拍拍貸採用純線上交易的模式，透過大數據分析借款人的信用情況，建立起自己的信用體系。這類模式的未來發展，主要依賴於大數據技術的進步和線上徵信系統的完善。

圖表15-3　傳統平台模式流程圖

資料來源：中信建投證券研究發展部

◆債權轉讓模式

此模式中，首先由借款人向P2P平台發出借款申請，平台

---

1. 中信建投研究報告，〈銀行與P2P攜手共進〉。

對借款人進行審核；審核合格後，由平台指定的債權人將資金
出借給借款人；然後，平台再將該債權推薦給相關投資者，完
成債權轉讓，此時平台對該債權提供擔保。但是，該模式需要
大量的網路後台管理人員、信用審核成本高，且受地域限制，
不利於業務的快速擴展；另外，也存在一定的政策風險，是觸
碰監管紅線最嚴重的模式。

　　此模式的典型代表是宜信公司。鑑於該模式可能存在的問
題，宜信制定了嚴格的後台信用審核機制，採用多個投資者與
多個借款人對應的模式，也要求按月還本付息，以分散風險。
同時公司還建立了風險準備金，以應對突發問題。

圖表15-4　債權轉讓模式流程圖

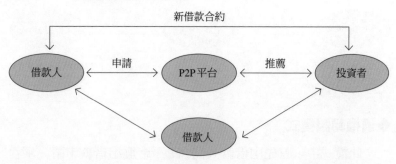

資料來源：中信建投證券研究發展部

◆擔保模式

此模式又分為兩種。一是P2P平台引入協力廠商機構對平台投資項目的風險進行審核，並為投資者的資金提供本金保障，P2P平台給與其一定的渠道費和擔保費，但不負責壞賬的處理，不承擔資金風險，只做為仲介提供資訊服務。典型代表是陸金所和人人貸等。

二是由P2P平台自行擔保，主要透過自行提取的風險準備金來為相關的壞帳買單，如果出現逾期情況，投資者可將該債權相應的本金和利息轉讓給平台。該模式在中國發展迅速，大多數網貸平台採取了該模式，因為這更加符合中國的國情。

圖表15-5　擔保模式流程圖

資料來源：中信建投證券研究發展部

◆小額貸款模式

此模式中，P2P平台與中國全國領先的小額貸款公司合作，由小額貸款公司為P2P平台提供優質的借款人，並且與P2P平台共同對相關的債務承擔連帶責任。該模式為小額公司

的轉型提供一定的參考，甚至可能會帶來小額貸款公司的一場
產業革命。此模式的代表企業為有利網。優點在於整合了平台
和小額貸款公司的優勢，產生槓桿效應，實現優勢互補，同時
也更具備網路的特性。

圖表15-6　小額貸款模式流程圖

資料來源：中信建投證券研究發展部

群眾募資的魔術

除了P2P網路借貸，股權群眾募資也值得一提：群眾募資
目前共有股權群眾募資、捐贈群眾募資、獎勵群眾募資這三種
主要模式。

從資金分享的角度來看，股權群眾募資更值得關注。所謂
股權群眾募資，是公司透過出讓自己公司的部分股份，讓投資
者以入股的方式進行投資。這也是三種模式中能夠籌募到最多
資金的模式，使用股權群眾募資模式，超過21%的投資項目能
夠籌募到超過25,000美元的資金。目前較知名的股權群眾募資

的平台，主要有天使匯、大家投等。而捐贈群眾募資則是投資
人對於該投資項目進行的無償捐贈，發起人不需要提供任何回
報，該模式多存在於公益類群眾募資平台；獎勵群眾募資則由
投資者進行出資，獲得發起人提供的產品或服務做為回報，典
型代表有點名時間、眾籌網等。

　　2015年3月，中國國務院辦公廳發布〈關於發展眾創空間
推進大眾創新創業的指導意見〉，特別指出：開展互聯網股權
群眾募資融資試點，增強群眾募資對大眾創新創業的服務能
力，成為推動大眾創業、萬眾創新的一項重要內容。

　　根據私募通統計，就投資階段而言，參與股權群眾募資的
融資方，在種子期和初創期企業的占比較高。總體來看，天使
匯2014年發起的融資項目為2,607個，為四家知名股權群眾募
資機構之首，募集金額達7.69億人民幣；原始會共發起281個
融資項目，募集到1.94億人民幣；大家投共發起185個融資項
目，募集到3,933萬人民幣；天使客僅有18個項目，但募集金
額為2,875萬人民幣。

第16章
所有權剩餘的分享

　　很多人抱持一種觀點：共享經濟就是使用權的分享，即租賃。而二手物品交易，讓所有權發生了轉移，怎麼會是共享經濟呢？實際上，從經濟學角度來看，當所有權存在剩餘的時候，也是可以分享的。二手物品交易基於所有權剩餘，提高了物品的使用率，延長使用壽命。此外，二手物品交易大致有兩種模式：有仲介的和去仲介的。前者是傳統模式，而後者才是我們所關注的點對點二手物品交易，即買家和賣家透過平台直接交易。前者，因為仲介牟利的本質，往往是擴大價差，結果可能是雙輸。後者是網路下的蛋，可以降低交易成本，讓買賣雙方共贏。

傳統二手交易市場

　　有仲介的二手車交易市場情形為何？那是一個典型的「檸

檬市場」（lemon market）。由於仲介利用自己比買賣雙方了解更多資訊所造成的資訊不對稱，致使整個市場低效。也就是說，當優質商品來到這個市場時，會被歸為次級品，而損失市場價值，形成劣幣驅逐良幣的惡性循環。傳統二手車交易市場存在資訊不對稱、交易鏈繁雜等問題，因此導致的現象包括：第一，二手車賣家相較於二手車中間商議價能力較低；第二，買方對於二手車市場魚龍混雜的局面不敢嘗試，這便造成人們認為二手車都是劣質的。因此，賣方只好選擇不賣，或者低價賣給車行，或者以30%左右的價格損失賣給汽車中間商。

共享經濟為打破檸檬市場，提出合理的解決方法。繞過集汽車銷售、維修、零件與資訊服務為一體的4S店，繞過車商和車販，提供買賣雙方直接交易的平台，打破資訊壁壘，將二手車交易流程透明化與標準化，破解檸檬市場的困局，替買家節省至少5%到7%的費用，讓賣方多賣10%左右的價格。

中國的二手車電商平台，始於2010年「車易拍」二手車網路交易平台上線。從2013年開始，該市場發展較為迅速，創投對二手車電商市場開始重視，車易拍、優信等代表企業獲得多輪投資。一些大型的公司也不甘示弱推出了相應的二手車線上交易平台，如平安集團的平安好車、上汽集團的車享拍等。

到2015年，二手車電商市場迎來爆發期，中國的全國乘用車市場信息聯席會統計發現，中國在2015年1到11月的二手車市場累計交易了840.03萬輛，交易規模達4,924.21億人民幣，相較2014年同期增加了3.63%。而11月一個月就交易了84.64萬輛二手車，環比上漲17.52%，同時交易規模環比上漲24.76%。中國的二手車交易市場規模依舊與已開發國家有很大差距。據統計，已開發國家的二手車交易量能達到新車交易量的2到3倍，而中國只占1/3。但是，這種差距也能說明中國二手車交易市場繼續發展的較大可能性。

經歷這幾年的發展、成熟，中國線上二手車市場的商業模式也愈來愈百變。包括以人人車為代表的「上門檢測＋線上成交＋送車上門」的C2C模式，以優信拍為代表的「B2B線上線下競拍＋B2C線上零售」模式，以車易拍為代表的「線下車況檢測＋線上平台競拍＋線下交車服務」的B2B模式等。

人人車採用了直接溝通買家和賣家，充當交易協力廠商平台的角色。賣家不用出家門，人人車派人上門完成拍照定價與249項現場檢測評估，並出具書面報告。車輛資訊、車況圖片和價格資訊會在官網上呈現，買家滿意可選擇看車，人人車負責接送買家。買家現場對車況、價格和檢測報告的內容進行核

實，同意後，即可成交。隨後，人人車會提供雙方一項非常詳細的上架檢測，如果三方都沒什麼問題，人人車就直接包辦之後的過戶手續，而若是有問題，三方還可以再進行協商。

因此，扮演交易仲介的角色，人人車負責的工作內容主要有：上門為賣家蒐集車況資訊、協助賣家制定價格；接送買家去看車、提供買家車況訊息、協助驗車；為雙方包辦過戶。人人車收取的仲介服務費只占成交價的3%，最低收費2,000人民幣，上限為8,000人民幣，遠低於實體二手車商的10%到15%的仲介費；此外，買家還享有該平台承諾的1年2萬公里免費保固和14天無理由退車等服務政策。賣方可以付出最少的時間和精力，車輛售出後也不再承擔任何責任；而買方也在車況和價格方面全程得到協助，售後保固也讓買家放心。

2015年8月，人人車完成了由騰訊戰略領投的C輪融資，融資金額高達8,500萬美元。融資之後，人人車的估值已高於5億美元。此外，人人車也成為國內第二個獲得百度、阿里巴巴、騰訊投資的二手車電商平台。

中國二手交易的興起

身處於商品經濟時代的消費者，尤其是年輕人，習慣在商家包裝出的各種購物熱潮中衝動消費，受價格低廉、節日氣氛等因素的影響，累積了很多使用頻率不高的閒置產品。二手物品交易的出現便為衝動消費的人們提供了一種出口，將自己的閒置物品轉賣給需求程度更高的人，並獲得一定的收入。再加上商品高速的更新換代，許多物品都會隨著消費升級而變成閒置物品，二手交易使其能夠繼續發揮剩餘價值，滿足不同人群的需要。生活中還存在許多為了應對突發狀況，購買後只使用過一次就不再需要的一次性物品。二手交易正好增加了這些物品的流通性，提高物品的使用率，符合環保節約、循環使用的理念。

社會觀念的更新也讓使用二手商品不再是一件難以啟齒的事，反而日益成為時尚。物價水準高居不下，尤其是中國大城市生活成本的提升，使得高級商品這類需求彈性大的產品需求量下降，二手商品的低廉價格滿足了很多消費者平衡產品和價格的需求。

二手交易的兩種模式

目前，在共享經濟下的二手物品交易平台營運模式主要有兩種：以物易物和付費獲取。

Yerdle是一個以物易物的二手商品交易平台，使用者只需要支付物流費用，就可以免費購買平台上的物品。該平台上的二手商品交易並不產生貨幣支付，用戶出售商品後會獲得信用「積分」。最初註冊的用戶可獲得平台贈送的250積分，用戶透過平台上的物品買賣行為來獲取信用積分，積分的存在建立起另一種形式的信用體系。Yerdle建立起共享經濟平台的同時，還建立了新的徵信體系，形成完整的商業模式。類似的網站還有Swaptree和Freecycle等，目前中國尚未產生這種形式的二手交易平台。

另一種類型就是更為普遍的付費獲取模式，即採用付費買賣的方式在網上實現二手交易，中國的淘寶閑魚、良衣匯、拍拍二手和轉轉都屬於這一類型。淘寶閑魚平台上，只要是淘寶用戶，就可以直接登錄，直接轉賣已買到的寶貝或閒置物品。賣方可自由設置轉讓地，並在平台上公布自己的所在地與聯繫方式等資訊。同時平台上用戶的淘寶購買情況和信用紀錄都是

公開的，可為閑魚平台上出現的信用和交易安全提供保障。國外典型的付費獲取類平台還有服裝交易平台Poshmark、兒童用品交易平台Kidizen等。

二手交易的未來

根據中國網購產品推薦網站「什麼值得買」的估算，美國2013年二手物品交易約占總零售規模的0.8%。若中國2015年的二手普及率與該水準相同，則根據18.3兆人民幣的零售額數據，可估計出2015年中國二手物品市場交易規模約為1,462億人民幣。再加上多年來二手物品缺少流通管道的情況，市場的規模可能比估算的更大。

目前，中國的二手交易平台呈現出良好的發展趨勢，其資本市場保持著較高的活躍度。據估計，已擁有超過5萬交易社群的「閑魚」在2015年資本市場融資已達30多億美元，而且平台上每天可成功交易超過20萬件閑置物品。此外，良衣匯也已獲得了300萬人民幣的天使輪投資。而2015年底，二手閑置奢侈品交易平台「胖虎」也獲得千萬人民幣的天使輪投資。

二手商品的特殊屬性也為線上交易帶來了隱憂，最核心的

就是圍繞商品品質產生的諸多問題。P2P模式雖然讓買家和賣家之間的資訊溝通方便，但是二手商品的品質、品相等諸多條件很難評估，綜合性二手物品交易平台的商品類型繁多，僅憑線上資訊無法全盤了解。一般情況下，消費者需要自行評估二手物品的真偽、品質、來源，再加上賣家和平台都無法提供二手物品的售後服務，購買二手物品還是存在一定的風險。

　　未來二手交易業需要專注打造屬於自己的平台品牌，積累起穩定的用戶群。此外，產品的來源是二手交易的核心，二手交易平台需要制定更有規範的流程和方式，嚴格把關二手商品的來源、品質、類型等各方面條件，確實保障消費者權益。

第17章
時間剩餘的分享

　　2016年，你可以不必再找一個朝九晚五的工作，你可以成為身兼數職的自由人，你也可以創業成為自己的老闆，這一切都要歸功於「身分」的崛起。

　　在計畫經濟時代，通常認為工作職位和職業身分基本是一體，工作職位幾乎等同於職業生涯的全部；在市場經濟時代，有了就業職位的說法，職位不再是一個螺絲釘，鎖在哪裡就綁在哪裡，身分開始和職位脫離，往往成為職位的補充；而在共享經濟時代，就業職位乾脆讓路，讓職業身分上位。

　　如果能夠通過網際網路，隨時隨地把自己的勞動、知識、技術、管理經驗轉換成實際收益，又何須把自己約束在一個朝九晚五的工作協議裡呢？傳統的就業理論看來，沒有雇用協議，就等同於失業。但是現今，一個失業的你，卻擁有了無數新的身分，增加收入的同時，實現了自身價值，也為社會創造財富。借助共享經濟的東風，固定的工作職位消失了，臨時的

工作身分崛起。個人閒置資源的分享，對傳統的就業模式產生
重大的衝擊。

在中國，伴隨著共享經濟的普及，大量的臨時性工作需求
實現了供需媒合，透過眾包、威客等等平台活躍在網路上。私
人廚師、私人教師、私人醫生、私人助理、私人顧問和私人物
流等，快速吸引人們來到這個新世界開疆拓土。

私人廚師

私廚是指為私人烹煮飯菜的廚房或個人，也可理解為私人
客製的廚房。借助互聯網平台，私廚文化逐漸走進大眾視野，
在中國的一、二線城市蔓延。在平台上，私廚將美食分享給其
他人，增加收入的同時也能獲得滿足感，對食客來說，在享受
各種美食的同時還能交到朋友。這不僅僅是對勞動資源的充分
利用，也是生活方式的變革。

根據中國前瞻產業研究院發布的〈2015－2020年中國互
聯網餐飲行業運營模式與投資策略規畫分析報告〉資料顯示，
近兩年來，中國的私廚分享市場正在醞釀規模，等待爆發期的
到來。私廚大規模發展的原因有以下幾點：

◆節省時間

眾所周知，中國大城市上班族的工作時間基本都超過8小時，他們沒有多餘的時間用來買菜、做飯，出於中高收入工作節奏快的考慮，一線城市居民請廚師上門做飯的需求正在釋出，使得私廚分享平台有機會進入人們的世界。

◆價格實惠

縱覽中國幾家私廚上門的文宣，價目大概如下：四菜一湯69到79人民幣，六菜一湯99到109人民幣，八菜一湯129到169人民幣。因此，合理的價位使人們並不排斥私廚這個新興領域。另外，實現「飯來張口」的願望也是愈來愈多消費者進行嘗試的重要原因。

◆美好的用餐體驗

隨著中國近幾年來生活品質的逐步提升，私廚強調的就是用餐氛圍與貼心服務，也替人們在用餐時提供新的選擇，帶來更有品質與參與感的用餐體驗。

◆隨時隨地吃到家鄉菜

真正正宗的地方美食一定都是在尋常百姓家的，中國城中來自五湖四海的異鄉人都能在家裡做上一桌最正宗的家鄉菜來撫慰同為異鄉人的味蕾。足不出城，就能品嘗到最地道的四川菜、雲南菜、廣東菜等，還能聽聽料理人講自身的故事。

◆擴大社交範圍

中國古往今來的社交場景，許多都是透過飯局來完成。現代人工作壓力大，社交圈愈來愈小，藉由一場飯局的時間，認識一群志同道合的陌生人，原本完全沒有交集的生活圈便開始有交集。從調查數據來看，無論是私廚用戶或私廚主人，都對社交有較強的需求，他們對於一個私廚飯局最大的期待便是能夠認識朋友，拓展人脈，而且他們也願意為私廚主人組織的主題性社交承擔更多溢價。

中國的私廚市場主要有四種模式，包括社交飯局的到店服務、私人廚師上門的家事服務拓展、美食寄售的電商服務，以及私廚外賣的O2O外賣服務，整體市場處於孕育期，尚無龍頭出現。其中以「高頻率＋剛性需求」為主打的私廚外賣服務成

為發展的新風向標。

據易觀智庫統計，2015年中國網路餐飲外賣市場規模達到457.8億人民幣，其中百度外賣、餓了嗎、美團外賣占據市場比例的85.8%，三家處於主導地位。因為市場規模龐大，龍頭外14.2%的市場也約有人民幣65億人民幣的市場規模，可供私廚外賣切入的潛在市場空間龐大。

各類玩家從不同角度切入私廚外賣市場，覓食從C2C美食電商切入美食外賣，燒飯飯從廚師上門服務轉型到外賣服務「味蕾」，e袋洗從「小e管家」拓展到了「小e管飯」，豆果美食的行動APP「優食匯」，半成品食材銷量占比很大。

在私廚領域激烈的競爭中，目前群雄逐鹿的競爭態勢下，該如何拓展新的增量市場，更快衝出規模，擁有絕對主導權，同時向其他市場延伸，從多個市場涵蓋用戶需求，都是未來的發展方向。

私人教師

互聯網有效連結教育提供者和學習者雙方，打破原有教育產業資訊不對稱的局面。共享經濟在教育領域產生的新身分是

私人教師。例如說，一個住在紐約的教師可以為一個身處北京的孩子上會話課，讓線上英語學習迎來顛覆式的變革。

網路教學持續升溫，美國的線上語言學習平台VIPABC網站就開發了這項新業務。VIPABC目前有超過4,500位英美系教師，遍布全球60多個國家、80多座城市，為學習者提供24小時真人線上服務。至今，已有超過1,000萬人次的英語學習者在VIPABC見證了線上英語學習的卓越效果。

VIPABC的執行長楊正大博士表示：「我們將率先開放平台供全球使用，未來不論瑜伽、烹飪或任何專業技能，只要擁有任何一種技能，都可以利用我們的平台在全世界任何一個地方和任何一個人分享。按需所選、專家隨點的隨選專家時代已經來臨。」

除了其他產業從業者的兼職教學，學校在職教師同樣可以實現網上教學。例如阿凡題，引入中國公立學校老師兼職解題，打破不同區域教師資源的差異。輕輕家教等提供家教老師的搜索和一對一上門面授服務。跟誰學，線上＋線下模式相結合，包辦了知識獲取、解題與線下服務等項目。

共享經濟在教育產業，改變了教育資源在時間和空間上的不均衡，傳統共享經濟模式拓展了教育資源的增量市場，提升

供需配對效率，而新興的共享經濟模式則是針對教育方式的創
新。教育領域的共享經濟，剛剛起步，正待綻放。

私人醫生

在中國，緊張的醫病關係，是社會關注的焦點。隨著共享
經濟與醫療產業的結合，醫生不僅可以在空閒時間分享基本問
診服務，還可以選擇多點執業或到府服務等新興模式。醫院和
診所的閒置資源，也可以充分運用流通，緩解看病難、看病貴
等問題，打通行動醫療的線下封閉流程，推進分級就診制度。

傳統醫療體制下，醫院的設備器材是屬於醫院的財產，
很多精密儀器、設備大多處於閒置狀態。以病床為例，據中
國衛計委統計，2014年，中國全國醫院病床使用率為88.0%，
其中公立醫院病床使用率為92.8%，民營醫院病床使用率為
63.1%，一級醫院病床使用率為60.1%，農村醫療醫院病床使用
率為60.5%，全國社區衛生醫院病床使用率為55.6%，然而，
三級甲等醫院醫院病床使用率為101.8%。

私人醫生有兩種典型模式：

◆遠端醫療模式

隨著春雨醫生、丁香醫生、平安好醫生、好大夫在線等線上問診平台的發展，透過群眾外包的兼職醫生，可以提供及時便捷的遠端問診服務，對於簡單的病症進行線上諮詢、複雜的病症提供轉診途徑，未來會大幅將實體醫療資源的門診需求分流，用戶無須在醫院掛號、排隊等候，可以直接在網上詢問。

對醫生而言，可以讓醫生在空餘時間分享醫療知識，建立個人品牌；對醫院而言，積累的用戶資源可以衍生龐大的行銷價值；對患者而言，醫生可以線上解答患者提出的問題並給與相關建議，患者提出的問題雷同性非常高，運用系統化數據，為使用者提供診療建議。

◆到府醫療模式

國外已經出現了Medicast這種到府服務的私人醫生。Medicast能夠為用戶提供客製化的醫療解決方案，為醫院搭建技術平台，透過網路平台迅速媒合醫生和病人，進而使病人能夠及時獲得符合自身情況的到府服務。

中國國內也有類似趨勢。2015年，阿里巴巴集團旗下「阿里健康」、「滴滴出行」和「名醫主刀」三家公司聯合在北

京、上海、杭州和南京四大城市進行兩天試水，兩天內四座城市共計兩千多位用戶使用了「滴滴醫生」上門服務。

共享經濟在醫療領域前景廣闊。2015年6月，中國國務院辦公廳印發〈關於促進社會辦醫加快發展的若干政策措施〉，並明確指出：「要促進醫療資源流動和共享，促進大型設備共建共享，推進醫生多點執業，加強業務合作，加快形成公立醫院與社會辦醫相互促進、共同發展格局。」隨著醫療改革不斷深入，私人醫生會有更大的發展空間。

私人助理

傳統的威客服務，主要是針對企業。威客模式的流行，讓傳統「全員雇用，場地辦公」模式顯得過時，企業可以突破地域、產業或專業等因素限制，更自由靈活的獲取專業人才，朝虛擬企業的運作模式轉變。例如中國專業服務企業豬八戒，已晉升成為獨角獸。不僅是威客領域，任何有興趣和技能的個人都可以通過這種群眾外包服務成為企業的虛擬員工。

而現在這種模式又發生新的變化。共享經濟為更多的個人

服務者提供就業機會，各類聚焦於分眾領域的C2C私人服務平台，使擁有各類技能和興趣及零碎時間的勞動力資源得到有效解放，使用戶的專屬個人化和便捷化等需求得到充分滿足。

代表性的平台如中國的您說我辦、國外的TaskRabbit，都是定位於本地綜合性生活服務的群眾外包平台，TaskRabbit依靠跑腿服務而聞名，日常瑣事如排隊、遛狗等都可以在這裡使命必達。發布者在平台上公布需求並給出最高報價，接受方通過競價爭取，最後平台綜合價格、距離和技能等要素確定最合適的人選。除了這種主打跑腿服務的私人助理模式，私人看護也逐漸成型。

私人看護

目前，中國已經成為全球老年人口最多的國家，也是人口高齡化發展速度最快的國家之一，是全球唯一老年人口過億的國家。按照國際上60歲以上老年人口占總人口的10%，或65歲以上老年人口占總人口的7%做為國家進入高齡化社會的標準，中國早在2000年時已進入高齡化社會。據中國全國老齡辦預測，未來20年加速高齡化發展，平均每年增加1,000萬老年

人，到2050年左右，老年人口將達到全國人口的1/3。

做為全球高齡產業市場潛力最大的國家之一，中國養老產業仍存在許多亟須完善之處。根據中國關注網路創業的科技部落格36氪報導，「陪爸媽」團隊利用共享經濟的方式切入居家養老產業，具體採用的方法是：透過集結數百名醫護人員進入社區，進行屬地化「鄰診」，即「社區醫生上門檢查＋社區醫院陪診」，來解決老人對健康管理的剛性需求。

除了社區醫生外，平台還透過群眾外包集結了一批養老和護理專業畢業的學生，他們的角色是「健康管家」，通常一個區域分布有20到30人。當使用者提出服務預約後，健康管家們會先前往家中判斷老人的具體需求，決定是否需要醫護人員的介入。同時，他們也會提供診療諮詢、康復護理、健康教育、中醫針灸、體質測試、慢性病管理等一系列及時性、無須排隊的醫療健康服務，幫助老人做到預防勝於就醫，小病不出社區。

私人顧問

「在行」是一個很有意思的網站。你試過和一個陌生人聊

起你的困惑，或者跟著素未謀面的人在陌生的城市遊玩嗎？在行網站就建立起這類的社交方式，讓你和一個素昧平生的人第一秒就推心置腹、玩得盡興。

網友有文章這樣評價：利用社群化群眾外包完成對普通人的迷津指點，這就是共享經濟的最大意義。據虎嗅網報導，「在行」目的是為了解決現有搜索、社群等網路管道無法滿足「個性知識需求」的悖論，是做個人化的經驗分享，主打一對一、面對面的交流模式，其特徵就是短時間內進行快速大量的資訊交流。在行的首批行家樂於分享，擅長溝通，他們是「分享型人格大聚集」，以用智力幫助他人為樂趣。這是「認知剩餘」理論的又一次印證。跟在行相類似的以知識達人為模式的平台還有不少，比如Skillshare、自得、榜樣等。

私人物流

人人快遞執行長謝勤在「第五屆中國電子商務與物流企業家年會」上說：「人人快遞在互聯網＋的共享經濟體制下誕生，核心就是協調有空餘時間的城市居民，利用自己的閒暇時間，順路捎帶，在一定程度上保證了低成本的配送人力需求。

未來人人快遞要做到全民快遞、全民銷售，以後每個人都可以成為銷售員，滿足身邊的朋友，以及自身的消費需求，真正實現自己給自己打工。」

全民快遞，這個理念體現了私人物流的含義。因而，人人快遞主要針對個體，提供「定時取」、「幫我買」等服務，將社會化物流與社會化銷售相結合。此外，達達配送也正在探索另外一種創新。針對中小型商戶，配送員根據行動定位服務（LBS）進行「搶單－取貨－送貨」服務。

不僅在同城配送，在跨城快遞領域也有新的突破。空間客車是一家利用社會閒散資源實現快遞當日達的快遞2.0時代的技術服務平台，採取的就是一種群眾外包物流的模式，是共享經濟在快遞業的另一種呈現形式。空間客車想要整合閒散的「歸人」資源，解決的是遠距離、跨城市的快件時效問題，從高鐵、飛機的閒置空間切入，小快遞件由此見縫插針，讓旅行也能賺外快。一般快遞公司需要2到3天才可以到達，最快的順豐跨城運送也很難做到當天到達，而空間客車可以做到城際9小時內達到。對於那些急需要拿到物品的用戶來說，他們願意支付一部分費用來滿足需求[1]。

被稱為「最後一公里物流」的同城貨運，也存在極大的發

展空間。同城貨運有別於全國聯網的物流服務，而是就近提供某個城市內部的短距離物流服務。同城貨運的使用能夠大幅降低物流成本，提高物流效率，充分利用中國千萬貨車司機幾乎全部空車返程的現實情況。

　　非標準化的服務才能滿足個人化的需求。隨著人們生活節奏的加快、工作壓力的增加、生活的空餘時間趨於零碎，以及對生活品質更高的追求，「代買＋配送」的服務模式正逐漸興起。共享經濟大趨勢下，平台媒合了「有錢沒閒」和「有閒沒錢」的兩大族群，既利用了零碎時間，又一定程度上減少了社會資源的浪費。

---

1. 延伸閱讀：http://b2b.toocle.com/detail--6292978.html。

第四篇

影響篇

從供給端開始改革

　　共享經濟與中國當下進行的經濟體制改革有著密切的關聯。共享經濟可以提高存量資源使用率、增加社會總供給、提高消費購買力、擴大消費需求，為總體經濟結構調整提供新的思路。2015年，中國中央提出了供給端改革，要實現中國經濟的動力轉換，把服務業變成經濟成長的主動力。共享經濟為供給端改革提供了新的視角，目前已經出現兩大機會，分別是化解地產庫存和服務業升級。

　　從第一個機會來看，共享經濟以租代售的模式，為化解房地產庫存提供了新的解決思路。2015年，中國房地產沉澱房有2.2億套，空房近5,000萬套，已經累積約2億坪的房產庫存，以現在的銷售速度，至少需要8年才能全部銷售完。按照共享經濟該怎麼做呢？途家網實行了兩種做法，一是共享經濟平台與開發商合作，批量簽約來銷售庫存房源，這為開發商提供增值服務，促使有管家、帶租約和可交換的房產出售；二是共享經濟平台發展以租代售，通過連結開發商、業主和消費者，滿足各類租房需求，活絡長期閒置的庫存房屋。

　　從第二個機會來看，共享經濟為服務業成長提供新動能，實質性推動了結構調整。具體表現為三方面：第一，共享經濟透過網路社群平台，將社會閒置的庫存資源變成新供給。如個

人的房屋、車輛、資金和知識、經驗技能等資源，可以在整個社會內大規模實現供需媒合，同時還可以降低交易成本。第二，有效擴大消費需求。以交通運輸為例，北京有2,000多萬人口，而滿足乘車需求的只有6萬多輛計程車，滴滴、Uber等平台釋出了社群化運輸力，將其擴大到數百萬輛自用車，消費成長數十倍。第三，共享經濟促使就業機會大幅增加。目前以豬八戒網、人人快遞等為代表的新興線上雇傭、群眾外包快遞等平台，已經提供超過3,000萬的就業機會。總之，各類共享經濟平台的發展，帶來各種便利條件，為促進服務業發展提供新動能。

此外，共享經濟改變了傳統的雇傭模式和就業模式，開闢了新的就業管道和機會，有助於緩解供給端改革的就業壓力。共享經濟還可提高資源使用率，減少資源消耗，能夠減緩對未開發資源的消耗速度，其在新能源領域的應用也促進著環保產業的發展。雖然共享經濟與汙染排放間的關係較為複雜，但在本篇我們將從辯證的角度來看待這個問題。

就本體論而言，共享經濟一詞的出現，就意味著經濟的定義要改寫了。英國人對此先知先覺，他們在英國商業、創新與技術部報告〈英國的共享經濟〉（The Sharing Economy in the

UK）表達了一個觀點，即目前官方的GDP並沒有將共享經濟所帶來的經濟效益納入核算，儘管共享經濟正處於快速成長階段，但僅通過官方資料無法追蹤其對經濟成長的貢獻。何止英國，在全世界都是如此，更不必提中國了。

第18章

擴大供給

擴大供給有兩條路可以走：第一條是提高閒置資源的使用率，第二條是找出新的供給來源。

提高資源使用率

從大家最心愛的自用車說起。在沒有叫車軟體之前，自用車大部分時間處於閒置狀態。中國交管部門有數據統計，在中國，一輛自用車的平均使用公里數，大約為20萬公里；而一輛計程車的平均使用公里數，則超過60萬公里。原因是自用車閒置時間比計程車要長得多。

假如你有一輛車，加盟滴滴出行的前後，使用率會有什麼變化呢？沒有進入滴滴前，每天跑1小時，進入滴滴後，每天多跑0.13小時，顯然，使用率提升了13%。每天跑1小時，這個數字源於2015年12月1日的《學習時報》的一篇文章，中國

一輛小轎車每天平均閒置的時間是23小時，即每天跑1小時。
每天多跑0.13小時，這個數字是根據〈中國智慧出行2015大數
據報告〉推算，滴滴2015年累計完成訂單14.3億單，行駛時間
4.9億小時，而滴滴平台的汽車總量估計超過0.1億輛，平均每
輛車在加入滴滴後每天多跑了0.13小時。

　　據中國IT研究中心（CNIT-Research）正式發布的
〈2014－2015年中國移動出行應用市場研究報告〉顯示，現在
中國有13億人口，一天約有4.5億人有乘車需求，其中有3,000
到5,000萬人使用計程車和專車。由此可見，人車比約為40比
1。以北京為例，在這個常住人口已經超過2,000萬的大城市，
按照40比1的人車比來算，至少要50萬輛計程車。而2015年
北京市的計程車數量仍維持在2003年以來的數量，僅為6.6萬
輛，遠遠無法滿足人們日常的叫車需求。

　　除了自用車外，我們也能將閒置的客車、貨車用於同城物
流等領域，如G7貨運人、物流QQ貨車幫、雲鳥配送、貨拉
拉、1號貨的、藍犀牛等貨運平台，提高汽車的使用率，彌補
社會貨運車輛的運輸力，大幅提高資源使用率。在其他領域，
原理也是如此。

找出新供給來源

過去,社會供給的提供者主要是以企業為主;現在,供給面擴大到了個人。自用車,僅僅是冰山一角。隨著個人與企業把閒置資源拿出來分享後,即使工廠沒有生產新的汽車、衣服等商品,開發商沒有建造新的樓房,社會總供給也得以增加。以旅遊住宿為例,過去旅遊時遊客只能住旅館、飯店,但在旺季的時候,常常會遇到客房爆滿而無法入住的情形。但現在,透過線上短租,可以選擇入住民宅,民宅一下子就擴大了旅遊住宿的供給總量,在某種意義上,這種供給幾乎是無限的。

根據途家網執行長羅軍提到,自2011年12月1日途家網平台正式上線營運以來,已遍及中國288個旅遊目的地、海外與港台地區353個旅遊目的地,線上房源超過40萬套,包含公寓、別墅、民宿等各種房源。目前,途家已經與中國172個政府機構簽約,並與大量房地產開發企業達成策略合作,簽約管理資產超過1,000億人民幣,簽約儲備房源超60萬套,正在洽談的房源項目超過1萬個,未來途家網的房子可達100萬套。面對這些數字,不由得讓人興奮,這難道不是一種新供給力量的崛起嗎?

　　在房屋短租領域，除了途家以外，還有螞蟻短租和木鳥短租等創業公司，也分別開發了近30萬套精品房源，遍及中國300多個城市。根據途家網官網資料顯示，在目前中國國務院經濟研究所統計顯示的5,000萬套空置房產的房東中，約有6%願意將房屋用於線上短租，這意味著未來至少還有300萬套房源會進入線上短租市場，這將大大增加中國的旅行住房供給。

第19章
擴大需求

　　從需求來看，共享經濟能夠提高消費者的實際購買力和消費者福利，進而帶動消費成長，在經濟衰退的形勢下形成新的經濟成長點。

提高實際購買力

　　一般來說，實際購買力提升有兩個原因：一是降低成本，二是增加收入。而共享經濟恰恰就能從這兩個面向同時提升消費者的實際購買力。

降低成本

　　成本的降低來自兩方面。第一，直接成本的降低。共享經濟是以互聯網為據點的平台經濟，在這個平台上，供需直接配對，減少資訊不對稱，同時能夠免除複雜的手續和昂貴的仲

介費用，降低交易成本，相對提高了消費者的實際購買力。第
二，選擇成本的降低。例如，選擇租住民宅的成本，顯然要比
五星級飯店低廉許多。

按目前中國經濟型旅館的定價，一間標準房每天要價150
到300人民幣，一個普通套房每天要價人民幣400到700人民
幣，而一個總統套房每天要價1,500到3,000人民幣。在短租平
台，我們以每天不到100人民幣的價格，就能整套租用一個房
間，而整套租用多個房間也不過要價100到800人民幣，如果
整套租用60坪以上的別墅，每天只要800到3,000人民幣。

波士頓大學教授喬治歐斯·澤瓦斯（Georgios Zervas）帶
領的研究團隊發現，面對Airbnb的競爭，傳統旅館通常採用
降價策略，這在中低階旅館尤為常見。Airbnb的用戶對價格較
敏感，相對於傳統旅館，價格折扣策略是有效挽回用戶的好
辦法。如此一來，不光是Airbnb用戶，所有的旅行者都因為
Airbnb價格折扣策略受益，因為住宿成本變得更低。

可能有人會懷疑，有些共享經濟的領域，例如私廚，提供
一頓飯的人均價格要高於某些常見的餐廳。我們要如何斷定共
享經濟確實能夠減少仲介費用、降低成本呢？這是一個需要考
慮不同參考標準的辯證問題，毋庸置疑的是，目前中國共享廚

房模式的幾個平台，如覓食、我有飯、回家吃飯等，免去傳統餐廳房租、服務生的資等費用。與同等級的菜品、用餐環境相比，私廚模式的價格優勢或許沒那麼明顯，但品質上會比一般餐館更有保障，當然更不用說可以帶來社交體驗這類無法用金錢衡量的福利了。

增加收入

共享經濟針對一般人提供透過身邊資源參與經濟活動的管道，進而產生新的財富流通管道，消費者自身可以以共享經濟中的分享者角色，獲取常規工作收入以外的額外收益，增加整體收入，這在不考慮通貨膨脹的情況下，又使得消費者的實際購買力得到絕對提升。《富比士》（*Forbes*）雜誌就曾估計，2013年透過共享經濟直接流入分享者的收入，讓提供分享的人總計賺了35億美元，每年增幅超過25%。

美國白宮經濟顧問吉恩‧史伯林（Gene Sperling）在對Airbnb的研究中發現，這個平台的大部分房屋出租者是受薪階級人士，他們將自家的主臥空出來租給旅人，頻率大概在每年66天。這項業務每年為中產階級家庭帶來約7,350美元的額外收入，可將中產階級家庭的年收入提高14%。而據Airbnb統

計，舊金山的房主平均每年出租58天，可獲利9,300美元。

根據The People Who Share網站發布的2013年〈國家共享經濟報告〉（State of the Sharing Economy Report 2013）顯示，英國共享經濟參與者平均每年賺取416.16英鎊的額外收入，部分較高的達到5,000英鎊；美國共享經濟參與者2013年共賺取額外收入達到35億美元，同比成長25%。

著名的汽車租賃平台RelayRides也曾做過調查，每一位透過該平台出租汽車的自用車主，平均每個月能賺到250美元，有些車主賺的錢甚至足以抵銷當初購車的費用。英國商業、創新與技術部發布的〈開啟共享經濟〉（Unlocking the Sharing Economy）獨立報告中提到，在英國有超過2萬名地主透過JustPark出租他們的車位，平均每年能夠獲取額外收入465英鎊，在倫敦則為810英鎊；英國人透過easyCar Club出租自己的汽車每年能夠賺1,800英鎊。

在中國，雖然沒有官方資料顯示共享經濟使得居民收入提高，但我們可以從幾個領域的代表性平台加以觀察。據滴滴出行的調查研究數據統計，96.5%的司機在從事專車服務後，每月收入都有不同程度的提升，其中78.1%的司機收入提高了10%以上；39.5%的司機有30%以上的收入提高。2015年12月

30日，滴滴專車司機楊先生說：「這幾個月我一共接了2,000多單，加上滴滴的補貼，效益還可以。原本我開的是一輛起亞（KIA）的K2，這輛福斯的帕薩特（Passat）是我新換的，首付款就是我這幾個月當專車司機賺的錢。」他還表示，自己只是兼職出來開滴滴專車，平常是經營一家餐館。

在中國果殼網推出的「在行」平台上，有需求的用戶花費每小時200到500人民幣的聊天費用，可針對網際網路、理財投資、教育等方面存在的疑惑進行諮詢。我們假設一個「行家」平均每月提供10小時的諮詢服務，那麼一個月即可獲得額外收入2,000到5,000人民幣。根據對「在行」網站上行家人數的統計，目前該平台上約有8,000位行家，其中56%住在北京。截至2016年2月29日，成功約見最多的是諸葛思遠，她已經以499人民幣一次的價格，一共進行了645次一對一線下面談，收入已超過30萬人民幣。

再來看以回家吃飯、好廚師、小e管飯、媽媽的菜、蹭飯等為代表的「私廚」平台，目前好廚師平台上共有500多名廚師，而回家吃飯營運長周統表示：「目前在北京已經有上百個社區的1,000多人通過自家廚房做飯當兼職」。參照好廚師平台當前統一的定價，在自採食材的前提下，六菜一湯為99人

民幣,四菜一湯為79人民幣,我們假設兼職廚師每天做4到6道,每月的額外收入就能夠達到2,000人民幣左右。據《法治週末》報導,賦閒在家帶孩子的張太太,也在網上找到了能讓自己忙活起來的事兒。她表示,原本她每天都要做一家人的飯菜,現在只要每餐多做一些飯菜,就能送外賣了,如同做份兼職的工作一樣,多少能帶來點收入。

新的消費成長點

中國當前積極宣導孕育新的消費成長點,靠出口、消費和投資三駕馬車來拉動經濟成長。在目前經濟衰退壓力不斷加大的情況下,拉動內需成為應對經濟衰退壓力的核心手段。

共享經濟的出現為中國實現經濟結構調整、轉變經濟成長動力,提供了新的可能性。與傳統產業運行環境不同的是,共享經濟無須額外的新投入來刺激經濟成長,而是將現有社會資源合理再分配,透過最優化配置供給方(產品、服務)和需求方,進而提高整個社會的運行效率。

美國行動論壇(American Action Forum)在研究報告〈獨立承包商與新興零工經濟〉(Independent Contractors And The

Emerging Gig Economy）中得出了一個重要結論：雖然共享經濟還處於早期階段，但線上零工經濟將成為21世紀美國經濟的重要成長元素。

同理，共享經濟也會為中國經濟的重要成長元素。以短租為例。根據艾瑞諮詢〈2016年中國線上度假租賃市場研究報告〉和易觀智庫〈2016中國線上度假租賃市場C2C模式盤點報告〉顯示，2015年，中國線上度假租賃市場交易額約為42.6億人民幣，同比成長122.0%。艾瑞諮詢認為，2016年下半年至2017年，因出境旅遊的帶動，出境度假住宿市場將實現高速成長。2017年，預計整個中國線上度假租賃市場的交易規模將達到103億人民幣。

根據2016年1月螞蟻短租聯手搜狗大數據發布的〈2015國內出遊及短租趨勢發展報告〉顯示，2015年，中國國內旅遊突破40億人次，中國國民出遊率人均超過3次。而螞蟻短租平台數據則顯示，平台使用者出遊者比例高達80%，用戶選擇短租，主要為解決旅行中的住宿需求。報告還顯示，艾瑞諮詢、速途研究院、易觀智庫等機構關於「2015年國內短租的市場規模環比成長163.0%，預計超過100億人民幣」的預測似乎有些保守。隨著短租市場規模的不斷擴大，短租必將成為中國一個

新的消費成長點。

在交通運輸領域，租車市場的規模正在不斷壯大。羅蘭貝格策略諮詢公司的報告指出，2013年，中國汽車租賃市場規模為340億人民幣，並將在2018年增至650億人民幣。

在二手物品交易平台，閑魚的資本市場估值已超過30億美元。根據閑魚官方資料顯示，此平台上每天有超過20萬件閒置物品實現了成功交易。在閑魚平台上，主要進行交易的有數位產品、運動器材和衣服鞋子等價值並不小的二手商品。我們假設每件商品均價為100人民幣，那麼每天成交額為2,000萬人民幣，每月成交額為6億人民幣，年成交額達72億人民幣。同為閒置物品交易平台的「轉轉」也打出了「每日解救價值560萬元的閒置寶貝」的標語，年成交額可達20億人民幣。普通商場，如北京西單大悅城購物中心，2015年上半年銷售額約為20.49億人民幣。兩相比較，可見二手物品交易已經達到了不容小覷的市場規模。

也許有人會疑惑，傳統經濟下與這些需求相對應的新產品的消費交易額更大，為什麼共享經濟更有潛力帶動經濟成長？我們認為，原本有很大一部分的消費需求因為價格過高被大幅抑制，以短租房屋為例，並不是所有人都住得起飯店，但短租

房屋滿足了更多人的需求。人們可以透過較低的價格占有,或
是使用所需的產品和服務,當這些被抑制的需求得到釋放時,
消費總量也會隨之增加。

第20章
就業機會

　　根據中國中央經濟工作會議提到，化解產能過剩是2016年供給端結構性改革的五大任務之首，這其中包含讓「僵屍企業」（zombie companies）合理有序的退出市場。由於國營企業重組、僵屍企業退出市場等因素，勢必會對中國就業形勢產生很大壓力。

　　共享經濟的發展能夠提供多樣化的就業管道和機會，身分的崛起，提供新的就業機會，緩解了社會就業壓力。這裡提的是就業機會，而非就業職位。就業機會是臨時性的，雙方可以不簽協議，呈現出來的是一種職業身分；而就業職位是相對固定的，有老闆和雇員的角色分別，一般需要簽署雇用協定。

　　美國人對此最有感觸，他們表現出一種更為激進的樂觀態度。美國知名創投基金經理詹姆斯・阿圖徹（James Altucher）是有趣的例子，他有很多職業身分，除了寫書、寫文章，還是一個創業者，創辦與聯合創辦20多家公司，同時還是一名活躍

在Podcast上的播客玩家。

詹姆斯的文章〈2016年，你需要辭職的10個理由〉（10 Reasons You Have To Quit Your Job in 2016）給上班族敲了一記醒鐘：拿固定薪水的白領族，此刻該是擺脫朝九晚五，轉而在網路上成為自由工作者了！文章提到，超額產能（Excess Capacity）經濟只會發展得愈來愈大，想要成為擁有超額產能的人，現在有很多途徑可以選擇，不僅是Uber和Aibnb，還有阿里巴巴、eBay、Etsy、Infusionsoft等上百家公司。所以，現在你應該開始探究自身生活上所有的超額產能，並研究出將其轉變成獲利來源的方式。超額產能有可能就是你的腦力，千萬不要小看你腦袋裡的那些想法，畢竟我們是活在創意經濟（idea economy）的時代。因此，眼下你的第一步，或許就是動動自己的創意腦袋。

下一個大事件

美國矽谷兩位著名天使投資人羅恩・康威（Ron Conway）和艾絲特・戴森（Esther Dyson），與史丹佛大學校長約翰・亨尼斯（John Hennessy），早在2014年彭博社舉辦的「下一個大

事件峰會」（The Next Big Thing Conference）便討論到共享經濟對員工和創業者的影響。康威和戴森相信，Uber和Airbnb等公司正在創造就業，共享經濟具有改變遊戲規則的潛力，在被機器人接管之前，有些工作仍然需要由人來完成。

早在2013年12月，波士頓大學的研究人員在對778名受訪者進行調查後，發現這些人在閒暇之餘從非正職工作賺取的收入占比，平均是他們正職工作收入的4.4%。如果剔除人們出售物品或出租房屋的收入，該比例依然達1.8%。

我們在之前提到，共享經濟有時候也被稱為「零工經濟」，美國行動論壇的研究報告〈獨立承包商與新興零工經濟〉顯示，2002到2014年，美國從事零工經濟的人口成長了8.8%到14.4%，相較之下，同期美國總體就業僅成長了7.2%。其中，網路共享經濟迅速成長，特別是以Uber與Airbnb為代表的交通及住宿領域。如2009到2013年，交通共享為美國貢獻了5.19億美元，創造了22,000個就業職位。

很顯然，共享經濟催生了一種新型的社會分工方式，改變傳統的雇傭模式和就業模式，人們可以依自己的興趣和技能，靈活選擇工作機會，以自雇型勞動者的身分參與經濟交易，無須仰賴相關企業，催生出更多自由工作者的誕生，就業機會的

重要性愈來愈明顯。

從群眾外包物流來看，截至2015年7月底，中國的人人快遞網全國平台上的會員已達1,200萬，自由快遞員近1,000萬，每日產生幾萬筆訂單。達達平台遍及北京、上海、廣州等40多個城市，服務超過15萬家商戶，日訂單量達100萬筆。2015年12月31日，達達又完成了D輪融資，融資額度在3億美元左右，平台估值超10億美元，成為新的獨角獸。

根據中國群眾外包平台豬八戒網提供的資料，該平台目前聚集300萬家微型企業和1,100萬個創意設計、行銷策畫、技術開發等文化創意人才和商務服務、裝修服務、生活服務等服務人才。另一家兼職類服務平台「微客」也擁有超過800萬個技術人才。

共乘市場部分，據易觀國際發布的〈2015年第3季度拼車市場監測報告〉，滴滴順風車、滴答拼車、天天用車、51用車這四家企業目前市場占比為98.2%；滴滴順風車接入司機數量達550萬人，占據市場比例約為69.0%。滴答拼車認證車主數量為150萬，其市場占比為20.9%。依據上述數據估計，共乘市場的從業人數約為800萬人。

共享經濟能夠吸收產業升級過程中的大量冗員資源，無論

是對腦力工作者或體力勞動者，都沒有很高的就業門檻，也不用煩瑣的流程步驟，只要在網路分享平台上，動動手指，就能將閒置資源分享到整個社會，並獲得合理收入。同時，共享經濟下，自由工作者、個人、個體商戶透過各類平台接兼職或是服務外包的工作，勞動合同不再成為就業過程中的必需品，短暫的勞務關係將成為新興就業市場中的主流。

2015年6月麥肯錫（McKinsey Global Institute）報告也顯示，全世界有超過2億擁有各種才能的人，可以從自由職業平台上獲得更多的工時和收入，大規模業餘化將成為潮流。

自雇階級與產銷者

從經濟學的角度來看，自雇型經濟（self-employed economy）與共享經濟有很多重合的地方，只不過前者著重於勞動關係的考察，後者則著重於商業模式的描述，兩者有很大的交集。

在中國，存在著龐大的自雇階級。中國社科院在〈中國的階層結構與收入不平等〉一文中提到，中國自雇階級人口約占整個社會就業人口總數的11.51%，月收入占整個社會收入的

13.89%，被視為是「老中產階級」的主要組成部分。按就業人口總數約7.6億計算，自雇階級人口達8,700萬人。文中的自雇階級，是伴隨著城市化進程而產生的新名詞，主要指從中國鄉村或城市底層分化出來的階級。他們往往技術水準不高，因此無法透過進入企業單位工作的方式獲得收入，很多人目前經營個體生意或家庭式作坊，是擁有一點資本的低層經營人員，以及無法或不願進入企業上班的家庭經營者。

Self-employed，一般翻譯為「自由工作者」。中國《16大報告輔導讀本》上的解釋是：「中華人民共和國成立之前的自由職業人員，一般是指那些靠個人的知識技能獨立為生的醫生、教師、律師、新聞記者、著作家、藝術家等。現在，一般所說的自由職業人員，是指那些不與用人單位建立正式勞動關係，又區別於個體、私營企業主，具有一定經濟實力和專業知識技能並為社會提供合法的服務性勞動，從而獲取勞動報酬的勞動者。」

產消者指的是生產者與消費者的結合，在共享經濟下，消費者在參與類似Uber和Airbnb這類共享經濟平台時，很容易集供給方和需求方於一身，因此，自雇型勞動者與產銷者密不可分。

在美國，自雇型經濟的爆發源於經濟低迷。2008年經濟危機之後，美國很多企業處境艱難，無論是中小企業或大企業，關門的關門，裁員的裁員，失業率一度高達10%，歐巴馬政府為此焦頭爛額。但與此相比，自雇人員數量卻迅速成長。《中國證券報》曾報導，如今美國每3個工作者中就有1人從事自由業，從軟體工程師、藝術從業者到銷售人員，遍布各個產業，總數已經達到4,200萬人，比2005年成長3倍。《富比士》曾驚呼「美國正走向職業自由人時代」。企業服務顧問公司MBO Partners預計，在2020年前，美國自由工作者和獨立工作者的人數將攀升至6,500萬人。自由工作者，這個過去處於社會邊緣的群體，如今正日益成為美國經濟生活中不容忽視的存在，甚至有人把自由工作者經濟稱為這個時代的工業革命。

在日本，社會高齡化促進了自雇型經濟的發展。據日本總務省公布的統計數據顯示，2013年，日本年輕勞動力人口當中，自由工作者所占比例達到6.8%，創歷史新高，以打工等形式工作的自由工作者人數為182萬人。日本相關人士分析，日本社會的高齡化趨勢加劇，再加上年輕人生育觀念的轉變，年輕人口的數量急劇下降。很多年輕人沒有尋找正式穩定的工作，而是選擇短期兼職或臨時打工的方式，這一比例的年輕人

數量處於高位，進而帶動自由工作者的比例升高。

中國經濟發展已然進入新常態，GDP從高速成長轉為中高速成長，參照已開發國家的情勢，未來還可能進一步降低。而且伴隨著中國社會高齡化，年輕人的就業觀念也產生了變化，網路自由工作者的數量愈來愈多，這種傾向會愈來愈明顯。

目前在自由業市場的主要參與者有美國的Upwork和澳洲的Freelancer.com，兩者都已經完成了多輪融資。Freelancer. com是目前全球最大的自由職業群眾外包平台，遍及247個國家，有1,700萬自由工作者用戶和800多萬職位資訊，整個公司的估值達28億美元。2014年，Freelancer.com的淨收入為2,600萬澳元，同比成長39%。Upwork由成立於1999年的Elance和成立於2002年的ODesk於2014年合併而成，並在2015年更名。目前，Upwork的平台商有900萬註冊自由工作者用戶和400萬註冊包發商，每年公布300萬職位，估值在10億美元，已融資1.688億美元。

Upwork董事法比奧‧羅薩蒂（Fabio Rosati）說：「目前世界上有大約2.3億知識工作者，未來全球的自由業市場規模將達2到3兆美元。」職業社群平台LinkedIn也開始利用自身的平台和資源優勢，試圖切分共享經濟這塊大餅，把更多自由工

作者和工作機會相連。

互聯網＋自雇

「互聯網＋自雇」對中國經濟社會有三個重要的意義。

促進就業

1990年代，中國國有企業的改革，使數千萬國企職工失業；2008年，國際金融危機的衝擊力，也讓城市就業機會面臨寒冬，掀起了超過1,200萬的農民工返鄉潮。近年來，部分鋼鐵、煤炭等產業面臨過剩的問題，存在一些減員現象；科技的快速進步推動了機器人的發展，部分機械性工作被機器人取代。中國就業研究所所長曾湘泉認為，由於國企重組等因素影響，中國必須要準備迎接第二輪失業潮。此外，央企中國國際技術智力合作公司發布的2015年第3季聘用指數為－0.79%，同比大幅萎縮。

針對媒體報導企業裁員事件時，中華人民共和國人力資源和社會保障部部長尹蔚民表示：企業未形成「大規模裁員潮」。同時他也坦言，勞動力總量仍在高位運行。一方面招工

難，另一方面就業難。由於服務業一線職位勞動強度大、工資收入低，新生代農民工不願意去，造成招工難。同時，每年700萬以上的大學畢業生造成了就業難的問題。預計在2016至2020年十三五期間，每年就業人數2,500萬，就業總量壓力很大。對社會而言，自雇型經濟的意義在於，可以緩解就業壓力，啟動傳統產業創新活力。能夠自我雇用也是對就業市場的一種貢獻，如果大批人都願意這樣做，就會大大緩解中國的就業壓力。

眾所周知，經濟成長是決定就業的風向標。近年來，中國經濟面臨經濟成長換擋期、結構調整陣痛期、前期刺激性政策消化期同時間出現，三期疊加的嚴峻考驗，GDP成長逐步由高速成長向中高速成長回落，而中國潛在就業人數則有增無減，增速的放緩對於就業成長帶來了一定壓力。

自雇型經濟為創新創業從另一個角度做了有力的詮釋。大家發現，傳統產業供需不平衡的現象竟然消失了，無論是腦力工作者或體力勞動者，在網路分享平台上，動動手指，就能將閒置資源，在整個社會分享，並獲得合理的收入。

據中國北京大學新媒體研究院專項調查研究顯示，滴滴出行透過計程車叫車服務，已直接或間接創造超過20.06萬就業

職位。通過網路分享平台，自雇型勞動者實現了隱性就業，對顯性的傳統雇傭關係形成了有效彌補。在經濟衰退壓力下，自雇型經濟無疑為就業穩定打了一劑強心針。

產業創新

從產業競爭角度來看，「網際網路＋自雇」還有助於改善傳統產業的活力。傳統產業面臨一個困境：日益僵化的市場系統難以滿足日益成長的市場需求。例如，城市交通運輸，按照既有的供給規模和行政管理模式，遠遠不能滿足龐大的消費需求，甚至衍生出一些灰色地帶，那就是規模龐大的黑車市場。

自雇型經濟有助於解決這種矛盾。分享平台企業以讓自雇型勞動者和消費者直接連結的方式，打破既有產業和企業禁錮，充分協調潛在的社會閒置生產力，以近似於一種完全競爭的市場模式，極度激發市場創新的活力，在為消費者帶來更加多元化、便利化和經濟性福利的同時，也大幅推動傳統產業的變革和升級，湧現出計程車業改革、傳統汽車廠商以租代買等新的氣象。

Uber號稱是全球最大的計程車公司，但是沒有一輛車。飯店龍頭希爾頓成立有近百年的歷史，全球只有71.5萬間房間，

而Airbnb於2008年成立，短短7年時間，註冊分享的房間數已經達到100萬間。

這種創新優勢體現在：一方面，分享平台企業以輕資產營運，協調供方不受成本限制，來源廣更易滿足用戶的多元化需求，進而快速獲得規模化發展。另一方面，尤為重要的是，平台企業只需為自雇型勞動者實際提供的服務買單，而無須為其承擔其他額外的保險和福利支出，顯然比同業務領域的重資產企業獲得更好的投入產出，因而這種模式在資本市場獲得高度認可。據統計顯示，在全球10億美元規模的創業公司中，Uber和Airbnb均位居前三。

虛擬企業

從自雇型經濟的角度來看，傳統的「全員雇傭，場地辦公」模式已經過時，取而代之的是企業組織更加彈性化：企業可以突破地域、產業或專業等因素限制，更自由靈活的獲得所需專業人才，朝虛擬企業的運作模式轉變。

在這樣的條件下，企業的人力資源將變得更加豐富。如果借助於外包和群眾外包等模式，企業能夠更加高效媒合市場高峰和低谷的供需，構建更合理的企業勞動力結構。舉例來說，

Wonolo針對零售商，提供臨時搬貨工的隨選服務，即是零售商靈活配置與調遣搬運人力的例子。類似的還有Zaaly平台，針對企業提供臨時人力服務。

為企業服務的不再局限單一的受雇員工，還可以有很多顧問型的「外腦」。吸納更多外腦智慧，能夠幫助企業獲取更多優質資源，尤其在文化創意服務領域更為明顯，像各類威客平台就為企業和個人提供專業服務的交易。

自雇型經濟的兩個挑戰

自雇型經濟為社會帶來一些挑戰，其中最受爭議的，主要有以下兩點：一是自雇模式引發的社會保障系統風險，二是分享平台的信任問題。

脫離社會保障暗藏成本危機

自雇型經濟下，分享平台與接案的供方為獨立承包人的關係，平台免於履行雇主義務，獨立承包人為自我雇用，不享受傳統雇傭模式下的各類社會保障，例如養老保險、失業保險、職災保險、醫療保險、退休金、加班費、產假等福利。當勞動

爭議發生時，例如職災，難以維權獲得保障。如果在缺乏社會保障機制的條件下大規模發展，甚至有可能造成維護社會安全網的社會保障系統失靈的風險。

對於賺外快的兼職人員，正職工作和兼職工作之間的勞資糾紛難以清晰界定。而對於全職利用平台生活的自雇型勞動者，逐步意識到工作和報酬的不相符，舉例來說，平台雖然身為仲介，但是仍對自雇者提出諸多管理要求，進而引發大量與該領域相關的訴訟。如交通運輸業的Uber、Lyft，家事服務業的Homejoy，群眾外包物流業的Instacart等都惹上官司。數據統計，一旦自雇模式被否定，對創業期的分享平台來說，自雇型勞動者所帶來的社會保障成本將增加30%以上，這對於創業型公司的擴張無疑帶來重負。

除了面臨與平台直接關聯的供應方的權益保障的挑戰，來自消費者的權益訴求也是自雇型經濟平台目前正著力思考的問題之一。據中國的媒體報導，2016年1月，南京一名大學生小陳搭乘「專車」發生事故，保險公司以車輛擅自變更使用性質為由拒賠。原來，該乘客小陳喜歡叫「滴滴專車」，當事車主劉某在承載小陳途中因閃避車輛與另一輛車發生碰擦，小陳也被碰傷。二人希望從保險公司處獲得賠償，然而保險公司在得

知事故發生在「專車」營運過程中，認為劉某車輛是按照自用車投保的，而他擅自變更車輛使用性質，造成車輛風險增加，於是拒絕賠償。車主劉某試圖找滴滴公司，卻也碰了壁。

這一事件最終經民警協調，乘客和車主雙方達成賠償協定。但值得注意的是雙方都沒有獲得保險理賠，無論是劉某的自用車險抑或是滴滴專車方面的相關保險。這只是自雇型經濟在員工權益保障和用戶權益保障上存在漏洞的眾多案例之一，類似事件在自雇型經濟產生之初就不斷出現，在全球各地陸續上演，隨著社會對於自雇型經濟的關注熱度不斷高漲，社會對身處其中的自雇型經濟平台和公司無疑提出了更多質疑和要求，是迫切需要找到妥善解決方式的議題。

管理模式鬆散引發信任問題

分享平台將分享從強關係圈子拓展到弱關係的陌生人之間，信任是分享行為產生的前提，信任保障體系決定著信任的程度，進而影響分享的活躍度和平台的發展。分享平台的供方為自雇型勞動者，與平台之間是鬆散的管理模式，自雇型勞動者一方面約束力差、不穩定，同時來源廣、素質參差不齊。對於平台而言，在急速擴張的同時難以保證對客戶的服務品質，

因而帶來各種信任問題，例如安全保障問題和不良的體驗問題，平台因此需要投入較大成本進行彌補來維持供需方的忠誠度，並透過事後的一系列管理規則來規避和補救。

在本書的其他章節分析了共享經濟發展中信任的重要性，信任問題也是共享經濟當下面臨的幾大重要課題之一，雖然愈來愈多的分享平台做了多種嘗試，推進了信任保障體系的建制和完善，但也不得不承認這仍是一條漫長的道路，需要分享平台結合法律監管與社會公眾的共同努力。

第21章

環境保護

　　全面建成小康社會和改善生態環境是中國面臨的歷史任務，這種形式為環保產業提供前所未有的發展機遇，也對環保產業的能力和水準提出更高要求。很多觀點認為，共享經濟這種經濟模式與環境保護之間是一種和諧並進的關係。比方說，英國商務大臣薩義德・賈維德（Sajid Javid）認為共享經濟透過更有效利用資源，對環境有積極作用；此外產業分析師耶雷米安・歐陽（Jeremian Owyang）在〈一個市場定義報告：協同經濟〉（A Market Definition Report: The Collaborative Economy）中也將環境壓力列為共享經濟社會驅動力的一個重要環節。

　　共享經濟與環保之間的關係有哪些？大致可以概括為三點：第一，減緩資源消耗；第二，減少汙染排放；第三，促進環保發展。我們在前文中已經提到，共享經濟可以透過對社會存量資源的再分配，實現對已開發資源做重複和高效利用，這在一定程度上可以減緩對未開發資源的消耗速度。

減緩資源消耗

「資源」可分為自然資源和社會資源兩大類。而對於自然資源來說，並非都是可再生的，最典型的例子就是礦物資源，採出一點其存量便少一點，儘管其中有的尚可循環使用。而資源消耗對環境的影響主要有二，其一是自然資源本身是環境的一部分，其耗竭帶來的環境價值損失是無法挽回的；其二是資源消耗過程中如果超過了生態系統自身的修復功能，那麼生態平衡就會遭到破壞，人類的生存環境也會惡化，像是會產生特大的暴雨洪澇災害、沙塵暴等等。可以想像一下：在需要的時候，若是買一把二手的木椅而不是買全新的，那就會減少對木材的砍伐。如果多數人這麼做，就會減緩我們對樹木的消耗，使生態系統可以進行自我調節，有利於環保。

除了木材外，還有各種各樣的礦產，以及水、石油、動物等等。全球油漆及塗料公司阿克蘇諾貝爾（AkzoNobel）全球永續發展和HSE（健康、安全和環境）部總監安德烈‧維尼曼（André Veneman）曾說過：「資源將愈用愈少，人們應該用一種完全不同的思維模式，尋找全新的循環方式來應對這一問題。我們必須看到每一種材料的潛在價值，這不僅是企業社會

責任，更是商業頭腦。」而共享經濟的商業模型恰好體現了人們用一種不同的思維去審視物品的潛在價值。

延長物品使用時間

在共享經濟的三種基本商業模型中，二手交易市場最能體現共享經濟對資源利用的影響。二手物品從閒置狀態透過分享再次投入使用，延長了物品的使用時間，也就是增加了資源的使用次數，實現資源的重複利用；和使用價值，充分發揮了資源的價值，即資源的高效利用。在經濟流程中，有系統避免和減少廢物，走出傳統工業經濟「拚命生產、拚命消費」的誤區。目前，網上二手交易市場發展很快，說明大量的閒置物品重新被利用。比方說，美國二手買賣占整個網購市場的10%左右。在中國，網上二手交易平台愈來愈多，比較出名的有58同城的「轉轉」，以及淘寶二手平台「閑魚」。

與此同時，網上二手物品交易平台上的活躍使用者也愈來愈多，例如：「轉轉」是在2015年「雙11」的第二天上線的，根據「轉轉」官方資料顯示，「轉轉」上線當天進入的用戶發布的閒置商品數超過9,000件，日活躍用戶量近11萬，下單數1,137單。而「閑魚」近幾年也發展迅速，只要是淘寶網的用

戶都可以直接進入「閑魚」，無須再次註冊，因此「閑魚」的用戶量也非常龐大。此外，據「閑魚」官方資料顯示，此平台上每天有超過20萬件閒置物品進行成功交易，廣受消費者與營運者雙方好評。共享經濟下的二手物品交易的成功，意味著閒置物品不再局限於廢物回收處理，而是變成高品質消費品再次被利用，相當於延長了消費者對產品的使用，因此減少了資源浪費和過度消費。

減少能源消耗

以滴滴出行為例，快車、專車、共乘、租車、巴士等交通領域產生的商業模式，也減少了對汽油等能源的消耗。英國《經濟學人》雜誌的研討結論顯示，每一輛共享出來的車可以減少9到13輛在道路上行駛的車，甚至可以減少共享人的行駛里程數的44%，這可以減少人均能耗量。而根據麻省理工學院的研究發現，共乘服務UberPool能夠減少55%的交通擁堵，並減少40%的計程車數量。此外，SideCar執行長蘇尼爾‧保羅（Sunil Paul）也指出：「由於創新的出現，我們認為，10年之後汽車的保有量將比現在減少一半。如今人們認為必須擁有一輛汽車，未來的觀念將轉變，有車坐就行。」

　　從以上資料可以看出，在交通運輸共享領域中，共享經濟可以減少人均能源消耗量和汽車保有量。一方面，汽車的生產量會因此減少，進而減少生產新汽車的過程中所需消耗的資源；在另一方面，汽車保有量的減少在一定程度上也意味著釋出公路資源，減少擁堵，而堵車會造成較大的能源消耗。因此，從這一角度來看，共享經濟也減少了對資源的消耗。

減少汙染排放

　　與上述兩點不同，共享經濟與汙染排放之間的關係較為複雜，難以定性。從共享經濟盛行的領域來看，金融與文化娛樂方面對汙染排放量的影響較小；居民服務方面有可能會增加物資和服務流通過程中的交通運輸，進而提高交通上的汙染排放；與其他領域相比，分享房屋和汽車的發展可能對汙染排放有更直接的影響。

　　第一，相關研究顯示，與傳統租住旅店相比，租用「分享房屋」可有效降低人均碳排放，這是由於公共面積較小，所需能耗較低，房客在家庭房屋中會更節約。Airbnb〈一種更環保的旅行方式：房屋分享的環境影響〉（A Greener Way to Travel:

The Environmental Impacts of Home Sharing）在其部落格中提到一個由環境諮詢組織 Cleantech Group 編寫的調查報告，該組織在2013年對全球8,000個房客和房東進行問卷調查，資料分析顯示，歐洲房客住一晚 Airbnb 提供的房屋，與住旅館相比減少了89%的溫室氣體排放，在北美地區該數字也達到了61%。從總量上來看，Airbnb 在歐洲和北美洲所減少的排放量分別等同於當地20萬輛和33,000輛小汽車的溫室氣體排放量。同時，這個報告還說明了 Airbnb 有效降低旅客在能源和水資源方面的用量，環保作用十分顯著。

第二，共享汽車的興起能夠減少城市堵車造成的汙染排放。汽車共享模式減少了人均用車數量，緩解道路交通，同時停車用地的減少也會為城市綠化帶來空間。德國不來梅市當地政府的研究結果顯示，不來梅每增加一輛共享汽車，自用車就會相對減少11輛。數據還顯示，50%的人在加入汽車共享之前就擁有一輛車，但是加入汽車共享之後，約有37.1%的人放棄了自用車。波士頓諮詢公司（BCG）2016年2月發布的最新報告〈汽車共享新前景：新乘車方式對汽車銷量的影響〉（What's Ahead for Car Sharing? The New Mobility and Its Impact on Vehicle Sales）也顯示：2021年預計汽車共享使汽車銷量減少

約5%。波士頓諮詢公司合夥人兼董事總經理許剛博士提到，到2025年，中國汽車市場成長率預計將從11%降至5%左右。故從道路擁堵的角度來看，共享經濟對減排存在著正效益。

第三，從生產端出發，汽車製造業是重工業之一，屬於高耗能、高汙染產業，二手車市場和共享汽車的發展也會減少新車的生產量，進而減少其生產端的汙染。2016年初，中國乘聯會發布了2015年中國汽車銷量排行榜，顯示廣義乘用車累計銷量2,058萬輛。〈搜狐汽車2015年中國二手車交易數據分析報告〉顯示，2015年，中國整體二手車交易車輛，有獨立車輛識別號碼約704.74萬輛，實際過戶量超過960萬輛。如此比較發現，二手車交易量約占2015年汽車交易總量的1/3左右。另外，中國汽車流通協會2015年二手車調查報告調查顯示，2014與2015兩年間月度二手車成交量環比均呈上升的態勢，二手車銷售市場正在快速發展。但是，不可否認的是，在同樣情況下，二手車與新車相比可能存在耗油量大、汙染更嚴重的問題，故二手車市場的興起所帶來的最終汙染影響，還需要從多方面進行考證。

第四，從消費端出發，共享經濟模式對消費者需求的影響比較複雜：二手商品的興起可能會使閒置物品在一定程度上替

代消費者對新產品的需求，這個效應有可能會傳導到生產端，
減少新產品的產量進而減少生產端的汙染。但同時，共享經濟
也有可能會激發消費者在更多領域的需求量，或者促進產品革
新，增加產品更新頻率進而刺激生產。再者，新需求的出現可
能會增加商品服務的運輸，進而增加交通帶來的汙染排放。所
以從目前來看，共享經濟在蓬勃發展的過程中對減排來說到底
是功是過，還很難下確切的結論。

圖表21-1　2014、2015年中國二手車市場整體表現

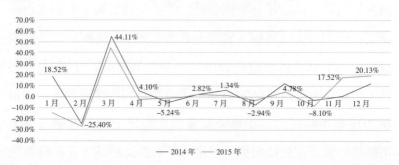

資料來源：中國汽車流通協會

促進環保發展

　　中國政府高度重視供給端改革，政策利好明確，對於環保
企業而言，關鍵是如何從服務於過剩產能中解脫出來，尋找自

身的產業轉型升級路線。共享經濟的理念逐步盛行，為環保產業降低了修行門檻，提供了新的發展方向。

首先，共享經濟目前已經被運用在電力產業中。如通過家庭太陽能光伏或風力發電，每個家庭就變成一座小型發電站，自家需要用的時候就用，不用的時候就放在電網上共享。目前，德國已經在這方面開始了嘗試，很多家庭用太陽能、風能等綠色能源發電，多餘的電量就賣給國家或其他家庭。經濟學家以及未來學家傑瑞米·里夫金說，這使得德國大型的電力生產廠商少生產了7%的全國電力總產量，而大型的電力生產廠商生產電力的方式一般為火力發電、核能發電等，並沒有這些家庭式的分散小型電站環保，因為新能源發電產生的汙染幾乎為零。所以這種小型發電站不僅可為居民帶來收益，還可減少環境汙染，因此這種模式在德國受到推廣。

其次，新能源汽車、自行車等環保交通工具可以借助共享經濟快速發展起來。2015年，一嗨租車還推出了出租新能源汽車業務，首批在北京地區投入華晨寶馬的之諾1E（Zinoro 1E），在上海則投入了一批榮威550 Plug-in，後續或將逐步推廣到其他業務城市。隨後，綠狗租車在北京開展電動車分享業務，充電方便，價格實惠。易開新能源汽車共享雲端平台也在

開展新能源汽車分時租賃業務。這些交通工具不僅減少汙染排放，更為所到之處吹來環保新風尚。

中國網路公司的員工李先生，就充分感受到共享經濟為現實生活帶來的好處。從前他上下班只能費力擠公車或者花高價叫計程車，現在只需要叫個專車或順風車，方便舒適還省錢。從前下班後還要愁晚飯吃什麼，現在只要在下班前從「回家吃飯」上訂好餐，回家時差不多正好拿到餐點，晚飯輕鬆解決。親身體驗了共享經濟的好處，李先生也躍躍欲試，希望成為分享者其中一員。他正在申請新能源汽車指標，打算加入順風車的行列，既方便他人，還多了一個增加收入的新管道。

目前，北京幾所大學校園，ofo共享單車正引起校內大學生的注意。總計5,000餘輛的小黃車中，除創辦初期部分車輛為平台方提供外，後期加入的車輛均為學生自身閒置車輛，透過平台統一粉刷和改造之後上線。由於共享單車使用更加自由，不用承擔車輛維修保養成本，校內很多學生已經將使用頻率不高的閒置自行車分享至平台，ofo共享單車因此在較短時間內得到了較為迅速的發展，半年內，其平台共享自行車數量從2,000輛成長至5,000餘輛。共享單車較大程度上提高了閒置自行車的使用頻率，也降低了校內學生的用車成本。隨著大學

之間資訊的交流和環保交通工具理念的進一步普及，ofo等商業化的公共自行車產品也會有較大的發展空間。

第五篇

轉型篇

迎頭奔赴新經濟

第22章
共享主義宣言

　　共享經濟正撼動著傳統買賣交易產業的根基。人們不再把所有權當成是獲得產品的最佳方式，不再注重購買、擁有產品和服務，反而更多採取一種合作分享的思維方式，更傾向於暫時獲得產品和服務，或與他人分享產品和服務。如果能掌握這一點，觀察現在的共享經濟思維，重點就不會是「你給我多少」的問題，而是「你我如何合作分享」的問題，這代表傳統經濟學的基本理念變了。

　　《新資本主義宣言》（*The New Capitalist Manifesto*）的作者烏邁爾・哈克（Umair Haque）說：「如果消費者開始減少10%購買行為，增加10%點對點分享行為，這對傳統企業的獲利將帶來致命的影響。也就是說，許多產業必須轉型，否則就會被淘汰。」烏邁爾・哈克的預言，已經從傳統企業的擔心演變成現實，共享經濟的蝴蝶效應正在持續發酵。IBM 2015年針對全球高階主管大調查研究顯示，高層管理者認為，Uber顛覆性入

侵是即將到來的最大競爭威脅，競爭的邊界愈來愈模糊。

　　IBM在調查研究報告中提到，美國施奈德物流公司（Schneider）資訊總監裘蒂・萊姆克（Judy Lemke）說：「這是Uber症候群（Uber syndrome），競爭對手以一種完全不同的業務模式闖入產業，你發現自己完全沒有招架之力。」加拿大Tangerine銀行的營運長伊恩・坎甯安（Ian Cunningham）說：「很難預測日新月異的技術環境。你無法了解自己缺少什麼知識，但是仍要努力保持領先地位。」對於參與調查研究的全球高階主管來說，最大的威脅來自目前還沒有被視為競爭對手的新競爭對手。

　　對於傳統產業而言，共享經濟是一次涅槃式的重大機遇。儘管某些既定商業模式和收入來源會隨著共享型企業崛起而受到威脅，但對於企業轉向這種永續性更強的消費模式，也提供大量轉型機遇和潛在的贏利途徑。那麼，傳統產業面對共享經濟，該怎樣順勢而為，擁抱共享經濟浪潮帶來的市場效益？已有領頭企業做出了表率和示範，以下匯總與拆解代表企業的招式，提供共享經濟浪潮下尋求自身突破的企業參考和借鑑。

第一招：擁抱

傳統企業可以主動向共享經濟領域轉型，推出共享經濟相關的產品和服務，朝「以租代售」和「二手交易」轉型。這種識時務的做法，已經在汽車、房地產與零售等產業初步成形。

創新型的汽車業務

在分享思維下，產生出許多創新業務，號稱「生產一輛車，銷售無限次」。如汽車分時租賃，類似商業營運的汽車共享（Car-Sharing）。1948年瑞士蘇黎世合作社首次推出了汽車共享方案，隨後在90年代出現了大批商業公司。2010年開始，汽車廠商紛紛開展汽車共享業務，使用傳統汽車或電動汽車來營運。

在汽車分時租賃業務的模式中，主流為以全球定位系統（GPS）和電子鑰匙等技術向使用者提供便捷的隨選租賃：註冊用戶透過GPS定位和智慧型手機搜尋最近的共享汽車，使用電子鑰匙打開車輛後就可以享受服務。用完車後可以開回原地，或者放在另一個汽車分享地點。這樣一輛汽車可以循環高效的交給下一個人繼續使用，提高車輛使用效率。

在全球來看，德、美、法等國的汽車企業龍頭，均把汽車
共享當成策略型業務推向市場。德國戴姆勒（Daimler）成立
全資子公司戴姆勒智行交通服務集團，在2009年率先推出創
新的城市綠色交通工具方案car2go，是最早做汽車共享項目的
企業，成為該理念在全球的領導者和執行者。截至2015年12
月，car2go已擁有110萬會員，在歐洲和北美的9個國家的31
個核心城市成功營運，成為全球最大的汽車共享計畫。2015年
12月，car2go在重慶開展汽車共享專案「即行car2go」，開始
其在亞洲地區的首次內測，計畫2016年正式投入市場。BMW
的汽車共享專案DriveNow則於2011年4月發布，截至2015
年，已經在柏林、倫敦等7個城市落地，擁有超過24萬名用
戶，成為僅次於car2go的汽車共享計畫。另一家德國汽車製造
龍頭福斯，也於2011年11月在漢諾威推出了名為「Quicar」的
汽車共享項目。

法、美等國汽車公司在汽車共享領域的發展也不甘落後。
2012年雷諾（Renault）啟動Twizy電動汽車的自助租賃服務，
2015年雷諾推出電動車「Bluecar」，專門用於開展歐洲汽車
共享業務，計畫擴展自身在歐洲電動汽車共享服務領域的版
圖。在2015年舉行的上海國際消費電子產品展覽會上，福特

宣布在倫敦推出GoDrive試驗項目。而美國通用汽車公司，則更熱中共享汽車領域。通用汽車於2015年11月推出汽車共享計畫Maven，旗下的歐寶（Opel）在德國推出了汽車共享業務CarUnity。中國的北汽新能源與富士康共同投資成立電動汽車分時租賃公司，2014年推出名為「GreenGo車分享」的純電動汽車分時租賃業務，涉及B2C、B2B、B2G等業務模式。其中B2G模式已成為國家科技部公務員工私人用車合作夥伴，開創了公車改革的應用先河。

　　無論在歐美或中國，以car2go為代表的汽車分時租賃業務，打破了傳統租車業按天計費和在門市租車還車的營運模式，開啟了「汽車共享」新概念。汽車共享最大的優勢在於，可以緩解城市自用車數量過多帶來的道路擁擠、環境汙染等一系列問題，同時還能滿足出乘車者不同的需求。美國加州大學柏克萊分校（University of California, Berkeley）曾就汽車共享進行調查，結果顯示一輛分享車輛可以滿足相當於13輛自用車的使用需要。還有調查顯示，已在美國、加拿大、德國等地推廣的汽車共享專案car2go的用戶中，也有15%到25%的會員會放棄開自用車出門。

　　正是由於以上種種好處，眾多汽車製造大廠均向汽車分時

租賃這一策略方向轉型，未來將為整個城市的交通格局帶來深遠影響。相對於部分汽車廠商大刀闊斧的推出汽車共享業務，以租代售向共享經濟轉型，還有一些汽車廠商則相對謹慎，採取了新車「銷售＋共享」兩種模式相結合的中間玩法。這種中間玩法，按照銷售和共享的先後順序，可以分成兩種形式。

第一種形式是汽車融資租賃，又稱「以租代購」，是國外非常盛行的購車方式，實現汽車所有權和使用權的分離，讓用戶先用車後買車。用戶可以零首付，用長租的方式從經銷商處獲得汽車的使用權，按月支付租金，待租期滿後，通過過戶獲得汽車的所有權。

前瞻網分析顯示，在歐美已開發國家，租賃購車模式不僅是汽車金融業務的重要組成部分，也是非常普及的行銷手段，對廣大客戶而言非常便捷。目前美國採融資租賃方式售出的汽車占汽車銷量的35%；日本每年的汽車租賃銷售規模為200多萬輛，約占其全國新車銷售量的15%，並呈不斷成長趨勢；德國以這種方式銷售的汽車則占本土汽車市場近五成。在中國，汽車融資租賃模式處於發展初期，普及率遠不及海外。

另一種形式，主要是指汽車購買者透過汽車廠商指定的共享平台出租所購買汽車的閒置時間，背後體現著P2P租車的思

維模式。福特汽車在2015年國際消費類電子產品展覽會上發布了「智慧移動計畫」（Ford Smart Mobility），將在全球開展多項試驗項目，其中就包括與P2P車輛分享相關的共享經濟模式。福特汽車與美國Getaround和英國easyCarClub公司進行點對點汽車共享專案的合作，福特公司請部分貸款購買福特汽車的消費者簽約，出租他們的汽車提供借車人短期使用，透過分享獲得收入以減少還款壓力，當然該專案中的借車人需要經過駕車資格的審核。

無獨有偶，2016年，BMW允許顧客在購買MINI時，可以選擇透過BMW的分時租賃平台DriveNow來出租他們的汽車。這項服務最初將在美國推行，隨後會擴展到倫敦等DriveNow布局的城市。中國也有企業開創類似服務的先河。2015年，汽車租賃公司易海出行與易到用車、特斯拉汽車等企業合作，推出「極車公社」，用戶只需要交納10萬人民幣入會費，每月支付一定使用費，即可擁有一輛全新的特斯拉汽車。在汽車閒置時，也可以交給易到公司做為專車營運，還能獲得一定的共享補貼。等協議期滿，使用者可以自行選擇是否買斷該車產權。這種模式，是在汽車融資租賃的基礎上，添加了P2P租車的新元素。

這種新型的「購買＋共享」模式，以靈活多樣的方式和低廉的分期成本，惠及更多的汽車購買族群，也無疑有助於汽車產業的整體發展。在這個Uber和Airbnb的時代，社會和汽車業正在發生根本性的變化，汽車廠商正以警惕的目光關注著汽車共享這一塊新生市場，並採取行動力圖確保自己在此趨勢中不被邊緣化。生產一輛車，分享無數次，正是汽車廠商在共享經濟風潮下孕育出的商業新模式。

創新型的房屋出租

中國的住房和城鄉建設部於2015年1月中旬發布〈關於加快培育和發展住房租賃市場的指導意見〉，旨在鼓勵、支持大力發展住房租賃市場。政府關注地產市場，朝以租代售業務模式轉型，背後無疑是中國房地產市場去庫存的龐大壓力。

到了2015年，據中國國家統計局12月資料顯示，全國商品房待售面積已增至約2.1億坪，同比成長15.6％。按照中國人均住房面積約9坪計算，待售住房可供2,390多萬人口居住，這已經超過2015年末北京市常住人口總和。

隨著共享經濟的興起，長租公寓、眾創空間、短租平台，為住宅市場、非住宅市場等各類房地產市場的去庫存提供了有

效途徑。而這背後的邏輯是依託房地產市場存量，以共享經濟的方式，活絡散落的各類閒置資源，滿足用戶及企業的多元化需求。

地產商在獲取專案、改造營運方面占有先天優勢，因而已出現領軍地產商變身包租公，以租代售，進軍長租公寓或眾創空間市場。

◆長租公寓市場

據投房研究院研究，目前中國長租公寓業處於倍數發展的初期，中國青年租房的市場規模已達到近8,000億人民幣，長租公寓業所處的時代環境推動當前眾多優質公寓企業，如自如友家、YOU+、優客逸家等都是在這一時期爆發。

面對長租公寓的潛在市場，包括萬科、嘉華、陽光城、招商等房企紛紛加入長租公寓市場，透過多樣化的運作模式，實現存量房的去庫存化，亦是一種有效的活絡資產的方式。

2015年，萬科的租賃公寓品牌「萬科驛」落地，首家由村屋改造而成的萬科驛 —— 廣州萬科驛天河軟體園店於2015年2月開張。同年10月，廣州的第4個分店，萬科驛金融城店開業，這是由工業廠房改造而成的長租公寓。在萬科驛的簡介

中，有這麼一句描述：「這不會是你奮鬥的終點，但卻可以成為你夢想的起點」。

萬科驛的模式與常見的長租公寓平台運作模式相近，從業主手中租賃整棟或分散的閒置房源，進行統一的改造和裝修，再加上社區物業式的管理方式，統一冠上萬科企業的名義對外出租。

其他地產商的玩法卻不盡相同，嘉華地產將自有物業的部分房源設計為服務式公寓，以「尚臻」的品牌對外出租，包括上海靜安和徐匯的住宅專案都保留了部分可出租的公寓。陽光城則採取與長租公寓「寓見公寓」合作的模式，陽光城負責提供房源，寓見公寓負責長租公寓的整體營運和管理。

無論是哪種變身包租公的玩法，地產商進軍長租公寓，大致上改變了之前開發商建房賣房的「一次性交易」，試圖以租代售，建房、賣房之外，在租房這塊領域探索永續發展的贏利之路，背後正切合共享經濟「使用但不占有」的思維核心。

◆共享辦公模式

眾創空間切入的是非住宅市場。據中國國家統計局統計顯示，2015年商品房待售面積中，辦公樓和商業營業用房的非住

宅待售面積達5.4千萬坪，占總待售面積的25%。不僅僅是住宅市場存在庫存，非住宅市場也面臨嚴峻的庫存壓力。

地產商除了以長租公寓切入市場，還有另一條路，就是以SOHO中國為主打的共享辦公模式。2015年初，SOHO中國看準「零碎辦公」與「行動辦公」存在巨大的市場空間，推出行動辦公產品SOHO 3Q，該項目被定義為「行動網路時代的共享辦公空間」，是SOHO集團業務由「開發－散售」轉型為「開發－持有」的實驗之舉。目前主要布局在北京和上海兩地，未來會在二線城市布局擴張。

SOHO 3Q專案是典型的O2O模式，將SOHO中國的寫字樓辦公室，靈活對外出租，預訂、選位、支付等所有環節都在線上完成。按照SOHO中國董事長潘石屹的定位：「SOHO 3Q既不是育成中心，也不是普通的商務中心，為創業者提供交流的場所和平台，但核心能力還是在於寫字樓本身，對接資本、育成創業企業應由更專業的機構來做。」這一點，與騰訊眾創空間打造立體化全要素創業育成中心的定位截然不同。

由眾創空間擴大而成的產業地產和產業園區，是地產商對於閒置房地產市場的打造利用形成的更加整體的解決方案。南海意庫位於深圳，總占地面積約1.3萬坪，建築面積約3萬坪，

是招商地產力圖打造的創意產業園區。最早是蛇口的「三洋廠房」，後經過改建成為深圳市文化產業基地之一。該園區目前有6棟獨立建築，已經吸引了超過100家創意類企業入駐，園區的創意文化集聚效應日益凸顯。招商地產這項「意庫」的模式，已受到部分地方政府重視，未來有可能被複製到更多城市，活絡當地荒廢的產業園區。

經濟結構調整往往與產業升級並駕齊驅，中國當前經濟衰退壓力大，未來5年經濟將保持新常態發展，加快經濟轉型升級迫在眉睫。地產業的轉型也已經走向縱深，無論是工業用房或商業用房，各類待售的和閒置的庫存壓力倍增，亟待有效啟動存量市場並賦與其價值。在這樣的背景下，地產商選擇業務模式轉型，變身包租公，以長租公寓、共享辦公或者產業園區等多種形式主動活絡散落在社會的閒置房源，已是大勢所趨。

創新型的零售平台

英國環保時裝設計師奧爾索拉·德·卡斯楚（Orsola de Castro）認為：「過度的生產和廉價服飾的興起，讓我們忘了保留衣服和紡織品，為衣物找到新用途的價值。」據美國國家環境保護局統計，美國每年要扔掉117億公斤的衣服、紡織品

和鞋子。2009年美國消費者扔掉的東西，比起1999年增加了
40%，預計到2019年還會再增加40%。近年來，隨著網路產業
的發展，線上二手交易也逐步發展，勢必對傳統零售業產生一
定的影響，尤其是耐用消費品和奢侈品產業。但是，這種影響
帶有兩面性，對於新品市場不一定是威脅，反而有可能產生協
同效應。

　　傳統家具用品商宜家（IKEA）2010年在瑞典推出線上分
享平台，宜家的會員可以免費在平台上出售宜家的二手商品。
表面上，這個平台並沒有為宜家帶來任何財務收益。然而在其
背後，這種共享經濟的理念，有助於提升宜家品牌的忠誠度，
因為宜家二手物品交易帶來的環保效應與宜家的經營理念相契
合。同時，消費者如果很容易賣出舊的宜家產品並得到現金支
付，就獲得了更多流動資金可購買新的宜家產品，又有空出的
空間來存放。透過扶持二手市場，宜家成功達到間接推動新貨
銷售量的策略。

　　另一個支援線上二手交易的零售業代表公司是美國戶外用
品公司巴塔哥尼亞（Patagonia）。據麻省理工學院《斯隆管理
評論》（*Sloan Management Review*）刊載的奧地利因斯布魯克
大學（University of Innsbruck）的研究顯示，2011年9月，巴

塔哥尼亞宣布與eBay合作，這在當時讓業界困惑不已：此次合作最初是要降低服裝銷售量。的確，乍看之下，這種想法很不合理。哪家公司會藉由降低客戶的產品購買量來促進發展？

後來巴塔哥尼亞給出了清晰的答案：顧客購買愈少、分享愈多，就愈能降低消費造成的環境壓力。為了將此理念落實到行動上，巴塔哥尼亞和eBay合作建立「共同衣物纖維夥伴關係」（Common Threads Partnership）平台。該平台旨在方便所有人出售和購買二手巴塔哥尼亞產品。這為公司帶來最直接的收益是品牌化效應。客戶如有不穿的舊巴塔哥尼亞衣物，現在大多會將其轉賣，進而在公眾之間的流傳度增加，無論在網路上或在實體店中。再者，其帶來的效果與宜家相似，可以間接推動新品的銷售量。

二手銷售的理念已經是一個存在很久的概念，並不具有開創性。然而巴塔哥尼亞的獨特之處在於，將減少購買新產品當成說服消費者完成的目標。此外，也認為這樣的行為可以為自身帶來收益。對於零售商而言，巴塔哥尼亞和宜家家居的成功案例已證明，支持共享經濟可以吸引注重環保的客戶，提高公司聲譽，同時開拓新的市場和消費族群。鼓勵消費者參與線上二手交易，與消費者購買公司新產品不一定矛盾。中國網路零

售商看得更加清楚。

隨著歷年「雙11」、「雙12」網路購物節引爆電商市場，物質逐步由稀缺到富足，中產階級消費升級，閒置物品增多是趨勢。傳統二手交易面臨著商品的真偽、商品的物流和售後等一系列問題，很難建立明確的交易規則和商品評估標準。當前隨著網際網路的發展，支付手段、信用體制和物流機制等流程環節的完善，已經湧現了BAT（即百度、阿里巴巴、騰訊三家互聯網企業）的身影。

平台具備各類二手資源潛在用戶的流量基礎，例如網購交易訊息、二手發布資訊等，依託使用者黏性，從綜合性二手市場切入二手交易領域。阿里2014年推出二手物品線上交易社區閑魚，主要用於解決剁手黨們衝動消費之後想要轉手賣出的需要。用戶透過淘寶帳戶可以直接登錄，一鍵發布在淘寶上購買的閒置物品或者其他二手物品，形成交流到支付等閉環，2015年由淘寶拆分獨立營運，足見其在阿里的重要作用。

類似的，58轉轉依託58同城的線上二手資訊發布網站，從資訊切入交易。京東推出拍拍二手交易平台。不僅中國網路零售業龍頭有這樣的覺悟，國外零售業龍頭亞馬遜（Amazon）也是英雄所見略同。據TECH2IPO報導，風頭正勁的數位零售

商亞馬遜推出一項專利，允許消費者像轉讓二手書、二手電視那樣轉讓二手電子書、音樂、視頻和應用程式等數位檔。根據對該專利的描述，用戶所擁有的數位產品將儲存在使用者的個人資料儲存空間，即雲端空間。當用戶將自己擁有的數位檔轉讓給其他使用者時，系統就會將該檔案複製到受讓使用者的個人資料儲存空間中，並且會把該檔從原來所有者的儲存空間中刪除。

對零售商而言，轉變賣多與賣新的思路，透過線上二手交易，間接促進新貨銷售市場，打造品牌效應，延長二手資源的使用價值和使用時間，無疑是擁抱共享經濟的一個新方向。

第二招：借力

如果企業沒有上述車商、房地產商或零售商如此大的資源與魄力，推出分享型業務，也可以循序漸進，在現有業務領域和運作模式下，小試牛刀，借助共享經濟的思維，以社群力量開展企業營運和籌募資金，如群眾外包運作或股權群眾募資，嘗試共享經濟。很多企業已經這樣開始，而且走得很遠了。

群眾外包誕生虛擬組織模式

無論是勞力密集型或知識密集型企業，都可以與群眾外包平台合作，借助於虛擬員工，滿足人力的臨時性需求。企業不再倚賴全職員工的重資產組織模式，形成更合理的企業勞動力結構，更加有彈性的配合市場高峰與低谷的供需，進而能夠更加高效的回應市場。

勞力密集型企業已經向市場群眾外包更多工作，一方面可以節省成本，另一方面，也可以解放更聰明的全職員工，專注於可帶來最多價值的領域。例如製藥公司輝瑞（Pfizer），員工把自己20%到40%的時間用於輔助性工作（列印紀錄、操控資料、安排會議等），只有60%到80%的時間用於知識工作，現在輝瑞已經將這些工作外包。

因為需方企業的這種變化，服務於此領域的群眾外包服務平台也愈來愈多。例如CrowdSource是一個協力廠商的平台式機構，主要任務是幫助大中型企業客戶管理勞力密集型員工。如果企業需要大量勞力密集型人力時，就可以透過此眾包平台實現。CrowdSource於2014年夏天上線，目前已經擁有200多家客戶，其平台的資料庫已經登錄了50多萬名工人的資訊。與

傳統協力廠商機構最大的區別是，CrowdSource在勞力密集型領域非常專業，如線上零售和出版業。

如果企業對於用人的時效性要求比較高，可以與提供臨時工服務的共享經濟平台Wonolo合作，據TECH2IPO報導，該公司於2013年由兩位舊金山的企業家創立，是一個臨時工及時招募平台。企業職位訊息發布以後，使用Wonolo應用程式賺錢的使用者可以認領，然後在數分鐘或數小時內開始工作。假設一個線上零售商突然意識到自己缺少一些訂單確認人員來巡視倉庫、定位需要打包和運送的貨物，他就可以在Wonolo上發布招聘資訊，當天就可以招到工作人員了。

勞力群眾外包的趨勢在中國也逐步明顯，更多的是集中在生活服務群眾外包圈，企業透過整合利用分散閒置社會資源的共享經濟新型服務模式，打造大眾廣泛參與、互助互利的服務生態圈。例如老牌洗衣連鎖機構榮昌洗衣，成立網路洗衣產品e袋洗，招募社區兼職人員為眾包「小e管家」。用戶可以透過e袋洗平台隨時下單，附近「小e管家」按預定時間上門取件，交給臨近外包洗衣店完成清洗。今年，e袋洗將群眾外包服務從「小e管家」拓展到了「小e管飯」，充分整合社區的私廚資源，提供外賣服務，開始O2O布局拓展。

簡單的重複勞動力外包，只是服務眾包的一部分。共享經濟下，愈來愈多的由傳統雇員完成的專業性工作，逐步從外包公司轉移到群眾外包個人手中。這種群眾外包服務模式，不受地域、產業或專業等因素限制，能夠使企業獲得相較之前資訊不對稱條件下的更優選擇，在創意服務產業尤為常見。例如寶潔開創「創意集市」群眾外包平台；Quirky的群眾外包模式「創意電商」。

通用電氣（GE）和Local Motors公司共同成立群眾外包平台FirstBuild，進行群眾外包設計和生產。召集全球各地優秀的設計師、創客、工程師和學生，幫助通用電氣提升現有的家電設計水準。FirstBuild將採用線上全球共同創造，聯合線下微工廠現場製造的並行模式，試圖以更快的速度將新產品推向市場。中國創意群眾外包服務平台，以豬八戒網為代表，服務涵蓋平面設計、開發建站、行銷推廣、文案策畫、動畫視頻、工業設計、建築設計、裝修設計八大主打類別。自2006年成立以來，有超過500萬家中外企業透過豬八戒網平台開展服務群眾外包。2015年平台交易額75億人民幣，市場占有率超過80%。

除了創意服務的相關企業積極透過群眾外包平台蒐羅各類創意外，其他專業領域的知識群眾外包服務平台也層出不窮，

舉例來說，諮詢領域就出現了HourlyNerd和Eden McCallum等代表企業，位於洛杉磯的Business Talent Group為公司提供臨時高階主管。

服務群眾外包模式的背後，是共享經濟對於傳統企業組織運作模式的顛覆。分享平台上的需求企業，不再單一利用有限的正式員工資源，以輕資產模式運行。整合全球無限量潛在的兼職或自由工作者資源，就像Uber整合海量自用車一樣，更高效的滿足自身業務需求，更快速的撬動市場，進而在共享經濟下，創新性的重構了組織的運作模式，快速發展壯大。

群眾募資點燃創業火焰

目前，創業創新蔚然成風，2015年3月中國國務院辦公廳發布的〈關於發展眾創空間推進大眾創新創業的指導意見〉中提到：「開展互聯網股權眾籌融資試點，增強眾籌對大眾創新創業的服務能力」，群眾募資成為重要內容。毫無疑問，這種新型的投融資模式，將深刻的影響中國經濟。

對於創業企業而言，股權群眾募資集合社會閒置資金，融資效率遠高於傳統金融管道，除資金外，還獲得了消費者對該產品的評價報告，專案一旦融資成功，就相當於做了一個大眾

廣告。多方利益兼得，成為未來創業企業融資的趨勢。

據〈中國眾籌的10個經典案例〉研究顯示，3W咖啡通過群眾募資模式籌集股東會員。透過向社會公眾募集資金，每個人10股，每股6,000元人民幣，相當於一個人是6萬人民幣。很快3W咖啡匯集了一大幫知名投資人、創業者、企業高階主管，其中包括沈南鵬、徐小平、曾李青等數百位知名人士，股東陣容堪稱華麗，3W咖啡引爆了中國群眾募資創業咖啡在2012年的流行。幾乎每個城市都出現了群眾募資的3W咖啡。3W很快以創業咖啡為契機，將品牌衍生到了創業育成中心等領域。

正如中國國務院〈關於加快構建大眾創業萬眾創新支撐平台的指導意見〉中明確指出的：「全球共享經濟快速成長，基於互聯網等方式的創業創新蓬勃興起，眾創、眾包、眾扶、眾籌等大眾創業、萬眾創新支撐平台快速發展，新模式、新業態不斷湧現，線上線下加快融合，對生產方式、生活方式、治理方式產生廣泛而深刻的影響，動力強勁，潛力巨大。」

企業可以借助群眾外包模式激發創業新活力，借助群眾募資模式拓展創業創新融資，無疑是迎合共享經濟大趨勢，擁抱共享經濟的又一有效途徑。

第三招：合作

　　除了自身轉型和社會化運作外，傳統企業可以透過與共享型企業進行商業模式合作，分享業務資源和客戶群，無須過多的資本投資，即可實現品牌推廣和市場盈利雙贏。

網路旅行社與短租

　　對於短租業，人們往往研究的是與旅館業的競合關係。摩根士丹利（Morgan Stanley）發布的研究報告顯示，其實Airbnb對網路旅行社的衝擊更大，希爾頓、萬豪等連鎖飯店不必太擔憂。摩根士丹利對4,000名遊客進行調查，結果顯示，Expedia和Priceline等網路旅行社因Airbnb的崛起遭受的損失更大。網路旅行社平台的主要業務之一是為用戶提供旅遊攻略，但是當用戶使用像Airbnb等短租平台的時候，這種以場景化（contextual）消費延伸拓展的旅遊服務潛力較大，因為房東是本地人，房東的介紹更加具有針對性和真實性，比商業化的旅遊攻略強得太多。因此，有些短租平台已經在著手規畫訂門票、租車等旅遊服務。例如住百家、木鳥短租等，不僅提供短租，還提供租車、門票等旅遊周邊服務，力圖打造一站式旅遊

服務平台。

而這種衝擊只是業務領域逐步趨同的一面，網路旅行社與短租企業也存在著協同雙贏。例如2015年，中國最大的出境旅遊一站式平台窮游網與共享經濟領頭企業Airbnb結成策略聯盟，Airbnb已與窮游網在全球20個熱門城市進行房源連結，用戶可透過窮游網上的Airbnb房源展示，進入Airbnb網站並完成預訂。雙方的合作涵蓋了線上及線下活動、聯合行銷推廣，以及全球特色旅遊目的地專題展示活動等。

在這種合作的背後，是雙方優勢資源的互補。窮游網本身是網路旅行社網站，資訊蒐集、資料分析和需求分析等線上能力是優勢，線下房源則遠不及擁有海量線下特色房源的Airbnb。兩家聯盟，正好實現了線上和線下資源的優勢互補，整體打通了旅遊O2O的閉環商業模式。

旅館業與共享辦公

在傳統操作方式下，在飯店預訂一個會議室比較麻煩，需要反覆電話溝通和確認。同時，和掛在Airbnb上的閒置房間一樣，飯店裡的許多會議室一天裡的大部分時間也都閒置著。

LiquidSpace正是從這塊市場切入，幫助自由工作者及其他

尋找辦公空間的人找到符合其需要、時間要求和地理偏好的工作場所，雖然類似於星巴克的咖啡連鎖店可能為這類人群的工作地點提供更多的靈活性，但過於開放的環境不符合創造性的工作環境要求。因此，LiquidSpace與萬豪酒店達成合作協定，萬豪酒店將閒置的會議室提供給LiquidSpace，LiquidSpace再按小時出租給有需要的創業者和小微企業家，為其舉辦會議或者集體討論提供更多的選擇空間。

類似的還有喜達屋酒店與共享辦公平台Desks Near Me的合作。這類合作的飯店往往座落在市中心，交通便利，服務設施適合個人和群體辦公需求，並提供網路和視訊會議等服務設施，更加容易滿足行動辦公人士的專業性需求，同時也透過共享模式提升自身物業的使用效率。

零售業與群眾外包物流

群眾外包物流，是以行動定位服務為基礎的社群化外包方式，解決傳統配送速度慢、成本高、配送不到家等弊端。線下零售機構和電商平台，都紛紛與群眾外包物流平台展開合作，打通物流配送的最後一環。

美國有機食品零售商全食超市（Whole Foods Market）與

群眾外包百貨電商Instacart，在全美15個城市展開合作，用戶在Instacart上面下單，群眾外包採購配送員提供1小時送貨服務，客戶平均採購量迅速上升為2.5倍，每週銷售金額也增加了150萬美元。

私廚產業，起初配送環節是交送私廚親自完成的，但是由於接單任務繁重，配送的效果並不是很好，有時候甚至會影響到食客的體驗效果。因此，愈來愈多私廚共享平台選擇群眾外包物流，就近配送食物，以確保食物口感及用戶體驗。

電商平台也逐步推出開放性配送平台，彌補自建配送隊伍的社會化運輸力，主要服務自身電商業務，例如百度外賣、美團眾包、餓了嗎蜂鳥、京東眾包等。這些電商群眾外包平台，靠著自身的訂單量，快速成為市場的領先者。餓了嗎蜂鳥，上線一週日訂單突破50萬。美團外賣眾包，上線一週日訂單突破10萬。

對於零售業而言，物流配送是O2O的重要環節，透過與群眾外包物流平台合作，提升配送效率，為消費者提供最大程度的便利，也是共享模式下業務創新的一種表現。

龍頭跨界合作

　　大多數共享經濟產業處於起步或成長期，市場格局尚不清晰。對於共享經濟平台來說，率先在市場中跑出規模、擁有主導權，就可以基於現有的業務邏輯和平台規則形成一個完整的生態。Uber就是很好的例子，構建出以閒置自用車為運輸力的城市運輸和物流系統。

　　對於中國出行業而言，共享出行借助「剛性需求＋高頻率」的應用背景，以隨選出行的方式顛覆了傳統出行市場，成為僅次於共享金融的第二大共享產業，同時造就了以滴滴為代表的現象級企業，2015年占據市場比例80%以上。滴滴是中國出行的龍頭，在出行市場的主軸下，以專車、共乘、代駕、巴士、試駕等一站式平台為核心。眾多跨界的合作夥伴與滴滴一同參與出行共享的多元化市場建制，以行銷跨界、業務跨界和平台跨界三種模式，構建跨界生態體系。

　　其他例如與樂居、覓房等地產平台合作「打車看房」；與馬蜂窩合作「胡同專車」，上門接駕，也提供胡同寫真；與阿里健康、名醫主刀合作「一鍵呼叫醫生上門」；與招行合作汽車金融，為滴滴司機提供購車分期服務；入股餓了嗎，並與餐

飲業合作「一鍵叫小龍蝦」；與河狸家合作打造「萬聖搞鬼造型專車」活動。滴滴還推出開放平台，目前接入的應用總數已達300家。又例如滴滴與華住酒店集團達成策略合作，在飯店APP平台上增加「專車優享」入口。除了交通運輸領域龍頭跨界合作外，在共享經濟的其他領域，跨界合作也相當常見。

麻省理工學院《斯隆管理評論》發布的因斯布魯克大學研究顯示，百事集團與跑腿網站TaskRabbit合作，宣傳其新款軟飲料Pepsi Next並吸引新客戶。「額外時間」（The Extra Hour）是百事贊助的一項競賽活動，贏家會得到TaskRabbit一小時的免費勞動時間。該競賽活動每次持續4週，每週會給出50個任務。其中值得注意的是，像百事這樣的大型跨國企業會與初創公司TaskRabbit合作。這是因為Pepsi Next的目標客戶「特別熱中技術事務，年輕且有抱負」。而TaskRabbit的客戶就包括這類年輕、有抱負的技術熱愛者，透過與其合作，百事能將其品牌與TaskRabbit提供的放鬆式服務精神有效結合起來。進而達成有可靠的人替你完成生活中的瑣碎小事，你可以將節省下來的時間投入專職工作的行銷市場。

跨界已經成為國際潮流，跨界合作的形式和領域也在不斷拓展和深入，傳統企業與共享經濟平台開展多樣化的合作，彼

此借力，善用熱點和創造話題，不失為品牌宣傳和市場開拓的雙豐收。

第四招：併購

　　傳統企業可以依自身策略需求，透過收購或投資共享型新創企業，快速進入共享經濟市場，借助共享經濟的差異化產品服務，讓自身產品體系完善。一方面避免與共享經濟模式的正面競爭，讓保有的老客戶人數增加，又吸納共享經濟的潛在客戶；另一方面透過收購或投資，能夠快速布局，獲取在共享經濟領域較大的主導權。

　　傳統企業收購共享型企業，海外已有案例出現。最典型的就是2013年，美國租車龍頭安飛士·巴吉集團（Avis Budget Group）以5億美元的價格收購號稱全球首家共享型企業的ZipCar公司，順利切入共享經濟市場。無獨有偶，2016年，通用汽車以5億美元挹注叫車應用Lyft之後，當月又收購舊金山共享用車公司Sidecar的技術和資產。據中國汽車科技媒體《車雲網》報導，Sidecar其實是全球最早提出P2P汽車共享概念的公司，早在2012年便推出相關功能，而當時Uber和Lyft還未

在此領域有所動作。

　　通用汽車收購Sidecar，注資Lyft，推出汽車共享項目Maven，彰顯在汽車共享領域的布局和野心。除了像通用、安飛士‧巴吉集團這樣大刀闊斧的收購共享經濟外，傳統企業也可以採用投資或控股的方式，與共享經濟平台共同發展，共享共享經濟的發展紅利。BMW集團投資共享停車新創公司JustPark，後者現在是全球共享停車領域的龍頭老大，超過50萬名司機使用其服務。BMW後來在其新MINI系列中結合JustPark公司的行動應用，讓車主方便的找到停車場所並繳費。通用汽車還控股RelayRides，RelayRides屬於P2P自用車短租服務。

　　除了共享交通運輸領域，旅館業也意識到：短租公寓有可能會分散其客源，開始操作資本切入短租平台。凱悅酒店集團參與了豪宅版Airbnb Onefinestay的4,000萬美元融資。新加坡雅詩閣集團入股中國途家網，宣布成立合資公寓管理。凱悅等飯店品牌對短租的投資顯示，短租業務對於大型飯店品牌而言，是潛在的創新業務領域。位於紐約的旅館業諮詢公司Lodging Advisors LLC執行長史恩‧漢尼西表示：「飯店品牌與短租企業開始合作只是時間問題，其他飯店很可能會跟隨凱悅

酒店的步伐。」

在醫療共享領域，中國企業代表名醫主刀宣布，公司目前已經完成由復星醫藥領投、高榕資本與真格基金跟投的6,000萬人民幣A輪融資，這也是復星醫藥在共享經濟領域布局的重要一環。

無論是投資控股，還是兼併收購，這些傳統企業已經意識到進入共享經濟可以獲得的實質利益，尤其是客戶參與一個令人興奮的新模式而引發的巨大關注。回過頭來看，共享經濟透過網際網路方式重組分散在各個角落的社會資源，增量市場的補給，能使無數分散的即時性供求資訊同步透明化，使得供應方和需求方直接通過平台進行高效合理的配對。把不同人群的不同動機同步連結起來，就變成一個充滿生機活力的交易集市，更大程度上提升整個社會的經濟營運效率。

傳統企業一直在追求規模擴大帶來的「規模經濟」，而共享經濟下，「規模可以更加經濟」。分享平台降低了資訊不對稱，行動網路的即時定位服務能夠迅速找到身邊的產品或服務，供需雙方可以高效便捷的連結，如果每個人都可以提供服務、提供價值，整合起來的大量獨立個體能夠發揮長尾效應。

無論是前面提到的轉型、借力、合作或資本運作，對於傳

統企業而言，進退有據，可激進、可謹慎，用多樣化的方式去擁抱共享經濟。傳統企業即時回應新形勢的挑戰，快速適應當前及未來的商業模式，進而在不斷發展的經濟領域內創造新的收益成長源。這才是擁抱共享經濟的正確姿態。

第23章
共享主義的新經濟實踐

　　2016年中國兩會期間，馬化騰提出一個大膽的預言：共享經濟將成為促進經濟成長的新動能。隨著科技的發展，生產力和社會財富快速提升，經濟過剩成為全球新問題。經濟過剩帶來了經濟剩餘資源，在企業層面會呈現為閒置庫存和閒置產能，在個人層面的呈現為閒置資金、物品和認知盈餘。共享經濟，恰恰是一種透過大規模活絡經濟剩餘而激發經濟效益的經濟型態。在大眾創業、萬眾創新的新經濟浪潮中，共享經濟該如何施展身手呢？

產業生態資源分享

　　創業經濟是一種新經濟。建立在創新事業基礎上，從制度結構、政策和策略上支持並確保經濟創新，進而促進中小企業的不斷創新與發展。早在1980年代，管理大師彼得‧杜拉克

（Peter Drucker）把創業經濟定義為「新經濟」，並稱之為「近代經濟和社會史上發生的最重要、最有希望的事件」。

這個結論是在研究了美國1970年代經濟大蕭條期間的創業活動之後得出的。1973到1975年，世界性經濟危機爆發，美元與黃金徹底脫鉤，美元一統天下的局面被打破，美國經濟連續兩年出現負成長，處於風雨飄搖當中。然而，杜拉克發現一個有意思的現象，1970到1980年，2,000多萬個新的就業機會中，大多數是由小企業和新企業提供的。經濟雖然低迷，但創業經濟日趨活躍，而且逆勢上漲。

這個趨勢完全與「二戰」過後的情況相反。1950到1970年這20年期間裡，美國每四個新就業機會中有三個是由大企業或政府創造的。每逢經濟衰退，失業集中發生於新企業或小公司。到1980年代，雷根政府開啟了美國經濟的供給學派改革。這個時代也正是美國IT產業全面創業、全球擴張的時期。諸如微軟、蘋果、思科（Cisco）等「小公司」均成長於這個時代。伴隨著美國IT產業起飛，雷根經濟學落地，美國經濟停滯性通貨膨脹問題得以解決，整體經濟開始復甦，個別年份發展特別強勁。

當前，創業經濟成為中國經濟成長的引擎。中國正在上演

透過供給端改革解決宏觀經濟問題的大戲，以「互聯網＋」為驅動的創業經濟正是這個時代最強勁的節奏。中國正處於投資驅動朝創新驅動過渡的階段，創業創新日益活躍，創業經濟逐步升溫。

眾創空間在創業經濟中扮演重要角色。眾創空間這個概念最早於2015年1月28日在中國國務院常務會議上提出，之後中國科技部等部門相繼推進眾創空間政策的建設和落實。

中國國務院〈關於發展眾創空間推進大眾創新創業的指導意見〉指出，「眾創空間是順應網路時代創新創業特點和需求，透過市場化機制、專業化服務和資本化途徑構建的低成本、便利化、全要素、開放式的新型創業服務平台的統稱。這類平台，為創業者提供了工作空間、網路空間、社交空間和資源分享空間。」

從具體商業模式來看，眾創空間以新創企業、創業者、成熟企業的內部創業部門等為服務對象，基於自身的核心資源和引入的協力廠商資源，透過線上線下平台，匯聚投資者、傳媒機構等，為創業者提供集約化、一站式配套服務，以及低成本辦公環境、軟硬體設備，使創業者可以集中精力專注於產品研發和營運等核心事務。

在創業的創意形成、產品開發、團隊建設、融資、市場推廣等各個任務階段,眾創空間提供相應服務,幫助企業解決成長中的各種問題。

資源分享應用

2014年全球合作夥伴大會上,騰訊開放平台提出「以百億資源扶持百家創業企業」的「雙百計畫」。憑藉騰訊系各大平台核心資源,以資源扶持優秀創業團隊,加速專案成長,始終致力於成為中國創業領域最優秀的加速器。

在2015年騰訊全球合作夥伴大會上,騰訊集團營運長任宇昕表示,騰訊開放平台5年來,接入的應用APP數已超過400萬。至2015年4月,騰訊開放平台上合作夥伴的收益分成就已超過100億人民幣,相當於誕生了50個億萬富翁,育成上市或借殼上市的公司已經超過20家。騰訊眾創空間負責人侯曉楠表示,為幫助創業者解決募集資金、人才招募、輔導培訓和品牌宣傳等方面遇到的難題,騰訊眾創空間推出了開飯、開工、開學和開麥等四方面的資源分享。

針對創業團隊的融資需求,2015年,騰訊眾創空間正式

推出創投聯盟服務，該專案簡稱為「開飯」，英文「OPEN FUND」，透過搭建創投聯盟合作平台，為創業者和投資人提供投融資媒合服務，如「開飯融資專場培訓」、「騰訊開放日」等，超過40%的參與團隊拿到了下輪融資意向！針對創業者不同階段的融資需求，騰訊眾創空間連接業頂級天使投資人及風投機構，打通「天使輪－育成－融下輪」成長閉環，將投前輔導能力及結構化精準結合。

　　針對創業團隊普遍存在的招人難題，騰訊眾創空間推出人才招聘資源分享。該計畫簡稱為「開工」（OPEN TEAM），旨在為創業者和高端人才搭建一個互相交流和認識的服務平台，透過內外部合作夥伴建立核心人才庫資源，同時以雙週一次的高頻節奏，在騰訊眾創空間各城市基地內組織線下分享、配對服務落地。騰訊眾創空間通過與內部騰訊大學、人力資源招聘管理線，外部BAT離職社群、人才網站、獵頭等聯盟合作管道建設核心人才庫，並引入優質專案創辦人現場互動、親聘，滿足創業者對各類人才招募的需求。同時騰訊眾創空間透過與各類知名人才機構合作，為創業者提供不同層次的人才輸送服務，其中包括南極圈、智聯招聘等。

　　創業輔導資源分享，核心是為創業者提供包括創業知識和

業務技能在內的多維度、全方位的知識能力提升輔導。該計畫
簡稱「開學」(OPEN CLASS)，旨在透過短期（為期2到3天
的一次性培訓）的產品、技術、營運、行銷等專業技能類輔
導，幫助早期創業者迅速具備優秀創業者的專業能力。眾創空
間透過與騰訊大學、騰訊應用寶、廣點通、騰訊雲、騰訊地圖
等合作，組成騰訊專家團，輸出騰訊精華的產品思維、技術、
營運、行銷等專業技能，並引入產業內知名創業輔導機構或個
人組成導師／輔導聯盟，滿足創業者各類學習提升需求。同
時眾創空間也與產業知名機構合作，為創業者提供不同層次的
創業輔導服務，其中包括長江商學院、南極圈、優米網等。
此外，我們還在「開學」計畫基礎上推出了「開贏」(OPEN
CLUB)項目，針對高成長性A輪後的企業創辦人提供封閉式
創業營服務（每次2到3天，為期3到6個月的長期培訓）。

　　行銷傳播資源分享，專注於為創業者提供品牌曝光和公關
傳播服務，該計畫簡稱「開麥」(OPEN VOICE)。其核心主旨
是讓品牌自己發聲，學會行銷，能夠自我行銷，有管道行銷，
藉由行銷能得到媒體、投資人、求職者對品牌的關注，同時獲
取流量資源。媒體服務包括創投媒體曝光和行銷機構推廣兩
部分，其中創投媒體聯盟包括TechWeb、TECH2IPO、獵雲、

創界、科技先生等科技類媒體，雷鋒網、雷科技等智慧硬體媒體，億歐網等O2O類媒體，以及三分微視、蛋解創業等音訊視頻媒體，為創業專案提供採訪報導服務。營銷機構聯盟包括開幹、胡說七道、口袋專家／加速會、創業最前線、新知百略等，為創業公司提供不同價格、不同類別的產品組合，涉及外腦服務、稿件撰寫、媒體投放、廣告設計、廣告投放、新媒體傳播等。

眾創空間啟動剩餘資源，加速創業經濟的模式得到了中國各地政府的積極歡迎。2016年1月6日，騰訊眾創空間旗艦示範基地正式開園，隨著與會嘉賓按下啟動魔方，「第一彈」、「衣見如故」、「獨立日」等6個上海本土的創業項目做為第一批入駐新園區的創業者代表，接過了正式入駐園區的鑰匙。

這個示範基地位於上海市楊浦區五角場核心區，由騰訊與上海市楊浦區人民政府合作共建，總面積近1.5萬坪的產業園區示範基地將分三期建設，預計於2016年底全面建成。根據騰訊眾創空間規畫，在未來三年內，眾創空間將與上海的創業者分享騰訊創業17年來的產品思維和務實創業經驗，力爭實現優質育成50到100家企業，並將透過網際網路精品計畫的育成，帶動上海市的網路產業鏈發展。

重構分享組織生態

在中國，共享經濟是「互聯網＋」與傳統產業融合的創新產物。借助「互聯網＋」的先進技術，共享經濟以更低成本和更高效率連結整個社會的經濟剩餘資源，讓無限的閒置資源被啟動，重新賦與價值。其中，高效率與低成本的連結是共享經濟的關鍵。共享型企業除了以自身平台形成對供需雙方的連結外，像滴滴快車、愛大廚這些共享型企業，都不約而同選擇了微信企業號來做為自己的連結工具。

◆滴滴快車案例

滴滴快車平台管理著海量的司機群，需要做到能快速將乘客需求細分，在不同的時間點，對不同的需求資訊進行快速回饋。在運用企業號之前，滴滴快車嘗試過QQ群、郵件、微信群、APP來回饋資訊，但資訊零碎，產品發展早期使用尚可，規模一大後各種問題就暴露出來。在企業號之下，滴滴快車開發出幫助司機快速熟悉滴滴出行APP，以及城市交通的滴滴課堂；還有福利專區、人工客服等應用，實現司機之間分人群的精準溝通，日常的訊息開啟率甚至高於40%。相當於提供了一

個永不離線的點對點的溝通工具。

目前，滴滴快車企業號被愈來愈多的司機關注，將內部管理資訊系統與企業號集成後，已開通即時通訊、知識共享、公文發放、福利建設、訂單管理、培訓服務、客服等諸多功能，後續還將建立自助查詢功能。平台更加自主，也讓交易成本更低，效率更高。

◆愛大廚案例

愛大廚做專業廚師上門服務，也曾考慮過給廚師們專門搭建一個APP用戶端用於溝通管理，但用戶端每年光維護、開發的技術員工資就要數十萬。最後愛大廚選擇了微信企業號，「企業號的營運成本大概是APP的1/10」。

用企業號連結廚師和用戶之後，用戶下單，愛大廚的系統就會自動媒合廚師或者用戶指定廚師，並將下單消息寄送給廚師。還可以透過分析廚師服務資料和使用者訂單資料來挖掘和提升更多的服務細節。同時，用微信自帶導航功能幫助廚師找到用戶。而企業號的即時通訊功能，實現了廚師與客服、用戶無阻溝通的需求，支援圖片、語音、文字，有效提升服務品質和使用者體驗。

不僅是共享型企業，「像美的電商」公司在企業號之下建立分銷平台，讓管道真正扁平化。改變了過去傳統的線上、線下管道成本過高的局面。在這個分銷平台上，經銷商透過企業號來招募、管理分銷員，一線的分銷員用企業號為消費者提供商品推薦、解疑、成交的一對一的服務。在分銷平台上，分銷員可以打造自身的專業形象，將手機端和實體店面結合起來，並在企業號中進行日常管理，查詢訂單、物流資訊及抽取傭金情況。

最終，透過企業號，分銷員的銷售門檻降到了最低，而用戶的體驗也因為能一對一服務，得到了大大的提升。我們可以看到，做為連結企業內外部營運管理的行動應用入口，自2014年9月正式上線以來，微信企業號快速發展，截至2015年11月底，微信企業號的企業帳號數達到60萬，企業號內總用戶數達到1,000萬，日活躍用戶數200萬。整個11月份日消息總量平均達到1,200萬條。

在企業號蓬勃發展的背後，根據騰訊研究院《互聯網＋重構組織生態：微信企業號白皮書》，微信企業號從重構企業的IT系統入手，為各自為政的軟體平台提供一個統一入口，利用微信在社群領域的優勢，重構工作領域中的人際互動，連結企

業內外的實體和虛擬關係。這些微觀機制的改變，正是「互聯網＋」對各類機構的組織微革命、管理微創新，也正是企業號在共享經濟下大放異彩的原因所在。

微信企業號，為微信的機構用戶提供了一個撬動微信大生態中內容資源、關係鏈資源的槓桿。系統整理工作社交這一複雜領域，旨在打造連結企業、員工、上下游和IT系統之間的行動應用入口，建設「互聯網＋」時代的企業生態。

與傳統企業軟體相比，微信企業號在功能性上對外開放高級介面，大量使用協力廠商軟體，豐富使用者的選擇。並順應辦公社群化潮流，不再局限於傳統的企業級IT市場，而是以打通企業內外關係鏈條為立足點，幫助企業構築自身的行動互連生態。與服務號、訂閱號不同的是，企業號有現實中正式社交關係的背書，因此獲得了更大的控制權、更多的自主空間。

微信企業號不僅僅服務於企業，只要是在現實中確有緊密聯繫需求的各類組織，如學校、機關單位，甚至是沒有營業執照的協會、公益組織、網路社區、企業架構中的一個部門，都可以申請微信企業號。在申請通過後，組織內部的成員可以在沒有互加好友的情況下搜索對方的微信，進行微信通話。組織內部的各個系統也可以實現統一入口，方便對接。

緊密型關係圈

微信企業號面向機構用戶，致力於增強機構內部溝通、機構內部與相關方的溝通。這些溝通需求的背後往往有現實中的緊密型關係圈支援，企業號因此具備一些區別於微信訂閱號、服務號的特殊設定。

例如微信企業號可以對連線對象劃範圍。在範圍內，企業可以根據溝通需求的不同對消息內容、傳遞方向、發送次數做自由組合，幾乎沒有限制。達成的效果就是資訊的定時、定點、定向發送。此功能只有在辦公領域中才會經常使用到。

總體上看，註冊企業號將獲得更高的管理許可權和更多的應用介面支持。透過這樣的設定，微信企業號可以幫助企事業單位在微信的大社交生態中聚合出一個緊密、層次分明的小關係圈。在這個緊密聯繫的小關係圈中，不僅有自己的員工，還有需要密切協調的其他關係，如供應商、客戶等。

功能型生態圈

微信企業號集成了微信強大的原生功能，如支付、語音、視頻。這些功能在企業號中發展出豐富變化。

一方面，依託緊密型關係圈，這些功能有了更多的玩法。例如支付功能，用戶可以透過企業號發起支付，款項直接進入企業帳戶。企業可以利用定時、定點、定向發送資訊的特點，派發微信紅包，進行微信轉帳，使用企業號對成員進行付款。另一方面，微信企業號還向企業軟體的協力廠商開發者開放軟體開發套件（SDK），後者可以將微信原生的圖片、語音等功能整合進自己的應用當中，著力打造實用、適用、好用的企業號辦公軟體生態。

可以說，微信企業號自身已經形成一個動態演進、互相競爭的生態圈。站在使用者的角度，微信企業號好比一個有無限空間的工具架，用戶可以從工具架上方便的取用、更新。在此基礎之上，微信企業號平台形成了一整套較為完善的解決方案體系。

連結組織生態

借助工作社交的高黏性、強需求，微信企業號順理成章的成為辦公領域的行動中樞、連結企業內外各相關方的核心平台。由輕到重，深度整合內外資源：站在辦公與社交重合的起點，微信企業號提供了一個輕量的總入口。通過這個輕量的總

入口，為後續功能複雜的重量級辦公應用導流。

由一般到個別，量身訂做的B端軟體系統：入口內部，是微信企業號日益豐富的協力廠商開發生態。圍繞微信企業號進行開發的服務商，不僅可以為企業號用戶提供模組化的功能套件，還可以根據不同用戶的不同需求進行客製化開發。使用者可以依照自己不同的業務模式與需求採購最適合自己的辦公軟體組合。

「互聯網＋」時代，組織機構管理的理想狀態，就是利用微信企業號針對緊密型關係的強力連結力，以自身為平台構建一個緊密相關的社群網路，在相關方的頻繁互動和交換中沉澱資料，在反覆運算分析中不斷升級，創造價值。讓每個機構都成為平台型、生態型組織，都成為大數據公司。

連結一切的生態布局

2015年，騰訊宣布公司未來的發展方向：騰訊只做兩件事，第一是連結器，第二是內容產業。連結，是一切可能性的基礎。騰訊致力於透過微信、QQ通信等平台，成為連接人與人、人與服務、人與設備的一個連結器。騰訊本身並不會介

入到很多的商業邏輯內,而是透過大量投資騰訊生態周邊的夥伴,實現最大限度的連結各個傳統產業,成為最好的連結器。

近年來,騰訊也在共享經濟領域進行了一些布局。歷經十餘載的發展,騰訊已經逐步成長為中國目前最大的互聯網綜合服務提供者之一。做為策略投資者,也開展了一系列「優勢互補、前瞻布局」的投資。共享經濟是促進網路創新重要的一環,我們願與所有投資人一起,把握未來發展趨勢,促進產業長遠的發展。

圖表23-1　共享經濟領域平台

共享經濟領域	投資企業代表	簡介
交通工具	滴滴出行	共享出行龍頭，獨角獸企業
	Lyft	美國排名第二叫車APP，累計完成融資10億多美元
空間	騰訊眾創空間	騰訊旗下，中國最大的創業平台
金融	人人貸	中國早期P2P借貸服務平台，服務2,000多個地區
二手交易	58轉轉	58趕集旗下個人閒置物品二手交易市場，超過300萬註冊人數，日成交額560萬人民幣
	人人車	汽車二手交易網站，準獨角獸企業，2014中國網路年度十大O2O企業
	天天拍車	網路二手車競拍平台，為個人賣車提供上門檢測、無線競拍、成交辦理的一站式賣車服務
物流群眾外包	物流QQ貨車幫	專業的物流配貨APP，物流QQ針對貨主端，貨車幫針對司機端
	人人快遞網	騰訊旗下，成立於2013年，國內首家群眾外包物流企業
	G7貨運人	針對貨物運輸和大宗物流，以車庫和人脈為核心的線上運輸採購平台
專業個人服務	榮昌e袋洗	準獨角獸企業，O2O洗衣產品，提供「小e管家」上門取送服務
醫療	掛號網	獨角獸企業，中國網路就醫服務平台
	妙手醫生	行動健康領域APP，提供醫患溝通、藥品到家和健康檔案管理服務
教育	瘋狂老師	中國大型O2O中小學課後輔導供應商，已完成B輪融資
自媒體	微信	騰訊旗下，即時通訊免費APP，用戶量已突破6億，功能涵蓋即時通訊、行動支付、公共平台等多種業務
	喜馬拉雅FM	中國知名音訊分享平台，定位為使用者原創內容模式，曾為中國第一音訊分享平台
	鬥魚TV	彈幕式直播分享網站，以遊戲直播為主，涵蓋體育、綜藝、娛樂等多種直播內容。已獲B輪融資
	企鵝FM	騰訊旗下，新型網路電台APP，提供線上試聽小說、音樂、新聞、娛樂八卦等音訊服務

第六篇

治理篇

強而有力的隱形推手

　　共享經濟之所以席捲全球，必須要歸功於一個看不見的推手：政府。為因應共享經濟帶來的新消費浪潮，各國政府因地制宜的推出不同的政策。儘管共享經濟在全球的發展呈現出區域間不平衡的樣態，儘管各國共享經濟又存在著自身發展的內在邏輯，但以目前各經濟體的政策來倒推其目的，又會發現其目的具有高度的一致性：推動共享經濟的發展。

　　以上內容便構成了如今全球共享經濟政策的基本面，即在推動共享經濟發展的目標引導下，透過差異性與同質性的政策，為在地、本國的共享經濟起步、永續發展提供動力，也即當今共享經濟政策發展的「一點兩面」，即促進共享經濟發展中心點，體現出政策的同質面與差異面。

　　如何分析基本面？可從以下三個層面開始解讀：國家策略層面、具體促進措施層面，以及監管層面。

　　第一，國家策略層面能夠直接反映出國家對共享經濟的態度。總體策略的提出，往往與相關地區、國家經濟、政治利益密切相關，也與相關領域的發展態勢高度關聯，而分析這種策略就能看出共享經濟在當地、國家的發展概況。根據分析來看，目前全球主要國家在共享經濟上主要採取積極應對的策略與策略組合。

第二，具體促進措施層面。具體促進措施是當地、國家在處理具體問題時的具體辦法，也是「一點兩面」中差異性與同質性的集中體現，分析具體的促進措施更能釐清各地區、各國的具體辦法，具象化的展現政策的區域與國別屬性，同時也能為政策制定者提供直接的借鑑例子。目前可以看出，各國在共享經濟的促進措施上採用了「五連環」的方式，大力推動共享經濟發展。

　　第三，監管層面。監管問題一直是新經濟形式出現後的焦點，是否應該監管、如何監管等問題也是政府需考慮的重點。而目前監管層面出現的是「一體兩翼」的特點。

第24章
各國的政策經驗

國家策略層面

從策略層面觀察各國、各地區的政策，總體而言，呈現出的趨勢是積極推動共享經濟的發展。歐盟透過單一數位市場策略，希望抓住共享經濟機遇，在數位經濟時代彎道超車；美國利用先發優勢，總體策略上呵護共享經濟發展；日韓等國也在積極探索，策略上為共享經濟發展保駕護航。

積極策略部署

歐洲諸國、日本、韓國等積極進行共享經濟的策略部署，利用策略定位、長遠規畫等方式，發展共享經濟，在策略上打出組合拳。

從策略定位角度看，歐盟將共享經濟列為歐盟單一數位市場計畫的重要組成元素，是歐盟內部資本要素、人員要素等自由流通的重要一環，也與歐盟單一數位市場策略遙相呼應。從

策略部署上看，共享經濟受到極大重視。自2015年起，歐盟核心機構，如歐洲議會、歐盟委員會相繼透過關鍵性文件對共享經濟的發展進行部署。例如2015年12月，歐洲議會發布對數位市場策略的立場文件，其中提到大力支持共享經濟發展。

在歐盟諸國中，英國對共享經濟的重視與定位顯得更為突出。2014年，英國政府提出了一項雄心勃勃的計畫：成為共享經濟的全球中心。緊接著，2015年3月，英國商業、創新與技術部發布了扶持共享經濟扶持的配套政策。英國對於共享經濟策略的重視，用「雄心勃勃」形容並不為過。英國期望將共享經濟當成開啟第二次大航海時代的契機，而第一次大航海時代的英國正是全球經濟的中心。此次英國如此龐大的策略意圖正能印證共享經濟的重要。

除了策略上對共享經濟進行重要定位，對共享經濟進行時間規畫也是如今各國的重要策略舉措。2016年，歐盟委員會宣稱將計畫提出一份「歐盟共享經濟議事日程」，為共享經濟的發展設定藍圖。歐盟藍圖的規畫可以比擬為歐洲的「五年計畫」，反映出歐盟對共享經濟的渴求，以及共享經濟在歐盟發展較為滯後的事實。一方面，共享經濟在今後的經濟發展中將會扮演更重要的角色，抓住共享經濟有助於在後危機時代驅動

區域經濟發展。另一方面，相較於已經具有成熟共享型企業的美國市場而言，歐盟共享經濟的相關企業顯得相對匱乏，如何後發制人、趕超美國，也是歐盟目前從策略上重視共享經濟的原因。

對共享經濟進行策略上的時間規畫並不是歐盟的「專屬」，同樣的，韓國政府也對共享經濟做了詳細的規畫。2015年12月，韓國企劃財政部首次宣布擬將共享經濟納入制度層面管理，並研究頒布「2016年經濟政策方向」，其中涵蓋共享經濟相關政策方案。2016年2月17日在青瓦台召開第九屆貿易投資振興會，政府將共享經濟納入4大新服務市場的開拓方案。2016年，韓國政府計畫將共享經濟在釜山、濟州島等自由區進行試點，到2017年，韓國計畫修改國家住宿業相關法律，使之合法化。

日本也進行了規畫。日本總務省在最新發布的2015年《資訊傳播白皮書》中明確將「共享經濟」列入「生命、資訊和傳播技術的未來」一章。白皮書中提到，在資訊時代，共享經濟已經成長為全球創新的起點。日本將會進一步整合資訊技術和社群媒體，在國內建立更安全的信用體系，進一步開發共享經濟的潛在市場。

　　上述國家和地區將共享經濟置於策略的優先重點，並採取積極部署各種策略措施的方式推動共享經濟在該國家和區域的發展。可看出各國在促進共享經濟發展上的策略思維，都希望能抓住共享經濟的浪潮，在數位經濟時代實現彎道超車。

　　具體觀察各國會發現，雖然共享經濟已經在上述國家萌芽，並開出一定的成果，但是，如要列舉結出的果實，會發覺並沒有如Uber、Airbnb之類發源於美國，進而影響世界的共享型企業。這表示，共享經濟在上述國家和地區的發展雖然已展現出足夠的潛力，但是仍需要更多的「推手」。因此，從多個面向出發，以打出「策略組合拳」的方式推動共享經濟發展最為妥當。

平衡策略應對

　　由於共享經濟市場發展的不同，美國的策略應對與以上諸國有所不同。其中美國較為突出的策略表現就是：針對共享經濟，美國貿易委員會向外界傳達出的基調，以不會妨礙創新卻能保護消費者的方式，監管這類新的商業模式。美國在策略上的平衡是以其市場發展做為基礎支撐，如今名列世界前茅的共享型企業中大多數都是美國公司，策略的定位應當從積極推動

轉為理性呵護為主。

和其他國家、地區不同，美國的策略定位看似稍顯薄弱，其實不然。因為，美國的共享經濟發展階段與其他國家、地區不同，依然可以從Uber和Airbnb等公司的發展中，一窺美國目前共享經濟發展的端倪。在市場競爭的基礎上，美國已經發展出數量眾多、品質優秀的共享型企業，共享經濟的發展需要的是呵護與引導。因為市場已經利用其自由競爭的法則，為共享經濟的發展開路了。因此，目前美國共享經濟策略上的應對就主要站在呵護的立場上，清理道路上的石子，並防範相應的風險。

總體而言，在制定策略時，需要和本國共享經濟發展階段相結合，因地制宜制定共享經濟策略。不過，也應當看到上述策略的共通性，即無論是積極推動或策略呵護，立足點都是促進共享經濟發展，這始終是策略措施的基本重點。

具體促進措施層面

所謂具體促進措施，是指各國政府推動共享經濟發展中所採取的措施，具有普遍共通性，且能夠有效帶動共享經濟發

展。當然,有些措施會具備本國特色,顯示出國別的差異。不過,就算相同的措施,在具體實施的過程中也存在差異。但無論是相同或有差異性的措施,都能對共享經濟的發展產生推動作用。

以下列舉五個具代表意義的措施進行分析。對推動共享經濟的發展而言,這五個措施猶如五個連環,共同提高對於共享經濟的認識,並採取試驗的立場探索共享經濟的發展,最後在達成經濟發展的同時又惠及公民的利益;五個措施一環扣一環,層層遞進,為共享經濟發展帶來更大的動能。

措施一:積極調查研究

共享經濟有其發展特點,對症下藥、量身訂做才能更有效促進其發展。就這一點來說,上述國家有著高度的一致性。

2013年歐洲經濟和社會委員會(European Economic and Social Committee)召開聽證會討論共享經濟,目的就是為了更了解共享經濟。而此次聽證會的另一項成果,就是成立共享經濟的產業組織 —— 歐洲共享經濟聯盟。該組織存在的一項重要目的就是市場調查研究、參與成員國相關政策制定的多邊會議,以及提供產業政策建議。

英國打從提出要成為共享經濟全球的中心後，就採取了大規模行動，這包括2014年9月英國商業、創新與技術部專門成立了一個調查小組，該小組主要對共享經濟進行全方位的分析，包括共享經濟為英國帶來的價值、傳統產業可能面臨的風險、共享經濟領域裡的相關法律法規，以及消費者權益保護等內容。

美國主要由聯邦貿易委員會負責分析共享經濟，從2015年開始聯邦貿易委員會就舉辦研討會，邀請美國知名學府相關領域的專家，聽取學者對於共享經濟的看法。除了聯邦層面的調查外，美國地方政府層面，美國無黨派的民權組織全國城市聯盟（NLC）也會針對共享經濟運行狀況做調查，積極探討共享經濟在各城市的發展狀況。

至於韓國，同樣也是由政府主導共享經濟的深度研究。由韓國的企畫財政部引導，開始和汽車共享、住宿等產業形式比較明顯的單位接觸，並對如何完善規制展開研究，目的在於能夠推動相關地域的示範產業。韓國企畫財政部不僅自主調查研究，也領導相關機構對共享經濟進行分析，例如2015年11月，企畫財政部和韓國開發研究院舉辦了主題為「共享經濟的擴散：爭論焦點與解決辦法」的論壇，由韓國與國際上的共享

經濟專家參與，探討了包括住宿、車輛、金融等共享經濟產業發展概況。

正如之前所述，共享經濟是新生事物，其發展具有自身特點。為了更有效促進其發展，在制定相關政策前需要對共享經濟做更深入的分析，「沒有調查就沒有發言權」。顯然，傳統的分析方式包括向專家、學者、產業單位等了解經驗，多方參與的討論顯得尤為必要。

措施二：推動公眾參與

共享經濟的發展註定會惠及百姓，例如交通類的共享經濟平台就是以更合理的價格、更貼心的服務便利民眾乘車。因此了解民眾對於共享經濟的意見至關重要，這也是參與式民主的重要形式。對此，歐盟和美國的選擇一致。

歐盟於2015年9月展開公眾諮詢，並於2016年3月將諮詢結果公布在網路上。諮詢內容涉及共享競技平台、公眾對於現有法規的意見，以及對於個人隱私的關注。美國對於民眾意見的了解主要是透過聯邦貿易委員會，由聯邦貿易委員會提供相應網路回饋管道，透過網路來了解民眾對共享經濟的看法。

當然，相關國家政府也會認真參考藉由諮詢得來的公民意

見，在推進共享經濟發展過程中，使經濟發展的果實能夠進一步惠及公民。由於人人都是共享經濟的參與者，共享經濟成果和公眾的關聯十分緊密，因而，想要更充分了解共享經濟，了解民眾對共享經濟的意見，保障民眾決策過程的參與權也十分重要。對共享經濟「望、聞、問、切」才能對症下藥。

措施三：鼓勵發展產業協會

就這一點來說，表現最突出的就是歐盟。共享經濟歸根到底是市場經濟的產物，透過產業協會管理與自律，不僅更有利於共享經濟的發展，而且更能夠適應共享經濟自身的特點。歐盟及英國在這方面的表現最為出色。2013年後，歐盟成立歐洲共享經濟聯盟，該聯盟的作用重大，媒體公關、市場調查研究、組織公共辯論等，盡力發揮對共享經濟的促進作用。

2015年3月，在英國政府推出共享經濟扶持政策的同時，由英國商業、創新與技術部主導，全英國最有影響力的20家共享型企業成立了一個共享經濟產業組織Sharing Economy UK（SEUK），該組織的目標有三：第一是宣導共享經濟。透過傳統和新興媒體，統一發聲，大力宣傳共享經濟的益處，並與政府緊密合作，遊說立法機構，推動共享經濟成為主流商業模

式，助長英國成為共享經濟的全球中心；第二是制定標準。會員企業依循一份行為準則，從維護共享經濟信譽、員工培訓和保障安全等方面著手，希望為所有英國共享型企業樹立清晰、必須遵從的價值標準和行為原則；第三是尋找對策。協會藉由支援研究專案、集結企業成功實例等方式，努力解決共享型企業共同遇到的問題和挑戰。

春江水暖鴨先知，產業協會處於產業的第一線，對於相關產業的了解最密切，加強產業自律最能體現該產業領域的利益。共享經濟歸根到底是市場經濟的產物，通過行業協會的管理與自律，不僅能更加有利於共享經濟的發展，而且能夠更加適應共享經濟自身的特點。

措施四：發展試點城市

由於全球對於共享經濟的認知尚不完善，除了探討理論之外，實踐也是獲取共享經濟相關知識的一項重要途徑。因此各國都採用劃分「試驗田」的方式，試行共享經濟的運作與監管等事項，如同劃出共享經濟的「特區」。

歐盟鼓勵各國對共享經濟展開試驗，並願意在各國試驗的基礎上進一步做推廣。更進一步鼓勵各國對國內城市進行試

點，例如2016年2月2日，荷蘭阿姆斯特丹加入共享型城市的行列，創業公司、社區中心、公立圖書館等多方單位參與，開展知識、資產到技能等領域的分享活動。此外，鼓勵借助「歐盟市長盟約」（EU Covenant of Mayors）或「智慧城市與社群歐洲創新夥伴計畫」（The European Innovation Partnership on Smart Cities and Communities）等城市之間的平台機制，集結和交流各地方城市在共享經濟上的經驗。

英國政府意識到共享經濟能夠以創新方法幫助城市解決社會和經濟挑戰，並推動當地發展。因此，英國政府決定2015到2016年在里茲市和大曼徹斯特區設立兩個實驗區，重點支援在交通、住宿和社會保障領域的共享經濟交易嘗試，如里茲市成立一個網路分享平台，分享的資產和服務包括：閒置的空間和設備，以及居民的各項專長和技能。

在美國，由全國城市聯盟自行開展合作，回饋各城市在共享經濟發展過程中的狀況，並且製作成報告供各城市進行學習。至於日本政府，則已經公布，從2016年1月開始，以東京都大田區為策略特區，開始實行 Airbnb 合法化，換句話說，一般的民宅可以直接有償租借給其他人住宿。

面對新生事物，政府採用劃特區的方式獲取相應訊息，既

能確保政策不落後於實際現況，也能確保將可能的不利影響控
制在一定範圍內。

措施五：漸進推動共享經濟

法律的制定要經過嚴格的程序，因而效力較高，具有很強
的執行力，但也有不易更改、容易落後於現實需求的問題。因
此面對新興事物，往往不會運用國家強制力保證實施，這種方
式也叫作「軟法」（soft law）。在面對共享經濟如此新的事物
時，歐盟便十分明智的採用「軟法」進行管理，十分契合共享
經濟。

歐盟即將頒出的共享經濟政策沒有採用條例、指令的形
式，而是採用指南的方式，可謂深思熟慮之後的明智之舉。一
方面，共享經濟正蓬勃發展，遠未到成熟定型的時候，這意味
著共享經濟仍處於不斷快速變化發展之中；另外一方面，共享
經濟的崛起對傳統經濟型態已經產生一定影響。因此，如果採
用條例和指令的方式，雖然法律效力層級更高，但過於剛性，
缺乏調整和轉圜的空間，既難以滿足共享經濟不斷變動的需
求，容易造成「一刀切」，也容易引發傳統經濟業態的反彈。

採用指南形式的好處在於，在劃定底線的同時，給與各國

自由發展共享經濟的彈性。比如在2015年9月，歐盟啟動共享經濟相關的公共諮詢時，歐盟委員會就明確表示，在該公共諮詢結果公布前，排除頒出法規來規範如Airbnb和Uber等共享型企業的可能性。

英國目前採取的也都是政策類的方式，並非採用成文法律對共享經濟進行規制，而且這些政策都是鼓勵性政策。英國政府逐步更新其政府採購適用範圍，讓共享經濟成為政府採購的選項之一，如從2015年秋季開始，英國政府官員履行公務時，可以選擇共享經濟中的住宿和交通運輸服務。與此同時，英國政府增加政府辦公資源的分享程度，如從2015年春季開始，英國稅務及海關總署開展了一個實驗專案，透過數位平台分享其閒置的文具、辦公用品、家具和IT設備。與之前的試點一樣，想要既促進相關領域的發展，又將共享經濟的安全等風險問題控制在一定範圍內，「軟法」治理無疑也是一種不錯的舉措。

上述五項具體措施的立足點，皆為促進共享經濟發展，形成環環相扣的五個連環。在一定程度上，也切合推動事物發展的一般規律：首先認識、然後實踐，再透過實踐獲得的認識，進一步讓認識更為周全，再以此指導實踐。能靈活機動運用這五項措施，對於共享經濟的發展具有重要的作用。

監管層面

一般對監管的理解，就是對事物進行管制，當中多帶有控制、約束的意味。然而也可以從另一種角度理解監管，即政府對待事物的處理策略。以下就是從這個角度出發看待各地區、國家的監管策略。具體來講，共包括三個面向的內容：市場准入、消費者保護，以及從業者保障。

市場准入

就市場准入而言，無論是美國或歐盟，都遵循一條途徑，即採取「底線」策略。所謂的底線策略就如同用政府行為為共享經濟的底部劃定一條線，在這條線之上的事情，共享經濟都可以去做。這對共享經濟無疑是極大的鼓勵。

歐盟透過兩個措施，打通共享經濟的准入環節：其一，將參與共享經濟的企業劃入平台企業的範疇之內，有助於從根本上釐清一些困擾共享經濟發展的法律爭議，如專車公司與司機是否屬於雇傭關係等；其二，〈歐盟服務業指令〉（EU Services Directive）全面適用於共享經濟，這大大有助於消除現有法律對共享經濟設置的准入門檻和壁壘，比如指令要求歐盟各成員

國確保其服務市場的自由准入和非歧視待遇，最重要的是取消了跨區域經營企業必須在營業地設立獨立分支機構的要求，也取消了對企業在其他成員國進行服務性經營必須向當地政府報批的要求。

美國在准入環節上的呈現，大多是地方政府的底線策略。科羅拉多州州長約翰‧希肯盧珀（John Hickenlooper）已經簽署法案授權交通運輸類分享交易的運行；加州公共事務委員會（California Public Utilities Commission）通過一項法規架構，使得交通運輸類分享交易的公司可以在該州境內合法營運。而奧斯汀、西雅圖、華盛頓等市政府也頒布政策明確允許交通運輸類分享交易平台運行；奧斯汀和舊金山政府還允許房屋類分享交易平台運作。這種形式表現為在共享經濟運行的道路中，清掃掉一切路障，允許共享經濟駕著快車迅速行駛。

市場准入是企業能夠開展業務的前提，如果市場准入的條件非常高，那麼能夠進入市場展開競爭的企業將少之又少。當前全球共享經濟發展中，市場准入障礙是一個核心障礙。目前全球主要國家和地區都意識到原有的市場准入制度對共享經濟的障礙，在市場准入方面不斷調整相關制度，以適應共享經濟發展。

消費者保護

共享經濟自誕生以來引發眾人關注的就是安全性問題，而且焦點著重在消費者的安全保護上。為了解決該問題，歐盟、美國等都採取從平台與從業者入手，解決該問題。歐盟借助監管平台仲介的條例指引，鼓勵共享經濟保險的發展，為共享經濟確立最低限度的安全和品質標準，從而讓消費者放心參與P2P分享活動。

以交通領域的共享經濟為例，英國和美國以監管來保護消費者的方式值得學習。例如英國將專車納入〈約租車法案〉（Private Hire Vehicles Act）管轄，同時對專車的車輛進行詳細的規定，包括車輛運行年限、年檢等。對專車平台進行管理，要求其商譽良好、公司無破產等負面資訊，公司管理層也無不稱職之處。對於司機也有嚴格要求，包括年齡要求、駕駛能力要求、身體健康要求，以及是否有違法、犯罪紀錄。同樣的，美國芝加哥也有相關條例對專車做出類似監管，間接保護消費者，包括車輛上要有顯著標識，駕駛員年齡、駕照符合規定，駕駛員無犯罪紀錄、無吊銷駕照紀錄，並完成平台培訓。

另外，專車平台應當對駕駛員資訊公開，而且應當方便殘

疾人士使用。美國加州為了應對網路約車這種共享經濟交易，從「管車、管人、管平台」三方面入手保障消費者權益。具體而言，加州公共事業委員會創設了一種新的公司類型，稱之為「交通網路公司」（Transportation Network Companies, TNC）。網路平台在加州運行僅需一張牌照；允許自用車使用平台提供服務；司機及車輛審核由TNC完成，TNC對於司機的年齡、駕照、培訓情況、背景調查、駕駛紀錄、保險等都有特殊要求，進而保障消費者安全。

總之，在共享經濟活動中，消費者保護的核心問題是安全問題。目前採用的監管模式是間接的事前監管，透過規範從業者和平台，確保消費者接受的服務或產品的品質，進而保護消費者。考量保護消費者時必須摒棄「泛安全化」思維，應透過具體的制度設計解決相關安全問題，促進共享經濟發展。

從業者保障

如何監管共享經濟的從業者，同時保證從業者的相關利益？這也是共享經濟政策中重要的一環，而此環節中，比較有代表性的舉措有兩項：保險制度與稅收優惠制度。

歐盟首先就提出要鼓勵共享經濟保險的發展。以專車為

例，在英國和美國芝加哥，都要求平台在經營時提供保險，其中芝加哥要求強制保險。保險的目的在於，若發生交通事故，該保險能夠對駕駛員進行賠補；或者針對駕駛員提起的訴訟或仲裁做出賠償判決，該保險能夠先行賠付。從風險分擔層面對從業者提供了一層保護。

經濟的發展必然帶來大量自雇勞動者。美國有自雇納稅人個人所得稅減免政策，台灣對自雇勞動者有社會保險政府補貼制度，此類制度讓共享經濟從業者享有與其他勞動者同等的權益和保障。

以上所反映出的本質監管思路是：給共享經濟放行，即無論共享經濟發展的樣態如何，盡量使共享經濟能夠在現行的體系下運作，同時掌握市場運行中可能出現問題的關鍵點，掃除障礙，為共享經濟發展鋪路。

第25章
中國的應對部署

總體的政策環境

在中國，政府首次提出「共享經濟」概念的文件，是在
2015年9月26日中國國務院發布的〈關於加快構建大眾創業萬
眾創新支撐平台的指導意見〉中。該文件指出：「在當前全球
共享經濟快速成長的大背景下，我國要壯大共享經濟，培育新
的經濟成長點，以把握發展機遇，匯聚經濟社會發展新動能；
同時，要推動整合利用分散閒置社會資源的共享經濟新型服務
模式，以激發創業創新活力。」

2015年10月29日，中國共產黨的第十八屆五中全會進一
步指出，中國要堅持創新發展，實施網路強國策略，實施「互
聯網＋」行動計畫，發展共享經濟。同日，發展共享經濟，促
進網際網路和經濟社會融合發展被納入〈中共中央關於制定國
民經濟和社會發展第13個5年規劃的建議〉。

2015年11月19日，中國國務院在〈關於積極發揮新消費

引領作用加快培育形成新供給新動力的指導意見〉中指出，中國要完善共享經濟，調整完善有利於新技術應用、個人化生產方式發展、智慧微電網等新基礎設施建設、「互聯網＋」廣泛拓展、使用權短期租賃等共享經濟模式成長的配套制度，以加強助推新興領域發展的制度保障。

2016年3月5日，中國總理李克強在〈政府工作報告〉中提出，中國將把發展共享經濟做為「十三五」時期的重大舉措，要推動新技術、新產業、新業態加快成長，以體制機制創新促進共享經濟發展，建設分享平台，做大高技術產業、現代服務業等新興產業集群，打造動力強勁的新引擎。同時報告指出，充分釋放整個社會創業創新潛能是中國政府2016年的工作重點，政府將著力實施創新驅動發展策略，促進科技與經濟深度融合，提高實體經濟的整體素質和競爭力。有鑑於此，中國需要發揮大眾創業、萬眾創新和「互聯網＋」集眾智匯眾力的乘數效應。打造眾創、眾包、眾扶、眾籌平台，構建大中小企業、高校、科研機構、創客多方協同的新型創業創新機制。支持共享經濟發展，提高資源利用效率，讓更多人參與進來、富裕起來。

從2015年中國政府文件中首次出現「發展共享經濟」概

念，到2016年〈政府工作報告〉中提出要促進和支持共享經濟發展；從2015年中央清楚指明發展共享經濟對中國培育新的經濟成長點具有重要意義，到2016年中央進一步提出共享經濟對實施「互聯網＋」行動、創新驅動發展策略，以及提高實體經濟的整體素質和競爭力的推動作用，都顯示發展共享經濟的重要性在中國已經提升到國家發展策略的等級了。

地方政府政策措施

目前，中國有一部分地方政府已經將發展共享經濟的推動政策，納入當地區政府未來的工作重點，其主要著力點放在市場准入監管與讓配套制度完備，目的是要為發展共享經濟營造寬鬆的制度空間。

◆在市場准入方面鼓勵融合創新

針對發展共享經濟涉及的市場准入監管，主要涉及對於可能的新市場主體和新的入市交易客體兩者的監管。

從目前中國地方政府推出的發展共享經濟的思路和具體指導性政策觀察，地方政府發展共享經濟的一個重要目的是：促

進傳統產業的轉型升級、利用創業創新培育新的經濟成長點。
因此對於市場主體的監管主要還是以原有市場監管架構為基礎
做調整，因應發展需求的創新。具體而言，不少地方政府將發
展共享經濟與實施「互聯網＋」行動並列，要求透過推動網際
網路與經濟社會融合發展的方式，構築發展的新優勢和新動
能，並開拓發展新空間。

這些方式包括：加快發展雲端運算、大數據、物聯網、行
動網路等，能夠與當前的製造業、農業、服務業深度融合，促
進電子商務、工業網路和網路金融健全發展，發展共享經濟。
許多地方政府將共享經濟模式視為是一種以互聯網思維為支撐
的新技術和新知識，認可其在推動傳統產業的轉型升級、對於
刺激經濟社會新潛力發展方面，將能夠產生積極影響。舉例來
說，北京市和南京市政府分別要求推動以網路為基礎的產業組
織、商業模式等創新，增進網路新理念、新技術、新模式與經
濟社會各領域深度融合發展，進而發展共享經濟、刺激經濟成
長的潛能。

另一方面，不少中國地方政府意識到共享經濟的模式或
許出現在各類資源的使用權短期租賃上，因此很可能為新的買
賣交易物件提供相對寬鬆的監管環境，配置相應的市場准入制

度。河北省、安徽省政府和大連市政府制定的相關經濟政策都明確提出，共享經濟模式主要會出現在「使用權短期租賃」。甘肅省政府和無錫市政府也指出，發展共享經濟的要義在於「整合利用分散閒置社會資源」。

值得注意的是，無錫市政府將「共享經濟」的定義寫入〈無錫市國民經濟和社會發展第13個5年規劃綱要〉，即不同人或組織之間對生產資料、產品、分銷管道、處於交易或消費過程中的商品和服務的分享，這從某種程度上反映出可能參與租賃的「使用權」和閒置的社會資源，既可能包括有形的生產資料和產品、商品，也可能包括無形的分銷管道或服務；既可能包括靜止的生產資料或產品，也可能包括那些正處於交易或消費過程中的商品或服務等。

有些地方政府提出了重點或優先支持共享經濟發展的領域，主要集中在能夠改善人民生活的服務產業。舉例來說，福建省政府提出在設備租賃、交通運輸、旅遊、房屋出租、體驗評價等領域提供新服務，以培育「互聯網＋」新業態。無錫市政府提出拓展共享經濟新領域，重點支援快遞物流、家事服務、教育培訓、媒體創意、租賃服務等領域。在以上列舉出的產業領域中，涉及的大多數交易物件（如機器設備、交通工

具、房屋、旅遊服務等）都已經受到一定程度的市場准入監管制度的規範，如何充分讓這些已經在首次交易活動中完成分配的資源順利進入二次或多次交易活動，需要政府對已有的市場准入制度進行適度調整。

◆從支援創業創新和升級消費結構刺激成長

發展共享經濟必須調動分散閒置的資源，因此需要透過因應的總體政策，引導大眾將手中的社會資源投入新的生產鏈中，同時也需要引導消費者接納這種新的產品供應來源和產品形式，形成健全良性的生產消費循環。因此，地方政府積極鼓勵大眾創業創新和升級消費結構。

具體而言，為鼓勵群眾匯聚智慧、互利共贏，積極分享手中閒置資源，進而推進大眾創業、萬眾創新，甘肅省政府提出要最大限度的利用大眾力量推動整合利用分散閒置社會資源的共享經濟模式，發展以社會服務為核心的電子商務平台，積極發展線上與線下連動的知識內容群眾外包，促進形成智慧彙集分享新模式。

在鼓勵廣大消費者接納共享經濟下的新消費模式、為共享經濟健全發展營造良性經濟循環方面，不少中國地方政府將

促進消費升級、增加中高端消費做為共享經濟發展的主要目標之一。而實現這一目標的主要途徑，在於利用共享經濟優化生產供給結構、實現供需雙方高效媒合的特點，打造群眾廣泛參與、互助互利的服務生態圈，拓展服務性網路消費領域。

◆積極制定配套制度進行監管

在市場秩序監管方面，許多中國地方政府在促進共享經濟發展過程中將本身的職責定位放在：為共享經濟成長提供配套制度、積極為強化產業模式創新提供制度保障，在劃定政府監管和市場機制的邊界上展現出克制。舉例來說，河北省政府要求所屬各責任單位調整完善的配套制度，讓制度有利於新技術應用、個人化生產方式發展、智慧微電網等新基礎設施建設、「互聯網＋」廣泛拓展、使用權短期租賃等共享經濟模式成長。

無錫市政府提出建立健全產業標準規範和規章制度，建構以信用為核心的新型市場監管機制，營造更寬鬆的政策環境。並建立健全各類網路分享平台，讓網路資訊安全體系完善，為共享經濟發展提供新動力。提出建立健全產業標準和規範監管共享經濟的發展，這就提高了各類市場經濟主體對政府政策和措施的預見性，有利於共享經濟參與者積極投資和消費，而政

府提出讓網路資訊安全體系完善，又進一步表現出政府將自身市場秩序監管職能限定為保護網路通訊安全等最重要的社會秩序價值，有助於降低市場交易成本和建立信任機制。

同時，無錫市政府還提出構建以信用為核心的新型市場監管機制。表現出政府對利用自身權力監管共享經濟市場秩序展現出克制的同時，積極推動市場聲譽機制的建立，試圖利用市場自律對分享市場秩序進行更即時和有效的監管。

市場監管問題

當前中國中央和地方政府都頒布了多項政策支持共享經濟發展，並對其發展的內容和形式給與了較大自由。然而，共享經濟在實際發展中面臨較大的市場監管法律適用上的障礙，具體可以概括為「一體兩翼」三個方面的內容：一體指的是共享經濟的市場准入存在障礙；兩翼指的是適用於共享經濟發展的消費者權益保護和從業者保障這兩方面的配套制度。

◆市場准入

設計合理的市場准入制度是共享經濟能夠繁榮發展的前提

條件，然而現行的市場准入結構體系不適用於共享經濟許多具
體形式的發展。這是因為共享經濟藉由社群化平台消除了市場
供需雙方的資訊不對稱，使得經過第一次交易進而退出流通管
道的資源，或者資源上附加的某種權能得以再次或多次進入經
濟循環。資源重新進入經濟循圈的過程直接或間接衝擊傳統的
市場准入規則，尤其是對那些實施特許經營的產業或領域產生
較大影響。

以專車載客服務為例，共享經濟產生前，自用車原本只供
車主個人或家庭使用；共享經濟產生後，自用車透過叫車平台
能讓任何有需要的個人租用，這就直接衝擊實施特許經營的計
程車業。對於是否允許自用車進行「專車」服務，目前存在兩
種觀點：支持者觀點認為，對專車進行市場准入監管應當嚴守
「法無明文禁止即自由」的原則，尊重技術和市場發展的客觀
需求，應當認可專車當做更有效資源配置的做法；抱持質疑觀
點者認為，自用車從事專車服務的合法化將降低計程車的市場
准入門檻，使原有的計程車特許經營制度歸於無效，可能導致
計程車業陷入無序經營的風險。

兩種不同的觀點反映在具體實踐中時，就出現兩種對專車
市場准入的監管態度和措施。2015 年 10 月 10 日中國交通部發

布〈網路預約出租汽車經營服務管理暫行辦法（徵求意見稿）〉（以下簡稱〈網約車管理暫行辦法意見稿〉）並向社會公開徵求意見，這份意見稿將網路預約計程車（專車）界定為出租客運性質，並試圖沿用監管計程車市場准入的方式監管「專車」，要求專車經營者必須在服務所在地擁有固定營業場所，並登記分支機構，同時應當根據經營區域向市級或者縣級道路運輸監管機構批准等。而另一方面，在〈網約車管理暫行辦法意見稿〉頒發之前，上海、義烏等城市就已經開始了專車營運合法化的試點：上海市向滴滴公司頒發國內首張約租車平台的許可證，並試行「政府管平台，平台管車輛和司機」的監管模式。

◆消費者保護

讓消費者權益保護相關的配套制度周全，可以在共享經濟發展過程中發揮保障交易安全的作用。網路時代下的徵信制度完善，能夠較有效的保護共享經濟中的消費者權益。這是因為共享經濟是陌生人之間的個人對個人資源交換，交易雙方對彼此履約能力的信任是交易能夠達成的直接原因，因此信用制度是共享經濟規範發展的前提和必要條件，也是共享經濟模式下消費者權益保護的第一道防線。分享平台透過審查交易雙方的

資格，並對其履約情況進行累計評分，能夠建立相對完善的徵信體系，保護消費者。

然而目前中國最完善的徵信資訊系統，包括以人民銀行徵信中心為代表的金融徵信、商業徵信，以及各類行政監管徵信（包括公安、工商、稅務、海關等），無法在分享平台上分享，大部分的徵信資訊主要依靠平台企業在營運過程中自行積累，但這種做法無疑讓分享平台難以在消費者進入交易前提供風險預警資訊。

◆從業者保障

共享經濟催生出了許多新興的勞力關係，制定適用於共享經濟的從業者保障配套制度，可以有助於推動共享經濟的發展。分享平台提供供需資訊，為從業者創造就業條件、擴大就業機會，同時平台上供需雙方互評機制有利於實現就業平等，這帶動了人們的勞力積極性和創造性，因此愈來愈多的個體從業者選擇自主創業，利用自己的知識和技能，透過網路平台提供服務來獲得收益，成為新型的自雇勞動者。但是如何保護這類從業者的權益，仍有待進一步探討。

全球共享經濟政策趨勢

分析目前世界上主要國家在共享經濟上的重要政策，對於未來的政策走向，有以下推斷：

◆更多國家將發展共享經濟視為國家策略

中共十八屆五中全會公報明確指出發展共享經濟，這是中國第一次將共享經濟寫入黨的全會決議中，象徵共享經濟正式列入黨和國家的策略規畫。此外，歐盟、美國、英國、法國、日本、韓國等也頒布多方政策，將支持、鼓勵發展共享經濟當成一項國家策略規畫。《第三次工業革命》作者傑瑞米‧里夫金曾經做出關於未來世界的三大預測，其中之一就是「協同共享經濟將顛覆許多世界大公司的運行模式」。因此，可以預見，將會有愈來愈多的國家祭出相關政策，推行改革，鼓勵共享經濟推動經濟發展，將其提升為國家策略等級。

◆調整法規適應共享經濟發展

共享經濟從住宿、交通運輸等產業，擴展至諸多傳統產業。但是，以Uber、Airbnb等為代表，在全球發展過程中，均

遭遇市場准入、安全等方面的障礙。Uber在其發展過程中，因平台、司機的資格和證照與安全等問題，多次遭到限制、取締甚至封殺；Airbnb在美國多個州引發稅收方面的爭議。造成共享經濟與制度衝突的主要原因在於，面對新興事物，政府監管思路傳統，另一方面是既有法律法規設定的准入門檻、符合規定的要求、勞動保護等，不利於共享經濟進入相關產業並做大做強。因此，創新監管思路、調整既有法律法規，就成為各國推動、鼓勵共享經濟發展的必然選擇。

◆從單一監管走向協同治理

從各國對共享經濟的管理來看，一個大的趨勢就是從單一監管朝協同治理演變。雖然治理與監管表面相似，其理念卻大相逕庭。監管多半更強調的是政府單方面的管理，而共享經濟根植於網路平台，更強調多元化的參與，不僅涉及政府最低限度的管理，也涵蓋企業、產業自律、消費者意識提高、公眾參與、社會監督等諸多因素。不僅如此，與一味強調政府監管相比，治理的理念更強調市場的力量，透過市場的充分競爭，可以達成監管的目的。因此，將針對傳統業態的監管規則繼續用於共享經濟，顯然是不可取的。在共享經濟發展初期，採用協

同治理的模式就成了一個必要的選擇，一方面需要確保最低的
安全和品質標準，另一方面必須為共享經濟的創新發展提供空
間。當市場和平台的失靈時，政府才必須介入監管，但當平台
可以透過自身政策合理控制相關風險時，就沒必要進行過度干
預和規制。

◆新型勞力關係有待制度建設

　　共享經濟平台面臨較多問題的部分就是：勞工權益。比
如，2015年6月，美國加州勞工委員會認定Uber的一名司機是
該公司的雇員，而非Uber一直主張的獨立承包人。中國〈網路
預約出租汽車經營服務管理暫行辦法（徵求意見稿）〉第十八
條也規定：「專車經營者與接入的駕駛員簽訂勞動合同。」這
一政策引發業界一片質疑和反對。事實上，平台和供應方、需
求方之間的關係，不同於傳統的雇主、雇員、消費者之間的關
係，雇主需要和雇員簽訂勞動契約，並為雇員的職務行為向消
費者承擔責任。如果繼續將傳統勞動關係放在共享經濟平台，
必然導致共享經濟平台又回歸到傳統商業組織了，造成共享
經濟喪失賴以生存的土壤。比方說，有的網路叫車公司有超過
100萬專車司機，如果要求其和所有司機簽訂勞動契約，無疑

會成為全球雇員最多的公司，而雇員最多的網路公司亞馬遜也不過10萬員工，相應的強制性勞動保障和福利將會讓其承受巨額經營成本，這對創業公司而言是致命一擊。因此，探索、創設新型勞資關係成為各國政府大力推動共享經濟的當務之急。

建議與對策

結合未來趨勢，中國可以如何應對？結合調查研究，我們內部探討後，初步思考如下：

◆從總體政策層面上，由監管朝向治理

中國共享經濟要實現大幅度發展，必須有與之相應的政府管理新理念。「監管」理念強調的更多的是政府單方面的管理，「治理」的理念更加強調市場的力量，通過市場的充分競爭，可以實現監管的目的。政府監管部門應該充分吸納市場參與者的意見，政策立法需要「開門立法」、「科學立法」、「民主立法」，多依循市場主導的思路，對共享經濟抱持更包容、鼓勵和促進的態度，站在更高的策略高度看待共享經濟對中國發展和轉型的意義。

在分眾產業的發展上，要以細分產業政策和行動計畫推動，建立共享經濟的「負面清單」制度。在共享經濟、「互聯網＋」等總體方面，中央政府和地方政府已經提出很多政策文件和行動計畫，但是在共享經濟比較活躍的交通、食宿、服務和勞動、零售、金融等領域，相關的扶持和鼓勵政策並不多見。例如，在監管障礙最多的交通運輸業，應當透過優化相關政策、法律法規等，建立共享經濟的負面清單，明確釐清共享經濟的「敏感」領域。在清單之外的產業，允許共享型企業自由進出，清除平台在准入許可、勞資關係等方面面臨的障礙。

◆在配套制度層面，加強完善貫徹

共享經濟的快速健全發展，離不開其他配套制度的支持。首先，完善徵信制度等配套制度，採用公眾諮詢、軟法治理等靈活制度，共同推進共享經濟發展。共享經濟建立在信任的基礎上，並且可以重塑社會信任。信用是共享經濟的「硬通貨」，市場的供需雙方必須建立互信關係，才會發生分享行為，才能達成交易。因此，一方面應大力發展徵信市場，加快社會徵信體系建設，推進各類信用資訊平台緊密連結，打破資訊孤島；加強信用紀錄、風險預警、違法失信行為等資訊資源

線上披露和共享，為經營者提供信用訊息查詢、企業網上身分認證等服務。

其次，必須進一步讓社會保障和福利機制完善，相關機構應為共享經濟參與者提供必要的保險和福利，提供共享經濟的就業指導，幫助求職者提高經驗、技術和收入。鼓勵共享經濟平台與保險機構合作成立賠付基金，或雙方合作提供保險產品等。可以透過周全的智慧財產權保護、引導資本市場給與資金扶持、鼓勵產業自律組織的組建等方式，共同促進共享經濟在我國的生根發芽，茁壯成長。

◆在監管層面，創新監管方式和手段

長期以來，中國政府監管理念深入人心。雖然治理與監管表面相似，其理念卻大不相同。監管強調的是政府單方面的管理，而互聯網治理則強調多元化的參與，不僅包括政府管理，也包括行業自律、企業參與、消費者意識提高等諸多因素。不僅如此，與一味強調政府監管相比，治理的理念更加強調市場的力量，通過市場的充分競爭，可以實現監管的目的。

差異化監管和適度性監管。差異化監管要求監管者針對具體問題具體分析，必須根據被監管對象本身的特點，尤其是面

對新生「商業物種」的商業模式、經營方式等與傳統不同，不能削足適履，強迫新事物符合舊的監管制度，而應在監管中鼓勵創新，寬容試錯。至於適度性監管，指的是監管機構要保持權力的謙遜，對於市場的創新，應該多交由市場規律來處理。

合理界定並解決安全問題。共享經濟這種新興的經濟業態和商業模式，存在一些安全問題，但空泛談論安全問題意義並不大，正確的解決思路可以是：第一，共享經濟的商業創新是否比傳統商業模式帶來更多安全問題；第二，新產生的安全問題是否可以透過配套制度解決。

◆透過多種形式賦與個體權能

共享經濟是以個體為中心的經濟，平台的中心化地位只是表面現象。只有個體在其知識、技能、信用等方面強大了，共享經濟才有未來。因此，政府必需透過多種方式賦與個體權能。首先，需要讓版權、商標、專利等在內的智慧財產權制度完善，確實保障參與共享經濟的個體的智慧成果。其次，共享經濟將個體從公司等傳統商業組織的束縛之中解脫出來。最後，要普及網際網路教育，消除數位經濟鴻溝，實現真正的全民共享共享經濟。

◆加快共享經濟所需的基礎設施建設

進一步加強寬頻基礎設施建設，加快調降資費，使更多人融入共享經濟平台，參與共享經濟服務。推出共享經濟示範城市，以城市為單位，通過統一分享平台，整合城市現有公私資源，有效調節供需矛盾。將共享經濟納入政府採購範疇，政府可以身作則，鼓勵各級機構使用共享經濟平台選擇合適差旅住宿和交通方案等服務。

第七篇

趨勢篇

萬事萬物皆可共享

關於共享經濟的未來，一直是許多研究者關注的焦點。我們認為，未來發展將會有以下幾大路徑：

目前共享經濟處於個人閒置資源分享階段，是以個體為基本單位，個人透過平台進行閒置資源的分享。共享經濟正從交通運輸和住宿領域，拓展到其他個人消費領域，將有助於服務業成為中國經濟成長的新動力。在服務業外，C2C個體分享拓展到能源、農業等領域，凡有剩餘，皆可分享，已逐步實現。

在3到5年內，將會全面進入企業閒置資源分享階段，以企業為基本單位，整合企業間的閒置資源進行分享，包括閒置產能和設施的共享。透過消化過剩產能帶來的生產革新也逐漸萌芽。

再往後看，未來5到10年，會進入公共閒置資源分享階段，目前已在局部萌芽，主要由政府帶頭，主導公共服務資源開放共享，例如：政府採購共享型服務、政府閒置資源分享、共享型公共交通等。

未來10到20年，會進入整個城市的閒置資源分享階段，目前海外已經有試點出現。以城市為單位，由政府統籌整合整個城市的閒置資源和分享主體。除公共服務的分享之外，還會統一規畫各產業共享型企業的布局。

　　目前世界各國高度重視發展共享經濟，許多政府提出鼓勵政策促進共享經濟發展。美國是共享經濟發展的源頭，做為產業源頭，美國有非常多的創業公司，政府也正致力於推動共享經濟的發展。英國政府2014年制定共享經濟計畫，旨在打造共享經濟的全球中心。韓國政府也在放鬆市場管制，提出發展共享經濟的示範城市。

第26章
個人共享再創新

　　短短三、五年間，中國共享經濟風潮，已經席捲交通運輸分享、空間分享、美食分享、金融分享、二手交易、物流眾包、專業或個人服務、醫療分享、教育分享、自媒體10大主流產業，超過30個子領域，創新了原有的商業型態，形成共享經濟的新玩法。

　　縱觀全球，共享經濟除了10大主流產業外，在其他服務領域，創新頻出。同時，農業、電力等傳統產業陣地，也開始出現共享經濟的星星之火。共享經濟強調去中心化，人人都是產銷者，個人服務是最小的載體，但整合起來，就能夠發揮最大的鏡面效應。這是一種新型的社會生產關係，正在諸多新興領域裡生根發芽。

新興共享服務

高科技設備租賃

　　一家名為KitSplit的新創公司試圖在科技設備的租賃服務市場尋找機會。產品製造者、工作室和個人都可以將設備短期租賃。網站上租賃的產品，以攝像類的設備為主，也包括其他的高階設備。目前網站上已有價值超過100萬美元的相機、無人機和其他高階設備。相較購買設備的高額價錢，150美元可以租一台DJI幻影無人機24小時，高階的RED Scarlet-X攝影機是395美元，而一副Google眼鏡是30美元，能夠以低成本滿足使用者的臨時性需求。

　　平台主打社群模式，在平台首頁能夠直接看到幾位物主的人物簡介，就像傳統社群平台一樣。同時也會有協議保障和社群平台帳戶綁定等機制，保障這類高階設備租賃的安全性。

出租教科書

　　Chegg被譽為「圖書租賃界的Netflix」，是一家靠出租教科書起家後來上市的美國公司。2003年，3個美國大學生創辦

了Chegg的前身Cheggpost，並在2007年正式更名為Chegg。美國大學生在教材購置上可謂費時、費力又費錢。首先，由於美國版權費用高昂，平均一個學生一個學期在新教材上的花費要將近1,000美元。而學期結束後，大學生會將這些已經失去價值的舊書轉手賣給回收舊書的書店，或是之後幾屆需要用到教材的學生。

而透過Chegg平台，學生以原價50%的價格租賃他們所需的教科書，然後在學期結束的時候將書寄回。一方面使舊書的沉沒成本獲取收益，另一方面也降低大學生的購買成本。因此，Chegg的成功實際上是看準了美國的教科書市場。起初Chegg的業務成長非常快，2008年到2010年，收入就從1,000萬美元，成長到1.5億美元，並於2013年上市。

隨後，Chegg也不斷進行業務的轉型，試圖擺脫單一的教科書租賃模式，以圖書業務為入口，打造一站式學生服務平台，如數位化學習服務、實習就業服務、學生中心等。

居家寄存服務

國外自助寄存服務已經很常見，通常是傳統的B2C業務，當然租金較貴，且位置偏遠。而美國的Roost則透過C2C的方

式開展，使用者可以將家裡的閒置物品以一種更好與輕鬆的方式寄存，甚至可以放入鄰居家的閒置空間內，包括地下室、車庫、閣樓或其他空間。

在Roost網站上可以按照地區、空間大小搜索合適的存放空間，也可提供兩種存取許可權：一種是用戶有鑰匙可隨時拿取物品；一種是用戶沒有鑰匙，但可以提前48小時告訴空間主人需要裡面的物品。

為保障將物品存放在陌生人家裡的安全，方便租戶判斷出租者的安全性和信任度，網站上會公布出租者的部分資訊，包括個人簡歷、評價資訊和信用等級等等。此外，為了防止發生如損壞、丟失等情況，雙方也會簽署保險協議。Roost也會控制交易過程和支付環節。Roost將用戶閒置的空間使用率進一步提升，如果不能用來住人，沒關係，也可以出租做為倉儲用途，同樣可以獲取收益。

Wi-Fi虛擬資源分享

Wi-Fi這種虛擬資源分享，在國外已經很常見。早在2007年，社群化Wi-Fi共用平台Fon就開始在歐洲營運，並於2013年進入美國市場，包括最近出現的Griggi，採取了與Fon類似

的營運機制。

用戶只需要購買Fon的專屬路由器La Fonera，就可以成為Fon公共熱點的營運者，並將自家Wi-Fi一部分頻寬隔離出來，用於Fon會員間免費分享，非Fon會員的用戶則可以付費使用，所得收益由Fon與會員分享。在過程中，Fon負責背後的計費系統等基礎設施，實際上扮演著Wi-Fi網路虛擬營運商的角色。

對中國而言，根據中國互聯網資訊中心發布的〈中國互聯網路發展狀況統計報告〉資料顯示，截至2015年6月，中國網民規模已達6.68億，手機網民規模已達5.94億，其中83.2%的網民曾透過Wi-Fi連上網路，使用單位和公共場所的Wi-Fi無線上網的比例分別為44.6%和42.4%，Wi-Fi已成為網民重要的連網方式。中國也已經出現了平安Wi-Fi合夥人、Wi-Fi萬能鑰匙等分享Wi-Fi熱點的應用，整體上還處於起步階段。

手工藝品交流

美國手工藝品電商Etsy成立於2005年，2015年4月上市，公司市值一度超過35億美元。截至2015年，Etsy擁有140萬賣家和1,980萬買家。Etsy自稱：我們不僅是一個集市，更是一

個藝術家、收藏家、創造者、思想者和手作者交流的大社區。
據統計，Esty 上的店家絕大多數為兼職上班族或自由工作者。

　　而 Etsy 與淘寶類大型電商網站的區別在於，其核心主要朝
個體手工藝者做手工限量製作的要求。Etsy 最大的特點是對於
手工藝品有高標準的要求。每件商品都是由設計者親自設計、
親手製作，並簽署姓名的。成批量產的商品絕不會出現在 Etsy
的商品中。這種規定絕不僅僅是理念，Etsy 在流程上，同樣這
樣實踐：Etsy 會追究手工藝品的歷史來源、製造商、原料，甚
至製作流程。如果商戶沒有參與製作，而是代理產品或工廠批
量生產，則會被 Etsy 拒絕。Etsy 專門成立一個部門對這些資訊
進行審核，確保產品均由手工製作且不侵權。此外，對於設計
者來說，Etsy 也是值得尊重的合作夥伴。他們尊重設計者的意
願，肯定其價值。

農業共享萌芽

　　新時代的經濟模式共享經濟，正進入世上最古老的產業：
農業。共享經濟在農業領域的變革，才剛剛開始。

水資源也可以分享

美國加州不僅是高科技、娛樂業的熱土，同時也有著高度發達的農業，有近8萬個農場，2013年農業產值達464億美元。全美超過1/3的蔬菜和2/3的水果及堅果是在加州生產。但是加州大部分地區正經歷嚴重的乾旱，有可能引發消費價格上漲、農業的萎縮，造成不可逆的環境問題。

按照美國聯邦法律和加州地方法律中對於水資源的規定，個人、團體或機構均不擁有水。人們只有透過合法登記、申請許可證或執照等方式才可以獲取適量的水。此外，由於加州法律對用不完已分配水量的農戶有相應的處罰措施，這會導致農戶為了避免受到懲罰而浪費水資源。

SWIIM公司與美國農業部、科羅拉多州立大學、猶他州立大學合作，經過5年的研究和開發創建一個系統，可以讓農民透過平台出租多餘的水。這套軟體首先根據特定環境中的農民經營情況量身訂做灌溉技術、作物清查等具體方案，幫助農民更有效的管理水資源。農民遵循指導成功節約水量後，可以經由向鄰居出售剩餘的水來增加收入。

SWIIM的執行長凱文·法蘭西（Kevin France）說：「對

農民來說，水是實實在在的產權，是最有價值的資產。我們是
在保護願意節約用水的農戶，在不浪費水的同時保證他們的用
水權不被削弱。」SWIIM平台目前在科羅拉多州投入使用，但
不久將被擴展到美國的其他地方，包括加州。公司與美國西部
種植者協會（WGA）達成協議，進行SWIIM系統在加州少數
地區的試點。

閒置農業設備共享

　　專注於農業技術轉型領域的Farmlink平台，於2015年推出
MachineryLink分享計畫，以網路的農業設備共享為主。根據
美國農業部2012年的調查顯示，農民擁有2,000多億美元的機
械設備，但是農業生產通常具有季節性，設備經常在一年的其
他時間閒置。

　　然而，隨著大宗商品價格下滑和農場的利潤下降，2015
年8月發布的一份美國農業部報告，顯示2015年農場的利潤是
583億美元，創下2006年以來的最低，農民渴望能夠更高效和
經濟的利用農業重型設備，因為購買和維護這些設備花了成千
上萬美元。

　　FarmLink總裁傑夫‧德馬（Jeff Dema）認為，Machinery

Link是農業市場的Airbnb。他說：「農藥噴霧器一年平均操作時間不到60天，但對零售商和農民來說是一項昂貴的投資。共享經濟模式將為設備帶來更豐厚的利潤，提高農業產業的現金流和投資機會。」平台致力於幫助農民利用收穫季節峰值的差異性在淡季向數百公里之外的種植者出租閒置設備。平台還提供重型設備的運輸服務，排除了設備共享的一個主要障礙。

使用該平台的方式很簡單，農民把想要出租的設備資訊和照片放在網站上。其他農民可以在網站上申請在特定的時間租賃該設備，所有者可以批准或拒絕租賃，並透過網站來管理預訂、運輸和計費。所有者可以設定價格，一旦交易確定，平台收取交易價格15%的費用，由所有者和租賃者分攤。除了美國之外，歐洲也開始關注農業設備領域的分享。2015年AGRISHARES平台在歐洲的塞爾維亞成立，旨在建立一個農業的共享經濟市場。平台可以線上媒合租賃者的需求和所有者的閒置資源，不限於實物資產或機械，還可以提供服務，或純粹的資源，如人力或物力。

透過農業設備共享模式，承租人將隨選租用設備，同時減少了所有權負擔；對於出租人而言，可以增加投入的靈活性，提升現金流和收入。整體上增加現有的農業機械、設備和其他

資源的使用情況，優化效率和降低雙方的成本。正如傑夫‧德馬所說：「提高生產力的機會，在這個產業是龐大的。」

能源共享實現

除農業C2C外，在能源領域，關於共享經濟有很多假想，例如新能源電動車的充電樁共享。分享自家閒置的充電樁，就能解決電動車充電不便捷的難題。在海外，關於能源領域的分享，已經有企業付諸實踐。

Yeloha成立於2015年4月，是一家美國波士頓的新創企業，讓太陽能共享成為可能。Yeloha商業模式為媒合「太陽主人」（sun host）與「太陽夥伴」（sunpartner）。太陽主人免費提供他們的屋頂，進行太陽能發電面板的安裝，太陽能產生的所有電量會送入正規的電力網絡，儀錶會追蹤生產了多少太陽能電力。太陽主人獲得一定比例的免費電力使用，剩餘的電力會分享給太陽夥伴。

太陽夥伴需要訂購太陽能電費，Yeloha的訂購價是一個太陽能面板每年65美元，保證產生336千瓦時的電力。如果一個家庭每月電力帳單是120美元，每年需要購買20個太陽能板

因應所有的電力成本。而20個太陽能板，一年的帳單為1,300
美元，相較一般的電費，大約節省10%。這個計畫在2015年
4月份正式啟動以來，Yeloha將在數百個城市的成千上萬的人
與太陽能相連。Yeloha的合夥創辦人阿米特‧羅斯納（Amit
Rosner）說：「這聽起來很瘋狂，但我們真的需要太陽能電池
板無處不在。沒有藉口今天不使用太陽能。」

　　美國能源部的國家可再生能源實驗室（NREL）認為，雖
然目前共享太陽能僅占太陽能市場總額的一小部分，但這種商
業模式變得愈來愈受歡迎。在美國已經有更多的計畫上路，國
家透過法律來支持共享太陽能，公共事業部對於這種模式也變
得愈來愈有興趣。

　　而另一家荷蘭創業企業Vandebron則選擇了另一種經營模
式：支援客戶不透過公用電力公司，而是直接向獨立發電者
（如安裝發電機的農場主）買電。目前這個平台上有12個生產
商，一共能產生夠20,000個家庭使用的電力。

　　Vandebron的創辦人創辦這個平台的最初目的只是想讓消
費者能夠繞過公用電力公司，而直接向擁有風力發電能力的農
場主購買能源。舉例來說，卡迪克夫婦是一對位於荷蘭北部的
農場主。他們的發電機能夠產生供600戶人家使用的電力，他

們便可以選擇將剩餘電力資訊登記在平台上，如果有買家覺得價格合適，就可以在平台上直接購買電力。

Vandebron並不會在買賣交易中抽取費用。具體的電力交易價格是由買家和賣家自主決定的，而平台只會按月份收取註冊費用。而對於賣家來說，他們也可以按照自己的要求自主選擇買家。

全球3D列印共享

3D列印是製造業共享經濟的重要一環，以3D列印設備為核心的眾多「微型工廠」使數百萬小型參與者聚集一起，形成全球性協同分享系統。

3D Hubs成立於2013年，總部在阿姆斯特丹。建立了3D列印機共享服務平台，目標就是連結3D列印機所有者和需要設備的人們，在全球打造一個3D列印的共享網路。目前3D Hubs網路囊括27,500個以上的全球3D列印服務據點，為超過150個國家的10億用戶提供離家約16公里範圍內的3D列印服務，服務範圍將近世界人口的15%。在中國也有多家3D列印在該網站註冊。

3D Hubs的操作流程十分簡單，使用者只需要上傳3D列印模型，選擇列印的材料，隨選可用的本地設備，填上收貨地址並付費，身為出租者的印表機機主就可以接受訂單，並列印產品，寄送給用戶。

相較集中式的3D列印服務商Shapeways，3D Hubs是全球領先的分散式3D列印社區，對於交貨速度非常自信：「我們的速度很快，從拿到訂單到交寄，這段平均交貨時間只需要1.2天。而像我們的競爭者Shapeways則需要一週時間準備列印的材料，而特殊的材料甚至需要更長的時間。」3D Hubs的腳步並沒有停止，於2015年10月推出了一項名為3D Hubs HD的新服務，連結了世界各地的工業級3D印表機，滿足用戶更廣泛的3D列印需求。

分散式3D列印不僅在國外成為一種風潮，在中國也有新創企業開始進入這塊市場。3D列印是製造業未來核心發展的重點，據資訊技術研究和分析公司高德納（Gartner）預測，全球的3D列印市場將從2015年的16億美元成長到2018年134億美元，複合年成長率達到103.1%。

分散式3D列印這種共享經濟的理念，使3D列印機擁有者可以提供遍及各地的可選3D列印機，有助於收回機器成本，

減緩機器折舊。需求者在下單過程中，可以就近選擇自己身邊的列印機，並讓列印的過程變得更透明、可控制。

　　歐巴馬也在2014年的國情咨文演講中強調了3D列印技術的重要性：「製造業在經歷了10多年就業人數不斷減少之後，過去3年就業人數增加了50萬。這一發展趨勢值得慶賀。去年，我們在俄亥俄州揚斯敦（Youngstown）成立了首間製造創新中心。有間曾經關閉的倉庫現在成了一流的實驗室，許多新人在這裡研發3D列印技術，3D列印為我們製造產品的方式帶來新的革命。這在其他地方也可實現。」

第27章
企業共享新風向

　　共享經濟新的商機出現，除了C2C的如火如荼，B2B也開始悄然發展，跨越多個領域，從辦公場所到閒置的機器設備都有B2B分享的身影。企業閒置資源分享，主要指企業分享其閒置資產（包含空間或生產線上的設備），或者分享產能、行銷等資源，實現生產共享和協作雙贏。一方面幫助供方企業在資產閒置期間提高收入，另一方面幫助需求企業「以租代買」降低生產營運成本，更促進了企業虛擬化運作。公司向企業出租設備的做法一直以來都存在，出租的物品可以從影印機到推土機；但這裡的新機遇是指企業利用自己的閒置設備或產能開展租賃業務，目的是為了提高使用率。在過去，使閒置設備產生額外價值的主要方式是出售，而共享經濟平台出現，則提供了其他的選擇。

　　對於共享經濟模式下的供方企業而言，本身不擁有資產，企業是透過協調海量的社會閒置資源做為供方來滿足需方。在

這種情況下，企業提供服務的邊際成本很低，當交易無限次增加時，邊際成本最終會趨近於零。如果某一家企業有一季沒贏利，他們可以輕易的減少其臨時性勞動力的規模，或者減少購買一些設備的新契約。對於企業而言，共享經濟能夠以隨選的方式為企業提供服務與資源，防止不必要的花費。企業只需要支付他們所需要的成本即可，同時也有助於提高效率，企業可以專注自己的強項，然後把其他弱項外包出去。

共享經濟的這種輕經濟特性，能夠促使參與其中的企業玩家，具備因「輕」而擁有的一系列優勢：快速領跑市場的潛力、貼合市場需求的韌性及豐厚的資本回報率。從概念來講，在工業B2B模式的使用方面，類似的模式一直存在。從本質上來說，B2B都是隱藏在「契約製造」（contract manufacturing），以及各種外包形式（如設計、維護方面）下的核心理念。

對於C2C的分享而言，個體之間的信任非常重要；而對於B2B的分享而言，分享設施或產能，則是關注於分享品質及所帶來的最終用戶體驗。目前，企業級共享經濟已深入到企業價值鏈的多個環節，包括採購環節的設備以租代買，生產環節傳統的代工廠線上化，發貨環節的運輸和倉儲共享及行銷環節的

行銷活動共享、辦公空間共享、專利共享，以及將C2C運用到商旅市場服務等多個領域。

生產設備共享

荷蘭的Floow2成立於2012年初，是企業級共享市場，針對建築、運輸、農林業企業經營中可能出現的機器閒置狀況，Floow2提供網絡平台，方便企業間租用器械，以及提供人力。平台會在供應鏈的各個層面，幫助企業提高效率和永續性。Floow2在荷蘭和德國首次推出時主要焦點放在重型設備。該公司的網站上提供了2.5萬項以上的產品，目前處於全球化快速擴張進程中。

通過和Floow2合作，可以利用那些遭企業閒置的機器，利用沉沒成本獲取收益。這也給其他公司以租賃價格獲得所需設備的機會，不必投資和擁有該設備。另一方面，企業間的租借費用也比一般租借公司的便宜，能夠降低企業的生產營運成本。幫助新創公司減少市場上的進入壁壘，創業公司可以全力投入核心業務的營運中，而不必過多投資於使用設備。

Floow2企業的執行長威爾·羅本（Will Robben）曾指出：

「我活躍在重型設備的生產領域多年。我注意到，客戶不斷購買新設備，而相同的設備卻在幾英里外閒置。原物料被浪費了，公司資金也浪費了，供給和需求其實可以在網路平台上聚集。Floow2主要解決了三大問題：一、我們幫助出租的企業增加收入；二、我們幫助租賃的企業以共享代替擁有，減少投資成本；三、我們停止消耗世界的原料來源。平台自2012年成立以來，受到很多國家和國際媒體的注意，愈來愈多的建築和農業公司加入我們的平台。」

醫療設備共享

號稱「醫療設備領域的Uber」的新創企業Cohealo成立於2011年，共同創辦人馬克‧斯勞特（Mark A.Slaughter）曾經賣過微創手術機器人和腹腔鏡手術設備。Cohealo的想法源自於他的經歷：看到那些昂貴的設備只是放在醫院儲存於壁櫥。

Colealo讓各地的醫院可以分享彼此昂貴的醫療器械，如核磁共振儀、電腦斷層掃描儀等設備。這種B2B共享經濟的模式，將醫院臨床資產的閒置能力轉化為利潤，平台提供一個集中化管控的雲端平台追蹤註冊醫院的設備，使醫院的臨床營運

團隊可以在平台搜索、預訂所需設備，並保障設備運輸的安全性，同時能夠提供設備的數據分析報告，以便醫院更有效部署資金和設備，解決真正的臨床需求，進而使醫療機構可以更經濟的管理資源，讓他們最昂貴的醫療設備物盡其用，給與臨床醫生更多的技術支援，為病人提供更好的體驗。

在Cohealo公司的網站上，明確闡示公司的使命：「我們將焦點集中在大量沒有充分發揮效能的醫療設備上。醫療保健系統通常每年花費數千萬美元用於設備的購買和租賃。然而，平均使用率42%意味著大多數設備處於閒置狀態。一家醫院的新脊椎外科手術台可能布滿灰塵，而附近的一所醫院由於設備問題取消手術，或者送走患者。我們的解決方案結合技術平台和物流支援，讓醫療設備隨時隨地都能隨選取得。有些人稱我們的做法為共享經濟或協作消費。對我們來說，讓世上每位病患得到最好的醫療技術是我們的使命。」

建築設備共享

Yard Club成立於2013年，是舊金山新創公司，允許承包商彼此租賃機械設備。建築設備租賃已經是每年近400億美元

的產業，但是Yard Club正試圖建立一個更成熟的線上平台。建
築承包商必須在業務前期做大量投資，且不確定多少設備將用
於未來。因為承包商的工作經常不穩定，可能某幾個月有很多
案子，其他月份就處於閒置狀態。因此，在建築業，挖掘機、
推土機之類的重機具在專案之間往往是閒置的狀態。

　　Yard Club旨在幫助承包商和建築公司將他們的設備價值物
盡其用，提升其使用率，使承包商可以出租他們的閒置設備，
而當自己的生意比預期要好時，租賃其他承包商的設備。Yard
Club的創辦人兼執行長柯林‧艾弗朗（Colin Evran）認為：
「這是一場完美風暴。我們看到共享經濟在C2C的產業已經立
足，但我相信這可以在B2B領域產生更大的影響，如建築、農
業和製造業等任何必須在前期投資重型機具的產業。」

　　2015年，大型建築設備製造商開拓重工（Caterpillar）在
美國宣布向Yard Club提供策略融資。開拓重工公司負責分析和
創新部門的副總葛雷格‧佛利（Greg Folley）認為：「點對點
技術改變了交通和住宿等其他產業，而Yard Club針對建築設備
產業開發了類似的創新解決方案。為什麼我們的客戶不能進行
所有權的共享，提高效率和降低成本？」

　　建築設備經銷商可以將分享模式當成加強客戶關係的另一

個途徑，透過增加重型設備的使用率和降低設備所有權的總成本，與前面提到的傳統企業轉型是同樣道理的。

物流共享

倉儲和運輸構成了物流的核心環節。物流的共享經濟模式早已存在，因為物流受季節性波動影響較大。豐收時節，農民會外租倉庫儲存農產品，或者果農外包車隊運輸售賣。而共享經濟模式下，B2B的運輸和倉儲可以朝平台化發展。

運輸能力共享

Cargomatic號稱「卡車運輸界的Uber」，致力連結運貨商與有資格認證的貨車司機，建立初衷是要解決貨車載貨不滿、運貨商耗費大量成本尋找貨車，以及無法追蹤貨物等問題。

運貨商只需登錄Cargomatic官網，登記所要運輸的貨物、所在地、運往地，以及要求何時到達，平台就會給出價格，一旦運貨商接受了該價格，該訂單就會出現在平台上。當貨車上有多餘空間，貨運司機就可以在平台上選擇符合自己貨車運輸力且同方向的訂單，充分利用貨車閒置空間，同時運貨商可以

及時監控貨物狀態。

目前該平台主要是在舊金山、洛杉磯和紐約市提供服務，因其短途貨運的定位，所以該平台僅接受商業區的短途訂單。為保障運輸質量，運貨司機必須以公司名義進行註冊，這個要求是要保證司機具有保險、貨運執照和相關許可。這種共享運輸運力的模式，不僅可以幫助卡車司機賺更多的錢，還能提高整體貨運效率。中國類似的貨運共享平台也已出現。

倉儲空間共享

除了運輸環節，倉儲環節同樣可以開展B2B的共享。倉儲管理平台Flexe公司表示，企業業務總是處於動態變化中，而傳統的倉儲空間配置方式卻一成不變，有些企業倉儲空間短缺，有些企業卻有太多閒置，就像C2C的Airbnb和Uber一樣，Flexe是B2B的倉庫資源分享平台，連結有閒置儲位的出租者和有額外倉庫空間需求的承租者。

Flexe分享美國200個以上的倉庫，遍及45個主要市場，平台上共40萬個的倉儲位占地面積超過28萬坪。對買方來說，當企業需要倉庫來倉儲貨物時，就可以登錄平台按照自己特定的需求來搜索最為合適的倉庫，進而方便而高效的解決企

業庫存問題。而對於賣方來說，只需登錄平台，註冊倉庫的具體屬性和倉儲資訊，並且接受平台統一提供的報價，操作非常簡單。他們能夠以較低的成本提高私有倉庫的使用率，並且賺得額外收益。

行銷共享

　　來自英國的 Brand Gathering 是一個線上平台，協助企業間聯合運作行銷和品牌活動，不僅讓企業減少投入，還可以互相借用網路和客戶。Brand Gathering 公司設立的目標是為了幫助新創公司免費獲得新客戶，提高銷售量。免費的意思是，新創公司推廣自身品牌不是透過耗費大量成本的傳統廣告形式，而是透過與其他品牌進行合作行銷，既節省行銷成本又成功達到行銷效果。新品牌透過 Brand Gathering 進行品牌推廣，需要以下三步：

　　第一步，尋找合作夥伴。透過 Brandmatch 工具，根據會員資訊媒合到具相同客戶定位的品牌合作方。會員也可以在網站上瀏覽其他品牌發布的近期活動計畫，尋找適合自己品牌推廣的活動。

第二步，**聯繫潛在合作方。**利用ProposalBuilder回覆潛在合作方發布的活動公告，或者直接聯繫想要合作的品牌公司，將自己的行銷方案告知對方。

第三步，**開始合作。**雙方合作進行具體活動時可以向Brand Gathering尋求建議，其ControlPanel工具幫助會員追蹤活動任務，並幫助規畫活動安排、提供品牌行銷建議等。

專利共享

智慧財產權、人才和品牌，總共占全球公司大約80％的價值。然而，在美國申請專利最多的公司，如BMW、三星、佳能、索尼和微軟等，僅2013年的專利申請就超過21,000項，但由於投資成本過高，只有小部分製成產品並推向市場。

傳統企業間也可以展開無形資產的共享，例如通用電氣與創意生產平台Quirky曾帶頭合作了一項線上社群發明共享，Quirky的發明家有權使用通用電氣的專利和技術，生產合資產品，如：智慧遙控窗戶空調、可以設置為追蹤運動、聲音和光線的家庭監控器、Pivot變形插座等。

企業共享進駐商旅市場

商旅市場正成為共享經濟的下一個征途。2014年，共享經濟兩大代表Uber、Airbnb紛紛將業務範圍擴展到商旅市場。對於企業而言，除了成本之外，還可以迎合出差人員的喜好、考慮辦公便利方面的因素。

美國明尼蘇達州的旅遊領導集團（Travel Leaders Group）調查資料顯示，商務旅客當前使用共享經濟服務的比例較過往更高。超過40%的旅行社表示，客戶對標準住宿以外的備選住宿供應商感興趣。2/3的專營商旅的旅行社表示，客戶已要求使用隨選服務的運輸服務。

Uber公司2014年推出一項專門針對公司使用者的叫車服務Uber for Business，是與專業的差旅管理服務業者Concur的合作計畫，Concur的解決方案涵蓋了《財富》100強70%的公司。企業在Uber網站上註冊，員工可以同時擁有私人Uber帳號和公務帳號，因公叫車時會切換為公務帳號，連上Concur帳號後，叫車消費的帳單能夠直接進入報銷程式，完全不需要先墊付、再報銷。

除了Uber，Airbnb公司2014年中旬也與Concur合作，向

商旅業務進軍。當商旅用戶在Airbnb上搜索住處時，提供給他們的，將會是更契合需求的住宿服務，如：一整套公寓，配有Wi-Fi設施，並且符合公司在差旅上的費用政策。這對客戶與房東顯然是雙贏的局面，商旅客戶不必再面對標準化的商務旅館，可以在Airbnb隨選個性人化和便利性的住宿；而Airbnb的房東，將迎來一個更大的租客族群。

在中國，滴滴出行也於2015年初推出企業版。企業版上線半年，已有5,011家企業開通了滴滴企業版帳戶，超過60萬人次使用滴滴企業版提供的乘車服務。「下車不付錢，月底不貼票」是最受員工歡迎的功能。

中國攜程商旅市場部負責人表示，共享經濟進入中國的差旅管理體系要滿足三個條件：政策完善、技術成熟和客戶有需求。目前最大的障礙是政策壁壘，中國對於共享經濟的法規政策還處於探索階段，發票、合規問題等尚未解決；在技術方面，相信這對於大部分專業的差旅管理機構而言並不困難；共享經濟的確給效率至上的商務人士帶來便利，但企業的差旅政策是否允許，也是一個很重要的因素。如果能具備以上條件，相信中國的商旅管理產業很快也能成為共享經濟的受益者。

B2B企業間的共享，象徵一種商業典型模式的轉變，企業

不再一定要擁有設備，也不再單純依賴與大型供應商的關係，而是根據隨選取得許多小供應商的資源，以一種虛擬企業的方式來協同工作和運轉。事實上，B2B正要迎來發展的黃金期。目前在B2B共享領域上領先的企業有Floow2等企業，而在未來，B2B平台必定會迎來更多的企業，這些企業能夠提供更多元化的經營專案和服務，無論是有形資產或無形資產都可以通過B2B的方式進行分享。同時企業數量的增加也會促進企業之間分享更多的資產，可以說B2B的前景十分廣闊。

正如Floow2創辦人基姆‧特喬亞（Kim Tjoa）所認為：「我預見到共享經濟成為未來重要的一環。世上任何事業少了有用資源共享就再也無法做下去了。Floow2是永續發展的，在帶來經濟利益的同時，加強了組織和人與人之間的社會凝聚力。這會創造多重價值。」

第28章
公共領域共享萌芽

　　公共領域的分享其實離大家不遠，在我們身邊早就發生。中國財訊傳媒集團（SEEC）策略長段永朝曾提過一個案例：上海有個平台，匯集全市400餘家大學、企業、科研院所，7,000餘台大型科學儀器設備設施，開放社會共享使用、提供儀器數據展示、檢測等服務。

　　加盟該研發平台的大型儀器設施單位，只要對社會開放共享服務，每年還能夠依據〈上海市促進大型科學儀器設施共享規定〉領取「共享服務資金獎勵」。這個平台叫「上海研發公共服務平台」，運行好多年了，效果非常好。在上海註冊的中小企業，如果使用加盟研發平台的大型儀器設施，進行科技創新活動，產生具體費用，可享受市財政給與的資金補貼。

　　這是公共資源分享的典型案例。建置上海研發公共服務平台是〈上海實施科教興市戰略行動綱要〉明確提出的一項策略任務。在該平台簡介中可以看到資源分享的範圍：研發平台是

運用資訊、網路等現代技術構建的開放科技基礎設施和公共服務體系，由科學數據共享、科技文獻服務、儀器設施共享、資源條件保障、試驗基地協作、專業技術服務、產業檢測服務、技術轉移服務、創業育成服務和管理決策支援十大系統組成。

　　從城市建設的角度來看，公共資源分享顯然有利於提升城市的國際競爭力。共享經濟同樣會滲透到政府和城市公共服務領域，儘管進展仍較緩慢，但是政府已經紛紛開始擁抱共享經濟。無論是政府革新採購規定，還是積極推動政府機構閒置資源的分享，抑或主導城市公共服務資源的共享，都意味著共享經濟從個人到企業，離整個城市的共享型系統又近了一步。

政府採購的機遇

　　中國國家公車改革正循序推進的展開，據統計顯示，截至2015年11月底，中國27個省（區、市）的公車改革方案已經獲得批覆，取消公務車73.9萬輛，改革前公務車總數是163.3萬輛，壓減比例達45.22%。

　　在這種趨勢下，地方政府積極回應政策號召，以節能減碳、提高經濟效能為前提，借助行動網路的途徑尋找解決方

案。而共享經濟，為政府公務車改革提供有效途徑。利用共享
經濟平台代替傳統服務，在其他國家已經有許多實踐的代表案
例。舉例來說，2010年英國克羅伊登理事會通過決議，開始與
Zipcar合作，讓汽車俱樂部成員代替政府車隊，並在上班時間
為其開闢專用車道。其餘時間則允許當地居民參與使用。

　　由美國達拉斯市政府主導，與租車應用Zipcar、停車應用
ParkMe、支付應用PayByPhone三家公司達成合作，在平台上
共享資源、用戶、資料，為當地居民提供智慧乘車的環境。

　　在中國，2015年6月29日滴滴平台正式宣布，將在「滴滴
企業版」的基礎上，根據政府機關客戶的不同需求，推出「滴
滴政府版」，為取消一般公務用車的政府機關提供交通用車解
決方案，收費採單位統籌與個人支付相結合的模式。政府機關
用戶可以自主透過管理後台，為不同部門和級別的公務員，設
置不同的車型、時間等用車權限。地方政府在公車改革後的
剩餘車輛，也能納入滴滴平台進行管理，優先保障公務用車需
求，閒置時服務民用市場。

　　長期推動公車改革，有「公車改革第一人」之譽的湖北省
統計局副局長葉青曾表示，政府機關原先配備的司機也能納入
滴滴平台，成為專車司機，既可接公務叫車訂單，又可利用滴

滴平台接民用訂單，解決再就業問題的同時，亦能提高收入。

不僅是滴滴一家，政府公務車市場的龐大前景，讓多家專車公司積極搶入。根據中國財政部公開的2015年資料，僅中央級「三公經費」財政撥款預算就達人民幣63.16億人民幣，其中，公務用車購置及運行費占一半以上，達34.59億人民幣。如此大量的公務用車需求陸續釋出到市場，對於正高速發展的共享交通運輸平台而言，無疑極具吸引力。

中國的網路叫車平台「易到用車」與「人民數字」，在2015年合作推出政務用車平台。第一期試點主要為「人民日報數位屏媒」囊括的400家中央國家機關部委及北京市黨政機關單位，隨後將拓展至中國三線以上城市的各級黨政機關，更長遠來看，其目標將會遍及鄉村等基層政務用車。在這個模式中，人民數位屏媒成為分享交易活動的平台，機關單位人員透過其終端叫車使用。對於公車改革來說，如何能夠與共享交通運輸平台合作共贏，對於政府公車改革的順利開展和專車市場的未來都是重要的一步。

不僅是在交通運輸領域，在住宿市場，政府也可以擁抱共享經濟。帕運會（Paralympic Games）與Airbnb的合作是個不錯的思路。2016里約奧會暨帕運會主席卡洛斯·亞瑟·努茲

曼（Carlos Arthur Nuzman），以及Airbnb共同創辦人暨產品長喬・傑比亞（Joe Gebbia）於2016里約奧運會總部舉辦的記者會上共同宣布：Airbnb正式與2016里約奧運會簽約成為官方另類住宿供應商。這也是Airbnb首度簽約成為世界最大運動盛事的官方贊助商。

卡洛斯・亞瑟・努茲曼指出：「若想增加住房供應並接觸來自世界各地的遊客，事實證明Airbnb是絕佳的選擇。我們很清楚Airbnb在里約的供應能力，也了解和此另類住宿的龍頭企業合作，可為前來體驗里約與奧運會的遊客帶來難以評估的正面影響。預期將接待來自100多個國家中為本國選手加油的觀眾，因此非常高興能夠和Airbnb合作。」

政府閒置資源共享

政府機構除了革新採購規定外，還可以從自身開展轉型，進行閒置資源的分享，例如英國政府為增加政府辦公資源的共享程度，從2015年春季開始，英國稅務及海關總署透過一個數位平台實現其閒置的文具、辦公用品、家具和IT設備的共享。

也有網路企業看中了政府市場這塊商機，以協力廠商分享

平台的角色，整合政府閒置資源的共享和充分流通。據研究機構government technology報導，MuniRent是一家位於美國密西根州的創業公司，主攻透過科技提高政府能力，讓市與市之間可以互相租借設備，這種服務的理念在於為政府提供一種提高效率的經濟基礎設施，與Lyft和Airbnb一樣都給與參與者使用的便利性和低成本。

MuniRent的執行長艾倫・蒙德（Alan Mond）認為：「我已經積極參與共享經濟的發展，而且我想要做得更大，我想開創一個新的共享經濟領域 —— 協同政府。」他在密西根拜訪過30位公共事業部門的主任之後，發現MuniRent是有市場發展空間的。

許多城市都有閒置的設備，而其他相鄰城市的政府可以經由向「鄰居」租用設備而節省時間和金錢，中等城市可以藉此提高重型設備的使用率，而小城市可以便捷的租用到這些設備。平台設備清單的編制方法採用的是聯邦應急管理局（FEMA）物資分類標準，這是一種標準化的命名方法，可以讓公共事業部門主管清楚知道他們租借了哪種類型的設備。這種明確的分類方法在快節奏的緊急情況下是很關鍵的。

政府機構成為會員是免費的，MuniRent會從交易中的設備

所有者的收入中抽取10%到20%。平台處理達成交易的管理過程，如提供租賃契約、開發票、寄送支票等所有的後台過程，而政府成員所需要做的就是準備好機器，然後承租的城市可以隨時來取走，用完後歸還給出租的城市。

政府間的合作不會僅僅局限於設備的租用，同樣MuniRent也不會。如果僅僅是設備租用的話，會面臨同樣的資源可以用極低的酬金被承包。MuniRent還可以進行提供服務的線上雇用，正如蒙德所說：「如果一個市政局想要出租他們的清掃工和清掃機，就像密西根切爾西市（Chelsea）的做法一樣，他們完全可以在MuniRent上達成。」

促進公共設施分享

城市公共設施包含城市生存，與發展所必須具備的工程性基礎設施，是城市順利進行各種經濟活動和其他社會活動的基礎，包括能源系統、交通系統、通訊系統等。

從國外的發展來看，政府推動城市公共設施的分享，目前主要從數據共享、交通共享等方面開展，逐步向其他領域延伸。政府有能力做到的最簡單方式就是開放政府的資料庫。這

種資料同步方案計畫的目的在於，開放資料幫助當地政府更有效的為市民提供公共服務。現在許多國家、地方政府都有開放資料專案。

美國白宮2009年由聯邦資訊長主導開發了美國政府資料庫Data.gov網站，該網站含有10萬個資料庫，大眾可以根據公式、標籤、資料庫的類型、主題、貢獻資料的機構、組織類型和出版社等各種方式搜索，任何人和團體都可以從中獲得所需要的資料，通過開放或公開資料、資訊，增強創新能力。

法國雷恩市（Rennes）和巴黎市政府先後於2010年10月和2011年1月建立開放數據門戶後，此後法國各地方政府也紛紛開放數據。2015年，英國曼徹斯特政府於共享型試點城市展開資料同步方案計畫。韓國政府與市民免費共享具有較高社會經濟價值的首爾市公共資料。除了共享資料外，在城市公共設施與共享經濟的結合中，共享交運運輸是先驅領域。

政府透過促進共乘、租車、公共自行車共享等普及措施，減少城市道路交通擁堵和空氣汙染，減少個人汽車所有權和相關的成本，減少停車需求以充分利用寶貴的專用停車位，提高無車人士的流動性，同時提高諸如公共交通、步行或騎自行車等替代汽車的交通方式的使用率。這些解決方案向使用者和城

市傳達了值得注意的一點，即經濟、時間、公共衛生和環境成本等層面，透過共享交通工具得到極大節約。國外政府也提出多樣化的政策，促進共享交通運輸領域的發展[1]。

◆為共享汽車提供折扣或免費停車

停車位置方便、停車有保障是用戶參與共享汽車的主要動機，而共享營運商則缺少與密集停車位的入口對結，這是營運商在業務擴張中的一大限制。因此，讓共享車輛可以普及更多的停車場，可以增加城市中共享車輛的參與度。

城市可以透過豁免停車時間限制、增加共享汽車停車場、停車免費，或降低收費或發放停車證、統一停車條款（即共享車輛可在街上任何位置歸還）、允許住宅車位向共享汽車租賃等等政策，推動共享停車位的便利性。例如美國華盛頓特區於2005年開始為共享汽車營運商提供街道上的停車位，之後拍賣給了三個營運商84處路邊停車場，獲得近30萬美元的收入。

2013年7月1日，舊金山增加6個月前在街道上規畫的共享汽車停車點，這是舊金山交通局提出的共享汽車政策的一部

---

1. 永續經營法律中心（Sustainable Economies Law Center），〈共享型城市政策〉（Policies for Shareable Cities）。

分。這種租賃人口稠密地區的停車位給共享汽車營運商,其目的在於增加共享汽車的可見性和可觸及性。同時,還提供大部分汽車共享在市政停車場街邊停車時還享有共乘費率(約50%的全月率)的折扣。

◆為共享汽車申請減稅或補貼

美國芝加哥、波士頓、波特蘭等城市在政策上成功降低了共享車輛稅率,這些城市讓市政法規區分出共享車輛和傳統汽車的租賃。巴黎政府與波洛黑集團(Bolloré)簽訂意向公共服務協定,規定一方面波洛黑每年為Autolib計畫中營運的每輛共享電動車承擔3,000歐元的費用,該費用主要用於維修和保險等服務。另一方面政府將提前支付波洛黑400萬歐元的資金來補貼公司,維持計畫經營。

◆為共乘提供道路規劃支援

幾十年來,隨意共乘行為出現在美國道路擁堵的各個城市,包括在華盛頓、休士頓、西雅圖,以及許多高承載車輛車道,這些高承載車道在尖峰時段能大幅減少乘車時間,如舊金山奧克蘭海灣大橋(San Francisco-Oakland Bay Bridge)。指定

共乘搭車點，例如在街道上放標誌或在高速公路入口匝道處放路標，鼓勵共乘用車，充分利用時間和節約成本。政府可以為共乘車輛進行市政規畫，例如城市可以沿高速交通路線建立或擴大高承載車輛車道，透過指定方便地點做為共乘叫車點和換乘站，鼓勵共乘。

除了資料共享、交通共享外，國外政府在其他公共設施領域也陸續有相關舉措出現。較為常見的方式為政府與企業合作，建立供市民共享的有價值的公共設施，如公共交通工具、公共圖書館、公共衣櫃等，不僅可體現政府注重社會關懷，還著實提供便捷高效的生活方式。舉例來說，德國街頭出現的公共圖書館、公共衣櫃、「贈物箱」、公共物品櫃等「共享式街頭公益」活動設施等。

我們可以看到，隨著共享經濟進程的不斷發展，政府積極擁抱共享經濟已是大勢所趨，無論是政府資源的開放共享，還是城市公共設施的共享，都已經萌芽和發展，未來會有愈來愈多的國家不斷參與進來，使得共享經濟的道路愈發展愈寬廣。

第29章
打造共享型城市

　　共享經濟已經衍生出許多社會應用，其中最令人興奮的大概屬共享型城市。在1800年，全球只有3%的人口居住在城市；如今，這個比例已經上升到50%，而根據預測，全球城市人口將在2050年達到70%左右。

　　在經濟需求和新技術的驅動下，人們創造出更靈活的新方式來滿足就業、住房以及交通運輸等生活需要。過去，人們只能購買汽車並占用寶貴的城市空間來停車；現在，人們可以選擇共享汽車、停車位減少公民、城市基礎設施和環境的負擔。同樣的，在住宿市場中，旅客可以選擇家庭住宿代替旅館住宿。可以預想，共享經濟會對城市生活產生深遠的影響，比如重塑城市空間、創造就業機會、減少犯罪、交通管理，以及為公民提供資源等，將來都會有重大的改變。

　　城市最初建立的目的就是分享，分享是推動城市繁榮、創新和交流的引擎。對於面臨愈來愈大資源壓力的城市來說，

現在該是跟隨眾先驅發展共享經濟的時候了。要發展共享型城市，可以朝兩個方向進行：第一是要提供分享網路，可以將諸如交通、住房、個人資產，以及技能等資源在這個網路中分享。第二是以市民為中心，提高現存公共設施的分享能力，以及增加個人閒置資源的分享途徑。

首爾和阿姆斯特丹等是典型的共享型城市。城市透過自主設計公共設施、產業布局與規章制度，保證不同形式的共享經濟模式的運行，並制定共享經濟的政策來支持食物供應、就業、住房和交通等領域，保持和發展當地社區經濟，進而加強城市共享領域。

在這樣的「共享型城市」中，汽車共享服務的普及大大減少了交通堵塞和碳排放量，居民可以透過打零工來賺外快、經由共享辦公或其他空間充分利用閒置資產、互相傳授知識技能、利用閒暇時間相互幫忙、共享資源以節約資金等等。共享經濟的出現使城市進入更廣闊的平台，這裡的就業機會更多，智慧科技更發達，人們也更健康。

據非營利新聞平台Shareable網站估計，全球正積極搭建共享型城市網路，2013年10到12月，世界上近50個國家開始規畫分享資源。截至2015年，近100個城市已經加入這個雄心勃

勃的城市共享計畫中。

共享經濟對政策制定有深刻的影響。共享經濟挑戰了傳統城市規畫和監管架構的核心假設：住宅、商業、工業和農業活動應該彼此分離，同時每一個家庭是一個獨立的經濟單位。透過共享、交換和點對點的買賣，共享經濟把獨立的人們及其工作連結在一起，透過合理安排基礎設施、服務、優惠政策和法規，城市政府也開始朝共享經濟推動者的角色轉變。

國家和地方政府在共享型城市中扮演了不可或缺的特殊角色，但目前仍有許多政府不知道共享經濟的存在，即使已經實施共享經濟計畫的政府也很忐忑，不確定這是否真的會帶來益處。但是無論如何，政府部門的參與對共享型城市的建立至關重要。

至於如何實施具體共享經濟實施措施，城市可以建立一個相關的委員會，尋找機會，創造和推廣「共享型城市」。研究共享經濟模式下的公共服務、創新和公民參與形式，開闢閒置政府資產（如空間、土地）共享的新途徑，建立可以共享的基礎設施，建立共享經濟成員加入（如居民、社區、公司和社區領導等）的鼓勵機制，實現全面永續發展的「共享型城市」。

政策制定者和政府機構應該加快制定和實施相關法律與監

管措施，為企業、消費者、供應商和交換者提供共享的保障機制，以所有權為基礎的規則已經是過時的基礎交易行為。政府應蒐集各方面數據，了解城市現有消費與資源浪費的情況，專注於創立一個有利於共享經濟發展的更強大環境，為這種新的商業模式成功運轉奠定良好的基礎。

　　目前，英國、美國、韓國、荷蘭和義大利等國都明確推出了共享型城市的試點，以下就是有代表性的共享型城市的具體介紹。

英國的共享型試點城市

　　英國政府2014年制定共享經濟計畫，旨在打造共享經濟的全球中心。並於2015至2016年在里茲市和大曼徹斯特郡設立兩個實驗區，兩地有不同的發展重點，里茲著重於交通運輸分享；曼徹斯特則著重於健康與社會關懷事業的分享。除了英國政府明確規定的試點城市之外，首都倫敦也在智慧型城市和共享型城市領域有所嘗試。

里茲城市地區

里茲是英格蘭西約克郡（West Yorkshire）的一個城市，在工業革命後，里茲市成為英國重要的製造業中心，後來經濟發展後成功轉型，如今成為經濟中心，服務業為其主要產業，占比達到70%。里茲市現在已經成為英國經濟發展迅速的城市之一，其商業和金融業的發展也十分迅速。

英國政府打算在里茲透過一系列的舉措檢驗共享型城市這一概念的可行性，相關舉措主要是將各種交通運輸分享方式和傳統交通運輸結合，包含當地汽車俱樂部的APP、自行車共享的APP，以及有關公共汽車、火車和計程車的APP。此外，當地部門也會建立一個由理事會運作的平台，方便居民分享設備（如火車、剪草機）和相關技能。具體內容為[1]：

1. 開發新的手機APP和共享運輸系統，讓乘客無縫轉乘公車、火車、汽車俱樂部、計程車和自行車服務。
2. 用汽車俱樂部會員代替當地市局車隊；為汽車俱樂部開放更

---

1. 英國商業、創新與技術部，〈政府回應共享經濟的獨立評估〉（Independent review of the sharing economy: government response）。

多的停車區域,如火車站。

3. 里茲城市地區和西約克郡的專家合作建立科克利斯理事
   會(Kirklees Council),由彭博慈善基金會(Bloomberg
   Philanthropies)提供支援。科克利斯理事會正在探索新的公
   共資產和公共服務提供方法,旨在充分利用未開發的本地資
   源和閒置的空間與設備,如利用本地居民使用剪草機或卡車
   的技能。

大曼徹斯特郡

曼徹斯特市是英國第二大金融中心,同時也是重要的交通
樞紐及商業、工業、文化中心。其隸屬的大曼徹斯特郡是英國
大型都會區之一,同時也是重要的經濟區之一。在曼徹斯特,
共享經濟將會服務於健康及社會關懷領域,利用技術發展社區
資源,讓居民更輕易的接觸到這些資源。具體內容為[2]:

1. 注重健康與社會關懷。透過志願服務和創建社區中心的方式
   提高社區功能,滿足居民需求。大幅轉變過去倚賴傳統健康

---

2. 英國商業、創新與技術部,〈政府回應共享經濟的獨立評估〉。

和社會保健服務的方式，轉而加強社區復原韌性，並解決造成焦慮和社交孤立的根本原因。

2. 深入了解個人和社區的重要性。規畫社區資源的使用，發展社區中心和微型企業，增加新技術的使用、價值交換，以及在志願服務上支援變更。

3. 政府開放同步資料。資料同步方案旨在幫助當地政府利用開放資料更有效的為市民提供公共服務。政府各部門和其他公共機構之間按照統一的標準進行資料傳遞，中小企業也能夠獲取政府開放的資料來開發商品及服務。

4. 鼓勵創新應用。允許和鼓勵公共部門、商業企業和社會組織運用新公開的資料集。在所有開發出來的應用中均包含使用的資料集鏈結，保證這些資料得到最大程度的利用。

倫敦

伴隨城市規模的不斷擴大，倫敦將面臨龐大的資產和資源壓力，共享經濟在普遍緊縮的預算約束下快速發展，其發展既包括民間商業的嘗試，包含政府支持共享經濟的舉措。

現在倫敦居民自用車的保有率很低，且在持續下滑。與此同時，自行車分享服務取得了顯著的成功，高額的住房成本

激勵人們充分利用房屋、辦公室和公共建築。倫敦市民開始接受各種共享經濟平台，如Airbnb、Love Home Swap、Zipcar、Hassle和TaskRabbit等，這些平台在東倫敦科技城尤其成功。

　　大倫敦政府推出「共享型城市燈塔計畫」，並進行一些首創性的試驗。2015年，該計畫獲得歐盟委員會24,988,759歐元的資助。其中具體涉及共享經濟領域的措施包括：

1. 試驗以共享電動自行車取代自用車，將電動汽車用於當地物流和汽車共享領域。

2. 建立資料分享的新模型，讓人們可以利用巨量數據來改變城市、社區和服務業的運行方式，進一步建立公共資料分享平台提供各個城市使用。

美國的共享型城市決議

　　2013年6月，美國市長議會中，由包括舊金山市長李孟賢（Edwin M. Lee）和紐約市長麥克·彭博（Michael Bloomberg）在內的15位市長共同發起共享型城市計畫。他們一致認為共享型城市更能夠發展共享經濟，但是當地陳舊的法令會阻礙其發

展。最終會議通過了「支持共享型城市政策」的第87號決議
（Resolution No. 87）。該決議正式承認了共享經濟的重要性及
其帶來的機遇。

決議認為，經濟不穩定造成美國城市地區大量失業，即使
生產力激增，但是對大多數美國人而言，收入和工資卻停滯不
漲；在過去的30年中，美國中產階級家庭的收入年成長率只有
0.36%，而整體經濟成長率卻是2.66%。過著與世隔絕生活的美
國人數量自1985年以來增加了一倍，高齡化族群的現象更為突
出。無論是城市還是郊區，鄰里社區關係均有所下降。

新興的共享經濟重新定義了物品和服務的交換、定價和創
造的方式，即公民之間透過交換來代替占有物品或服務，把未
充分利用的資產放到共享經濟市場中進行交易，實現其價值。
共享經濟為公民提供新的途徑改善就業、住房、交通與食品狀
況，為家庭和當地企業帶來額外收入，還將產生再投資社區。
新的經濟機會催生出眾多的企業。

迄今為止，城市已經為共享經濟投入很多資源，存在於社
區居民、鄰居和同事之間形式多樣的分享加強了社區間聯繫，
使城市在經濟和環境的重壓下更具適應力。在過去幾十年裡，
許多城市已經率先透過試點推出了共享經濟營運模式，如汽車

和自行車共享、聯合辦公、消費合作社、家庭交換和共享、工具庫共享等，這些方式都獲得碩果。透過這種方式，居民接觸到一些原本接觸不到的物品和空間。新的技術平台和社群工具使更多市民透過與陌生人分享閒置物品而獲得更多交易機會。共享型企業已被視為創新和保障就業的引擎，能在失業形勢嚴峻的情況下推動經濟發展。

　　共享經濟影響到城市的各層面，改善諸多領域的傳統運行方法，包括：經濟成長、城市化、運輸、減少犯罪、設計城市空間、創造就業機會、提供公共服務。因此，為更支持共享型城市發展，美國市長會議通過了以下決議：

1. 鼓勵人們更理解共享經濟，以及共享經濟為公共和私營部門帶來的利益，建立更強大、更標準的方法，來衡量對城市的影響。
2. 加強地方力量，重點審查現有條例中可能阻礙共享經濟的部分，提出修訂的解決辦法，惠及公民。
3. 積極推廣已經被驗證有效的共享機制，適當公開政府所有的資產，使普羅大眾可以最大限度利用閒置資產。

　　對於紐約、舊金山等共享型城市，政府已開始落實決議，
從多方面著手推進。

紐約

　　紐約科技發達，一直被視為是新創企業和投資人的沃土。
在共享經濟的大潮中，紐約成為美國東部共享經濟的中心，當
之無愧，許多共享經濟的新創企業誕生於紐約。其中，代表性
企業有 Citi bike、Trustcloud、Krrb、Applico、Igobono、EatWith
等。Citibike 是紐約市推出的自行車共享系統，2014年該系統
擁有600輛自行車，租借者可以在位於曼哈頓島和布魯克林的
332個網站租借或歸還自行車，該項目已經進行了約1,320萬
次的租借服務。預計2017年該市騎行者數量將會達到2007年
的3倍，而且統計發現，2001年起自行車的人均事故率下降了
72%。

　　紐約市近年在共享型城市領域的嘗試包括以下幾個方面，
其中既包含政府的相關政策支援，又包含社會組織在建設共享
型城市中的嘗試：

　　政府在皇后區建立了企業育成中心。企業家空間，培育與
食物有關的紐約新創企業。實現了全天24小時開放，已有超過

100個創業者在此建立自己的事業。在最初的兩年間,該育成中心為當地經濟貢獻了500萬美元。

紐約市長期支持分享住房。都市住房援助委員會(The Urban Homesteading Assistance Board)成立於1974年,幫助超過1,600戶居民分享有限的住房。透過與城市簽訂長期合同,都市住房援助委員會為居民提供種子資金、技術援助、法律諮詢、建築規畫、管理培訓等住房分享服務。

近幾年來,非營利性社會服務組織「家庭生活中心」(CFL)已在日落公園、布魯克林等大的移民區孕育新的工人合作社。2012年,紐約市議會向CFL撥款14.7萬美元,幫助CFL在紐約其他城市社區,培育兩個額外的非營利合作社育成中心。

自1985以來,紐約合作家庭護理協會(CHCA)為低收入、工作不穩定、缺乏工作機會的慢性病患者、殘疾人士、老年人提供居家護理工作。該合作社雇用了近2,000名工作者。紐約布朗克斯羅盤高中(Bronx Compass High School)與綠色工人合作社(Green Worker Cooperatives)合作,為高中生開設分享研究院。在分享發展班中選擇部分優秀學生為學校的分享事業建言獻策[3]。

舊金山

　　舊金山因其毗鄰矽谷，被認為可能是美國共享經濟的最大中心。著名的共享性企業Uber、Airbnb、Lyft、City CarShare、Science Exchange、Feastly、Fitmob、Udemy等總部均在舊金山。除了我們熟知的Uber、Airbnb、Lyft、City CarShare外，還有許多其他領域的共享型企業。Science Exchange是一個科學合作的平台，科學家可以在這裡預訂全球最好的實驗室的實驗，舊金山的OncoSynergy生物技術公司就將其全部實驗都外包給該平台，協助其測試治療伊波拉病毒的藥物。Feastly是一個共享美食的平台，舊金山是該平台的三大主要市場之一。

　　舊金山共享型城市的建設除了共享型企業的發展帶動，政府的相關支持也必不可少。2012年，舊金山政府建立了美國第一個共享經濟研究小組，綜合考察有關共享經濟的經濟優勢、創新企業等政策議題。2013年7月15日，舊金山市長李孟賢宣布當天為「Lyft Day」，紀念Lyft公司在舊金山的建立。政府對共享經濟的支持還有許多有趣的例子，例如：2013年8月當舊

---

3. 永續經營法律中心，〈共享型城市政策〉。

金山交通委員會宣布奧克蘭海灣大橋在勞動節關閉維修時，順便為市民推薦了Carma這個共乘APP來幫助緩解交通擁擠。以下列舉了舊金山政府近年來為促進共享經濟發展和共享型城市建設的相關舉措：

1. 2013年7月1日，舊金山為表示對汽車共享計畫的支持，將汽車共享車位的使用權限延長了6個月。

2. 制定新的多元化汽車共享發展計畫。城市規畫要求，新建建築需提供永久性的汽車共享車位，某些非住宅區需占比5%的停車位，供認證的汽車共享組織或其他類似的合作專案短期使用。

3. 創建新的土地使用類別，稱為「周邊農業」（Neighborhood Agriculture），允許農業進入大多數住宅、商業區和工業區附近。這使得各種社區園林、社區支持農業及園林市場，讓商業農場能在不到40公畝的範圍內出售或捐贈他們的農業產品。

4. 2009年，市長加文發出指令，要求該市改造空地、屋頂、窗台和隔離帶等閒置土地，使其成為社區花園或農場。

5. 共享辦公室與物質資源。2012年，舊金山的經濟及勞動力發

展辦公室為「人民組織要求環境與經濟權益」組織提供了辦公室[4]。

在宣導共享經濟發展的同時，舊金山政府也重視企業的正當競爭和消費者權益的維護。2014年舊金山經濟及勞動力發展辦公室在領導跨界融合與創新時曾提到，政府承認共享經濟的價值，不過政府也有責任平衡消費者利益和新技術發展，也要確保計程車之類產業的正常競爭秩序。2014年Airbnb的合法化就是該理念的典型代表，Airbnb合法化的一個要求就是要與相關利益方簽署條約，保障消費者權益和產業競爭。

韓國首爾的共享型城市宣言

韓國首爾描繪的是一幅互聯網時代共享型城市的藍圖。當地政府公布了首爾共享中心的線上目錄，其中提供的服務遍布全國，具體包含：共享時間、空間、技能、商品與資訊。首爾提供的是一個現代共享型城市的範例，共享型城市不僅僅是一

---

4. 永續經營法律中心，〈共享型城市政策〉。

個公共部門能夠進入到私人共享經濟商業的地方，更是一個需要政府和公共部門積極推廣共享經濟的地方。

首爾市於2012年9月20日公布〈首爾共享型城市宣言〉，並發表了〈首爾共享型城市促進計畫〉，後者包括與市民生活密切相關的擴大城市共享事業和共享型城市基礎建設的政策內容。首爾市將「共享型城市」視為社會革新的對策方案，期望由此創造新的經濟機會，減少資源浪費，解決首爾市區存在的一些經濟、社會和環境問題。

以往的城市政策主要集中在道路、停車場、學校、圖書館等共享型城市的基礎設施，今後將建設提高空間、物質、技術等閒置資源使用效率的設施，尊重私營部門的同時，引導公共資源對市民開放共享。

首爾市為支持〈首爾共享型城市宣言〉制定了以下措施[5]。

◆為共享型城市開放資訊平台

首爾市於2013年6月26日開設了「首爾共享樞紐」官方網站，將共享型企業的相關資訊和共享型城市資訊匯聚在一起。

---

5. 參見首爾市官方網站「共享型城市計畫」。

市民只需搜索「共享型城市」一詞，就可以輕鬆找到所有相關的資訊，參與共享經濟活動也變得更加容易。「首爾共享樞紐」網站還與國內外共享經濟團體和企業、媒體及社會各領域資訊一起，形成網路，發揮聯結各機構的支持作用。

◆支援共享型團體與共享型企業

為提高市民對私營共享型團體與企業的信任度，首爾市實施共享型團體與企業的認證制度。截至2015年9月，首爾市已認證63個團體及企業為「共享型團體」及「共享型企業」，賦與共享型城市品牌標識（Brand Identity, BI）使用權，政府支援這些企業在市民中開展宣傳活動，並推進他們與首爾市相關部門的合作事業。首爾市為共享經濟創業專案的預創業者提供辦公空間、諮詢和活動經費等支持，已支持63家共享經濟團體和企業，支援金額超過4.7億韓圓。

◆擴大市民參與

「首爾市共享促進委員會」是由法律界、媒體、企業、非營利私人組織、科研機構、經濟、社會福利、交通、創新事業部門的局長級公務員組成的，主要職責是為促進共享經濟建言

獻策,並進行對共享型團體、共享型企業的認證審議。

象徵共享型城市首爾的BI和標語是政府鼓勵市民參與的一項措施。共享首爾BI將數學符號「÷」和「＋」加入了共享首爾BI的文字中,傳達分享能創造出更多便利的理念;而標語「千萬種分享,千萬種幸福」也希望市民透過分享提升生活品質。二者都是政府向市民徵集並篩選出來的,首爾市民提供了許多風格各異作品,政府對共享型城市的宣傳力度可見一斑。

韓國政府致力於舉辦多種形式的活動讓市民參與共享型城市的建設。2013年1月起,首爾市政府與共享型企業Wisdome合作,舉辦了幫助市民理解共享型城市和共享經濟,以及學習參與共享經濟方法的「首爾遇上共享經濟」演講活動,累計共有1,207名市民參與。2013年4月,政府舉辦了市民收藏圖書的分享活動、「共享書櫃」活動,以及在地鐵裡看書的快閃族聚會「讀書的地鐵」,市長朴元淳與市民在地鐵裡分享圖書。2013年8月,舉辦了共享首爾展覽會,吸引了一萬多人前來參觀。10到11月間,透過與共享型企業Zipbob、Wisdome等的合作,政府在市中心舉行了體驗活動,讓市民當場體驗共享型企業的各項特色服務,獲得市民熱烈的迴響。

截至2015年9月,首爾市政府主導發起了十餘項城市資源

的共享項目。2016年，首爾市政府稱將會繼續推動相關工作，重點將放在培育以Airbnb、Uber為代表的O2O企業和服務上，藉由讓相關法律完善，在法律和制度上為共享經濟發展和共享型城市建設鋪路。在經濟危機和經濟環境不明朗的時期裡，促進共享經濟成長，是政府促進社會繁榮、增強經濟恢復能力所能做的重要事情，這應當成為城市謀福利的決策者和規畫者的行動指南。

荷蘭阿姆斯特丹的共享計畫

ShareNL是荷蘭一家致力於發展共享經濟的平台。2013年11月，這個組織的官網出現了這樣一句使命：「將阿姆斯特丹變成歐洲第一座共享型城市，讓每個人都能獲得使生活更加精彩幸福且永續發展的產品、服務和知識。」同時該組織還表示其工作目標是讓阿姆斯特丹市長埃伯哈德‧范德蘭（Eberhard van der Laan）簽署一份類似美國15位市長簽署過的共享型城市計畫決議。

為什麼在阿姆斯特丹會出現這樣一群人和組織呢？這與荷蘭，特別是阿姆斯特丹這個城市在發展共享經濟上取得的進

展有很大的關聯。荷蘭本土的共享型新創企業成長較快，其中
部分企業的業務已經發展到鄰國。投資在這一領域的資金逐漸
豐富，主要產業和大型企業機構也紛紛開始關注共享經濟的發
展。隨著各方關注共享經濟的熱度攀升，荷蘭的共享經濟將迎
來黃金時代。

其實不僅僅是在民間和產業組織，阿姆斯特丹政府也積極
建設共享經濟。政府極力推廣汽車共享事業，阿姆斯特丹在推
動汽車共享上已經積累相當多的經驗，而且該市還在全球率先
對 Airbnb 這個在許多地區引起爭議的共享經濟鼻祖企業公開表
示開放的態度。阿姆斯特丹政府是這樣描述 Airbnb 的：「假日
短租的現象，符合阿姆斯特丹這個宣揚價值自由和積極連結世
界的城市。可以更善用空房，填補遊客的需要，為遊客提供了
多樣化的選擇，並且刺激本市旅遊經濟。也較適應目前正茁壯
成長的社群媒體，滿足遊客像本地人一樣生活在阿姆斯特丹的
需求。」

自成立之初，ShareNL 就向阿姆斯特丹政府提交過多次發
展共享經濟的提案，引起政府官員的注意。另外在協作實驗室
和 Shareable 等多個機構的諮詢和幫助下，阿姆斯特丹於 2015
年 2 月正式發起關於「阿姆斯特丹共享型城市」的聯合倡議，

該專案集結了包括共享型新創企業、共享經濟產業組織、大學機構和政府機構在內的各界人士的力量，共同為建設歐洲第一個共享型城市、到2030年建成共享型社會的目標努力。

ShareNL 在2016年2月份的一份報告顯示，84%的阿姆斯特丹市民樂於分享，包括工具出借、汽車共享、空間共享、服務共享和餐食共享等等。目前在阿姆斯特丹如火如荼進行以下具代表性的共享型城市計畫：

1. 汽車共享：大量停駐的車輛，壓縮了兒童在城市裡遊戲活動的空間，此計畫著眼於解決這一問題。
2. 空間共享：城市圖書館計畫為市民提供座談和研討的空間；共享塔（The Sharing Tower）計畫為有相同興趣和理想的客戶提供合作和分享的空間。
3. 物品共享：物品租借平台Peerby鼓勵鄰里間租借。

義大利米蘭的共享世博會

2014年12月，義大利第二大城市米蘭，市議會通過一項決議，決議中採納了共享經濟的定義，同意以「分享使用」的

概念代替「所有」的概念，並提出名為〈共享型城市米蘭〉的文件，為共享經濟在該市的發展提供指導。在相關企業、貿易協會和消費者組織的通力合作下，米蘭成為義大利第一個正式認可共享經濟概念並推行相關政策的城市，且於2016年11月16到18日舉辦主題為「共享型城市」的2016歐洲城市論壇。

在交通運輸共享、空間利用、資訊共享和政府資源共享等方面，米蘭有較多經驗。2013年起，一個由學者和城市規劃家等組成的委員會嘗試推動「共享世博」（Sharexpo）計畫，以「共享經濟」做為世博舉行期間的城市運作模式，借此消除當時阻礙協同性服務發展的法規障礙，推動共享經濟發展。

米蘭主管經濟發展的官員克里斯蒂娜・塔亞尼（Cristina Tajani）在世博會前接受採訪時曾表示：「米蘭世博會必將成為一個試驗場，考驗這些主打商品及服務再利用的平台是否好用，米蘭正為一系列共享經濟業者登記註冊。共享型企業借世博會的契機，在米蘭實現了一次較快的發展。」據媒體報導，世博會前夕，Sharexpo進行了一項民意調查，結果顯示3/4的義大利人願意使用房屋共享服務，可見居民對共享經濟持有較高的熱情和認可度。

世博會期間，米蘭的交通共享也有一些新的舉措。2015年

5月《彭博社》報導提到，米蘭的汽車共享項目中的5家業者共有1,800輛營業汽車，米蘭還自稱有歐洲第四大自行車共享項目，米蘭的自行車共享系統有3,600輛自行車和大約3.1萬用戶，在全世界位居第12。世博會期間，米蘭市還引入了電動汽車共享，與義大利CSG公司的Share' NGO品牌合作，推廣電動交通共享事業，成為電動汽車共享的城市。

米蘭市的企業家在世博會期間也參與了很多空間共享的活動，滿足世博會的需要，例如企業共享辦公空間、餐廳共享廚師服務等。據媒體報導，當地一家名為Open的書店在世博會舉辦前期曾提供了40個活動空間，一個月舉辦過60場活動。Presso是一家位於唐人街的產品陳列室，其實也可以認為是公共客廳，因為任何人都可以隨意進出該店，並且使用店內的產品，同時這個店面還支援將空間租給個人，提供其舉辦私人晚宴或派對。店面不會向居民個人收取任何費用，其盈利來自於來店內推廣產品的公司支付的報酬。

米蘭市政府鼓勵這些共享空間在世博會結束後繼續營運，在政府投資150萬歐元的5個空間中，有兩個空間是「共享經濟區」，專門負責共享經濟相關的討論與合作。米蘭世博會，成了共享經濟的演練場，也將共享經濟這種新的城市管理模式

的良好運作展現給世人。

　　共享經濟透過有效利用公共資源，如與市民團體、商業以及公共部門的合作，實現福利最大化。這個理念將會被用於城市發展之中。共享型城市是一個有趣的混合體，包含公共部門、私人部門等整個城市的資源，以一系列公共資源的有效運行為基礎來保障，這些公共資源幾乎包括了從網路到公開的資料、閒置的公共土地等。

　　共享型城市將會創造出更多公民參與的途徑，讓大家認識到城市是一個共享的空間，並讓社區中的每個人都有機會能夠分享，創造出資源、價值和知識共享新形式。這個開放資源的網路平台，呈現並定位了城市所有的活動與居民之間的交換，而且允許公民交換所有種類的東西。分散式網路可以透過個體市民參與、合作來創造財富。可以將原本困難又花錢的工作變得很容易，使得資源利用更有效率，減少廢物排放，降低了處理成本和管理成本。

　　對於如何建設共享型城市，英國創新基金會內斯塔（Nesta）將其總結為以下八大方面，包括：管理規範共享經濟，防止其破壞性的侵入現有經濟；積極宣傳本地的共享型城市建設；主動尋求創新，在採購和營運方面引入共享經濟的解

決方案；為共享型企業提供更多的機會；投資建立共享型城市所需的技術和企業；提高城市實體和數位的連結性；培養支持創新和共享經濟的內在實力；利用數據來創造更大的公共價值。正如當年市場經濟開啟了世界經濟的新篇章，共享經濟這種新的經濟型態也正將不同主體、不同城市、不同國家、不同領域席捲其中。

正如本篇提到的，從共享經濟的發展趨勢來看，共享經濟參與的經濟主體正趨於多樣化，從個人間的共享，到公司間設備、資源的共享，再到政府間公共服務的分享，最後發展到以城市為單位的共享型城市。共享經濟從其發源地美國擴展到歐洲、再到亞洲、大洋洲等各地域。共享型新創企業最初只是出現在少數科技發達的城市，伴隨著共享經濟的發展、分享理念的普及，更多的城市也慢慢開始擁抱共享經濟。分享內容也縱深發展，從最初交通運輸與住宿的共享，擴展到農業、製造業等產業，最終達到凡有剩餘皆可共享的局面，成為本世紀最不可忽視的經濟新業態。

後　記

騰訊研究院祕書長

司　曉

　　本書是騰訊研究院第一本關於共享經濟的專書。其中或有種種不足，但基本反映了我們對未來資訊社會中經濟活動可能的組織形態思考。做為獨占的反義詞，分享行為古已有之，往往被視為人類社會性的體現和利他天性的流露，以經濟學理性人假設反證的姿態出現。從這個意義上來說，共享經濟與分享行為有著明顯的區別：共享經濟無關利他，是在理性人假設條件下的市場自發選擇。

　　分享，大體上描述的是所有權與使用權分離的狀態。從羅納德‧寇斯（Ronald Coase）到奧利弗‧威廉姆森（Oliver Williamson）的新制度經濟學傳統，都將使用權和所有權的分離，視為交易成本產生的重要原因。具體說來，由於在事先

訂立的合約中無法窮盡所有事後的可能變化,理性人逐利的特質必然導致事後的種種齟齬和爭執,成為道德風險(moral hazard)滋生的土壤,明顯提高交易成本。利益方不得已採用收購的方式取得物權,即剩餘控制權(residual rights),以避免事後的混亂。

從這個意義上來講,所有權做為一種制度安排,純然是保障使用權的最完整也最昂貴的手段,是應對交易成本的不得已而為之。正如寇斯定理(Coase Theorem)所說,交易成本為零的情況下,所有的經濟行為都應交由獨立市場(arm's length market)完成,以資本、物權、雇傭、層級、命令等為基礎的生產組織形態將不復存在。交易成本為零,在很長一段時間內如同理性人假設一樣,被當成現實中不存在的理想狀況,僅供理論探討。

直到行動網路普及、點對點共享經濟平台出現。在行動網路帶來的技術革命浪潮中,共享經濟平台正在扮演獨立交易市場的角色。平台上一個個自由活潑的個體成為特定經濟活動的基本單元,因為資訊的高度發達,獨立的評價體系得以建立,信任和信用得以伸張,交易成本因此大幅降低。這些點對點的直接交易,也許與交易成本為零的理想狀態仍有距離,但使用

權和所有權的分離，卻因此在人類歷史上第一次具備真正的大規模經濟意義。

看到這一點應該就能理解，為什麼我們堅信共享經濟是風口，能夠創造實實在在的價值，而不僅僅是風險資金造就的虛假繁榮，也不會在停止補貼後就自然消亡。我們堅信，透過共享經濟平台節省下來的資源，不會在經濟循環中憑空消失。這些經濟節餘，無論是以貨幣還是實物的形態存在，都會隨消費、儲蓄、投資等不同管道，重新投入經濟活動。就這個意義上來說，共享經濟壓抑新增消費的擔憂並沒有根據。

我們堅信，分享平台搭配的長效可累積信用機制，和及時回饋、及時監控等特性，能夠拔除因資訊不對稱而造成的種種齟齬和爭執。原本因高道德風險而被棄置的獨立交易機會，將重新變得有利可圖，在場外觀望的交易方也會重回市場。網上約車、短租都是這一論斷的有力證據。無論從理論上，還是從實踐觀察的結果來看，共享經濟平台都創造出實實在在的經濟成長。

我們堅信，一輛存放在普通人家的普通汽車，停在車庫裡，是只會產生折舊費用的消費品；分享出去，卻能成為產生正現金流的有價資產。這個家庭的利潤表裡因此減掉一個費用

項，換來資產負債表中多出一個資產項。千千萬萬這樣的家庭匯總起來，改善的是整個社會的利潤和資產負債。這不是一個單純的思維實驗，托共享經濟的福，這已經是日常的現實。

本書的誕生，首先要感謝馬化騰先生和郭凱天先生對於共享經濟理念的認同和有力推動。

感謝滴滴的程維先生，做為中國共享經濟最有力的踐行者，撥冗為本書推薦。同時也要感謝參與了本書調研的途家、小豬短租、豬八戒網、人人快遞、人人車、掛號網等共享經濟領域的新興企業，正是他們的積極探索，共同推動了共享經濟理念在更多領域的實踐。

感謝騰訊研究院共享經濟的研究與寫作團隊：張孝榮、孫怡、蔡雄山，他們在最近一年以來，一直保持對共享經濟產業及政策等方面持續和深入的研究，成果不斷。感謝Brent Irvin、謝呼、江陽、程武等各位領導，以及沈丹、李航、嶽淼等各位同事對課題研究的大力支持。感謝其他參與本書寫作和策劃的騰訊研究院同仁：張欽坤、程明霞、李剛、周政華、劉金松、崔立成。正是大家的通力協作，使得本書能夠在如此短的時間內呈現在廣大讀者面前。

特別致謝段永朝、姜奇平、張新紅等各位專家學者的支

持，尤其是段永朝老師，對於全書提出了很多中肯的意見。感謝參與騰訊研究院共享經濟風潮研討的諸多學者、媒體和一家民宿、e袋洗等企業朋友，你們的觀點和案例為我們的研究提供了很好的支撐。

同時還要感謝參與本書資料蒐集整理、提供調研支持的眾多同學：金寧、劉嘉琪、劉玉玲、高燕、郝璞璞、劉炯言、曾文婉、鄒迅羽、蘇亞、任帥濤、胡佳、孫那、王少棠、李思羽、曹建峰。

感謝中信出版社的盧俊先生、朱虹女士和本書編輯趙輝先生與騰訊研究院一起組成了高效的團隊。

最後，要感謝關注共享經濟，關注騰訊研究院的眾多讀者朋友，大家是我們前進的最大動力。如果您對本書及共享經濟有任何意見和建議，希望不吝賜教，您的任何觀點我們都非常期待。

共享經濟的風潮，意味著一個時代的開啟，騰訊研究院將會在共享經濟以及其他新經濟領域開展持續的研究積累，將最新的資訊和成果快速無間斷的推送出來，做好產業界與學術界的連結器，我們期待和所有熱心互聯網社會科學研究的朋友一起關注、推動行業健康有序的發展。

附　錄

各國共享經濟政策報告

韓國共享經濟政策報告[1]

政策整理

國家立法

　　目前，韓國尚未有針對共享經濟的國家層面的法律規定，韓國政府正致力於制定相關規定。2015年12月，韓國企畫財政部（Ministry of Strategy and Finance）首次宣布擬將共享經濟納入制度層面管理。

地方立法

　　韓國的部分地方政府（主要集中在京畿道、首爾市、釜山廣域市、城南市、全州市等地區）頒布了針對共享經濟的法律法規，具體情況如下[2]：

---

1. 延伸閱讀：http://blog.naver.com/cc_korea/220548675920。
2. 延伸閱讀：http://www.law.go.kr/main.html。

序號	生效時間	法規名稱
1	2014.11.10	성남시 공유경제 촉진 조례 城南市共享經濟促進條例
2	2014.12.30	부산광역시 해운대구 공유경제 활성화 조례 釜山廣域市海雲台區共享經濟活用化條例
3	2014.12.31	경기도 공유경제 활성화에 관한 조례 京畿道共享經濟活用化條例
4	2015.01.01	부산광역시 공유경제 촉진 조례 釜山廣域市共享經濟促進條例
5	2015.01.29	서울특별시 공유（共有）촉진 조례 시행규칙 首爾特別市共有促進條例實施規則
6	2015.03.16	성남시 공유경제 촉진 조례 시행규칙 城南市共享經濟促進條例實施規則
7	2015.10.08	서울특별시 공유（共有）촉진 조례 首爾特別市共有促進條例
8	2015.10.08	전주시 공유경제 촉진 조례 全州市共享經濟促進條例
9	2015.11.04	부산광역시 북구 공유경제 활성화 조례 釜山廣域市北區共享經濟活用化條例
10	2015.12.21	부산광역시 남구 공유경제 활성화 조례 釜山廣域市南區共享經濟活用化條例
11	2016.01.07	부산광역시 영도구 공유경제 활성화 조례 釜山廣域市影島區共享經濟活用化條例

　　對於共享經濟，韓國目前並沒有全國性的法律規制，僅由部分地方政府頒布相關促進或活用化條例（以下統稱條例）。上述各項條例對於共享經濟也只給與了概括性的指導意見，但具體細節仍不夠完善。

對共享經濟的認知與觀點

對共享經濟的贊成和反對意見勢均力敵。有評論認為,共享經濟是創造新規範的革命性事業;也有評論認為,共享經濟破壞了既有產業秩序,可能有被犯罪分子惡意利用的隱憂。對於共享經濟,總體上存在正反兩方面的觀點,具體如下:

觀點	積極認知	消極認知
社會法秩序	新社會秩序的誕生較為重要	因非法導致的控制權喪失風險
分配	應考慮增加新的階級所得	保護既有利益階級所得較重要
消費者vs供應者	總體上增加了消費者的利益	供應者的利益可能受到損害,消費者的利益卻未必增加
產業、經濟	可能創造相關工作職位	將導致生產量、工作職位減少等既有產業規模的縮小
資源的有效分配	總體提高了資源配置的效率	未必對資源的有效分配有貢獻

對於對共享經濟的認知不夠充分,且共享經濟並未能夠扎根的韓國來說,共享經濟還存在以下問題:

1. 可能會變質為地下經濟。在形成分享的過程中,在非正常經濟環境下存在稅金問題、價格制定的問題等,為防止這種副作用需具備相關法律制度。

2. 可能會掠奪自營業者和部分勞動者的飯碗。計程車與住宿業
   是典型的小規模產業，而像Uber和Airbnb等大規模資本的
   進入，橫掃了小業主的經營。

3. 共享的名稱本身存在問題。這個概念是從不追求金錢的等價
   觀點出發，因而在商業性服務中使用「共享」這個單詞不夠
   準確。此外，對共享經濟存在的擔憂還包括：與既有經營者
   的平衡問題、稅金問題、被犯罪分子惡意利用的可能性等。
   亦有主張認為，為了創造多樣並具有創意性的構想，應有周
   全的嚴格規定制度，使其能夠接受新的趨勢。

反面政策

　　相較於企畫財政部的觀點，韓國產業通商資源部
（Ministry of Trade, Industry and Energy）反倒認為共享經濟的發
展不會對產業產生積極影響，因此將不給與政策支持，而負責
產業政策的產業部對共享經濟亦持否定態度。該部的結論是政
策支持的弊大於利，因共享經濟的出現即是進入低成長時代的
證據，經濟成長停滯，貨幣流通不活躍才導致共享經濟受到矚
目。政府讓這種情勢擴散是不正確的，應交給市場自律。

法院判例

2015年9月，韓國法院對世界最大的提供住宿分享服務的Airbnb做出了認定其不合法的判決，成為熱門話題。在韓國，經營住宿業應向管轄區政府進行申請，未遵守該制度的情況下即在Airbnb註冊房屋並接待用戶的一部分人員被處以罰款。Airbnb自2013年1月進入韓國後迅速成長，一年期間已有20多萬的用戶。但最近法院的判決顯示，其與既有產業秩序存在衝突的這一問題浮上檯面。

與Airbnb一樣，共享經濟代表的車輛分享服務公司Uber也遭遇類似情形。在韓國，與Uber簽訂契約並提供車輛和司機的車輛租賃公司被處以罰款，且Uber因未申報即使用定位資訊被提起訴訟。最終，Uber在韓國營運的只有與計程車公司合作的「Uber Taxi」，以及提供豪華車服務的「Uber Black」。

政策分析

對共享經濟的促進作用

2015年11月19到20日,韓國開發研究院(KDI)和企畫財政部共同舉辦了主題為「共享經濟的擴散:爭論焦點與解決辦法」的論壇。本次論壇參與者包括:經濟合作暨發展組織(OECD)、歐洲共同體(EC)等國際組織、共享經濟中心的舊金山市、國際分享企業等國內外共享經濟專家。論壇以住宿、車輛、金融、才能分享為主題,探討各產業的現狀與主要焦點。論壇演講者分享了各自的政策或實務經驗,對於共享經濟在韓國如何穩定擴散,以及因應的政策與課題等進行了討論。

開發研究院研究委員黃順株(황순주)分析共享經濟的經濟效果,提出了根據供應者的規模適用差別性規制的想法,提議根據供應者自律確定的交易規模來適用與之相應的法規。該研究委員認為,儘管本提案可能會導致服務供應者過低申報或政策管理費用過多的風險,但若將該義務委託給分享服務提供平台,可降低該種風險。另外,對於供應者的社會風險,可要求分享服務平台提供責任人保險及自檢規定。開發研究院經濟

政策部研究委員李華靈（이화령）認為，做為低成長時代應對方案的共享經濟，不會取代既有的產業結構或企業，而將對此發揮完善的作用。

趨勢預測

從共享經濟快速發展的國家的先進經驗來看，其共同點之一是參與分享的人們在營造著愉快的關係，這一點才是共享經濟與租賃產業的最大差別。實踐分享交易活動中，曾分享過一次房間的業主會繼續參與分享的原因，即是能夠認識他人使其感到特別愉快。但韓國還未形成這種文化，若要發展共享經濟，需構築信賴關係且企業層面應預置防止損害的措施。

另外，共享經濟還需要國家制度層面的支援。共享經濟的基礎是P2P，個人與個人之間交易自由方可為共享經濟注入活力。但與外國不同的是，在韓國個人之間借用汽車的交易是違法的，在制度層面遏制了分享的可能性。另一個問題是，對於共享經濟應是非營利性的認知。共享經濟透過不斷分享能夠創造經濟性的附加價值。若參與共享經濟的企業能以商業化理念來營運，能夠達到保護環境與追求利益，並以更好的服務吸引使用者的良性循環的效果。

經濟趨勢基金會總裁傑瑞米・里夫金在2015年10月19日於大田會展中心（Daejeon Convention Center, DCC）召開的「2015世界科技論壇」上強調，共享經濟是目前能夠克服資本主義局限的突破口，而在全世界擴散的過程中，韓國將發揮主導性以及燈塔的作用。

總結

預計在不久的將來，共享經濟在韓國也將普遍化，這是因為只有韓國人才具有的叫做「정」（情）的韓國DNA。共享經濟的另一個名字，就叫做「情」。分享自己所擁有的同時，也分享了「情」的共享經濟模式，以及在解決環境問題的同時能夠感受到人情味，才是共享經濟的理想狀態。

日本共享經濟政策報告

共享經濟對資源的充分利用和環境的保護作用巨大，近幾年也在急劇發展，希望不久的將來能夠與歐美國家相媲美。

—— 長谷川岳，總務大臣政務官

政府政策的支持

以Airbnb為例，雖然Airbnb在日本的發展受到諸多政策阻礙，然而資料顯示，從2013年開始，Airbnb在日本的交易量就以每年300%的速度成長。根據Airbnb的官方統計數字，2014年7月到2015年6月間，在日本使用Airbnb的外國人有52萬，是之前的500%，產生的經濟效益達一年2,200億日元。

Airbnb的蓬勃發展，依靠的是龐大的市場需求，更確切來說，是外國觀光客爆炸性成長帶來的住宿需求。日本外國觀光客從2012年的800萬人次到2015年的1,900萬人次，到2020年保守估計會成長到3,000萬人次；房客的人數2015年是720萬

人，到2020年預計增加到1,700萬人。目前東京大部分的旅館訂房率都已經到九成。2020年的東京奧運會將意味著更大需求，日本政府開始為屆時旅客的住宿問題尋求合適的解決方案，也逐漸意識到Airbnb的必要性。

因此，為了推動共享經濟的發展，日本政府最大的支持莫過於〈旅館業法〉的改革。2015年12月7日，東京都大田區議會正式會議通過條例案[1]，政府認可了「民宿」。

日本政府已經公布，從2016年1月開始，以東京都大田區為策略特區，開始實行Airbnb合法化，即一般的民宅可以直接有償租借給其他人住宿。但同時規定，旅客居住時間必須是7天以上，而且房主有義務提前通知周邊的居民。條例還規定，政府有權進入室內檢查房產設施，保護旅客人身與財產安全。基於政府法令，還必須滿足房間的使用面積在約7.5坪以上，內含廚房、浴室和洗手間等設施，並無償提供外語服務。

預期未來日本政府一方面還會放寬對Airbnb的管制，另一方面可能考慮將適用範圍擴展到全國。在這種大好政策下，相信Airbnb、TOMARERU等民宿服務將會比之前發展得更快，

---

1. 延伸閱讀：http://asahichinese.com/article/travel/news/AJ201512080015。

創造出更大的便利，也帶來更大的經濟收益。

此外，2015年10月20日國家計畫專區（National Strategic Special Zones）會議上[2]，首相安倍晉三強調「道路運輸法不是禁止無許可的借貸，而是對車主和司機共同承擔管理費的機制的整頓，要緩和道路法的相關規制」。不過，日本政府對Uber的態度仍然較保守。鑑於Uber的需求狀況和Airbnb並不一樣，後者是已經出現龐大又迫切的需求，相對來說Uber並沒那麼迫切。

此外，優秀的服務和高安全性保障使得日本計程車本身就是一項優勢服務。但目前，考慮到Uber的英文介面對外國遊客更方便，所以在之後政府仍會逐漸承認其合法化，只是相對進展較慢。

2016年1月22日，在第190屆國會上，安倍在其施政方針中亦提出「觀光立國」的概念[3]：「我們接下來的目標是3,000萬人，不，應該把目標定得更高。實施策略性的簽證放寬政策、推動對於擴大〈旅館業法〉的管制改革。」

---

2. 延伸閱讀：http://japan.kantei.go.jp/97_abe/actions/201510/20article1.html。
3. 延伸閱讀：http://www.kantei.go.jp/cn/97_abe/statement/201601/1215803_11145. html。

日本總務省在最新發布的 2015 年《資訊傳播白皮書》中明確將「共享經濟」列入「生命、資訊和傳播技術的未來」一章中。白皮書中提到，在資訊時代下，共享經濟已經成長為全球創新的起點。但與此同時，白皮書中提及，日本只有不到 30% 的人樂於使用外國的共享經濟服務，其餘的人仍然對此類服務的安全性和信用系統表示擔憂，日本將會進一步整合資訊技術和社群媒體，在國內建立更安全的信用體系，進一步開發共享經濟的潛在市場[4]。日本負責醫療衛生和社會保障的最高主管機關厚生勞動省也開始在改進法律方面下功夫，讓房東更容易出租自己的房子；當中包括放鬆對最小房間面積的限制。

國民的支持

在市場行情和互相幫助的文化傳統作用下，共享經濟在日本已經愈來愈受到民眾的支持。

---

4. 延伸閱讀：http://www.soumu.go.jp/johotsusintokei/whitepaper/ja/h27/html/nc2421 10.html。

振興鄉村的有效途徑

Uber能夠為那些獨自住在小鄉村、子女都在大城市的老人，提供便利的交通運輸。Airbnb也可以吸引更多的外國人前往一些不出名的地方旅遊觀光[5]。舉例來說，在日本奈良縣的明日香村（Asuka），160戶人家歡迎日本和外國學生透過遊學的方式來村子裡走訪歷史古跡。這個村子有著悠久的歷史，但是由於之前一直未見足夠多的旅館，導致明日香村很難接待大量的遊客。民宿的服務方式大幅解決了這個問題。同樣的，民宿在日本的沖繩縣也很受歡迎。

在日本岡山縣津山市，名為Yuka的Airbnb房東在兩年半以前就開始用自己閒置的房屋接待遊客，已經有45批來自歐洲和澳洲的遊客住過那裡。津山市本來就不是一個熱門的觀光地點，但是Yuka的鄰居很讚賞他的舉動，甚至成立了一個特殊組織「以誠待客」（お持て成し），或者說接待團，提供一些文化體驗，例如：穿和服、插秧等。據Yuka所言，整個社區都很享受這種文化交流。

---

5. 延伸閱讀：http://asia.nikkei.com/Business/Trends/Japan-s-countryside-may-have-its-savior。

消費模式的改變

日本作家三浦展在2012年即出版《第4消費時代：共享經濟，讓人變幸福的大趨勢》一書。書中，作者把近代區分為四個消費時代[6]：

1. 第一消費社會：日俄戰爭至二戰前。大城市中產階級興起，以西方大型品牌為消費對象。
2. 第二消費社會：二戰後至石油危機。工業化發展帶動大生產，人們大量消費家電、汽車，經濟迅速成長。
3. 第三消費社會：石油危機至2004年低成長期。經濟增速放緩，人們注重產品差異和個人特色。
4. 第四消費社會：2005到2034年。經濟停滯，愈來愈多的人追求簡樸生活，滿足感來自人際關係密切帶來的充實，而非來自物質。

簡而言之，國民從消費模式呈現出以下價值觀的轉變：由

6. 延伸閱讀：https://ronaldyick.wordpress.com/2016/02/22。

注重國家到注重家庭，再到注重個人，最後到注重社會。日本
的第四消費社會現象，與歐美社會的共享經濟潮流互相呼應。
三浦展認為日本的轉捩點是「311大地震」，畢竟再多的物質
也不能保障生活，而政府發起救助之前，民眾早已互通資訊互
相幫忙，表現強烈自治意識。

日本文化的推動[7]

此外，在社會意識方面，共享主義、簡約休閒的日本文化
傳統近幾年重新受到國民重視，例如年輕人不再盲目消費歐美
名牌，更認同地方特色手工藝品之類的在地品牌，也開始回歸
自然、關注民俗風情。而在消費過程中，建立的人際關係和心
靈滿足感成為最重要的東西。

三浦展在書中提到兩個例子。日本多摩平住宅區是建設於
1950年代的住宅區，大廈近年復修，改造其中五棟住宅大廈。
如今，一些居民是年輕人，另一些為大學生，社區還在居民區
開闢菜園，還會不定期舉行活動促進居民交流。如此一來，避
免整區都是長者，減少孤立感。另一個例子是鹿兒島市的丸屋

---

7. 延伸閱讀：http://www.storm.mg/article/50341。

百貨公司，業者允許地區組織在店內舉辦活動，例如：播放電影、為輟學學生創辦「愛心學校」、開設食材烹飪班等，這些活動打造了百貨公司「社區活動中心」的形象，豐富當地居民的生活。

最重要的是，日本的社會信用體系也很發達。目前來看，日本很少出現租用汽車損壞，租客盜走房東財物的情況。這與日本國民高素質密不可分。日本民眾從幼稚園起接受誠信教育，而走入社會後，誠信也成為一個人立足社會的道德財富和生存資本。

協會力量的連結

具有里程碑意義的是，共享經濟的推動者在2015年12月14日一般社團法人協會上，以促進在國內普及為目標，設立「一般社團法人共享經濟協會」，在相關企業上相互支援，為共享經濟的發展貢獻。2016年3月9日，共享經濟協會發布了〈公開徵求意見書面意見書〉，意見書重點提出了對於〈旅館業法〉的改進，該意見書於2016年4月1日實施[8]。

---

8. 延伸閱讀：https://sharing-economy.jp/news/20160309/。

對未來的展望

　　近來，人們格外關心日本經濟形勢，也出現了各種不同的言論。總體來看，日本經濟的確出現了戰後以來最嚴重的衰退現象，此時共享經濟這種發於民間的商業模式，為低迷經濟中的人民生活帶來獨特的效益（如收入、心靈或人際關係方面的滿足）。共享經濟本身濃厚的P2P、C2C色彩，影響著每個社會參與者的行為，融入人們的消費習慣裡。在日本，大力發展共享經濟能夠充分利用閒置資源，甚至更「環保節約」。隨著人們的消費愈來愈趨於簡約、自然與和諧，共享經濟有利於建設和諧社會，加強人與人之間的信任。

　　特別的是，日本政府對於共享經濟的態度很特別，歐美國家走的是「先開放再規定的路線」，而日本是「先規定再放開」。也就是說，歐美國家共享經濟的發展曲線像一條趨於平滑的曲線，而日本更像一條S形曲線，而且在這種一點一點放開的謹慎態度下，共享經濟在日本的發展進程中也會相對少犯一些錯誤。總之，日本政府的態度已經趨於積極，國家的資訊技術已經高度發達，高素質的國民對於自身文化認可度日漸提升，對於資源分享也益發重視，這些力量都成為推動共享經濟

發展的因素。相信在未來的幾年裡，共享經濟一定會一改步伐
緩慢的現狀，迅速成長起來，成為一道獨特的風景線，帶來豐
厚的社會福利。

英國共享經濟政策報告

共享經濟具有龐大的經濟潛力，我希望確保英國
處於共享經濟的領先位置與中心，並且成為能夠與舊
金山相媲美的高科技新創企業發源地。

——馬修·漢考克，前英國內閣辦公室部長

正是看到共享經濟不可阻擋的發展勢頭和巨大潛力，英國
政府2014年提出了一項雄心勃勃的計畫：成為共享經濟的全球
中心[1]。因此，英國政府從政策層面給與極大支持，鼓勵發展
共享經濟。

提出政策的過程

2014年9月，英國商業、創新與技術部啟動了一個獨
立調查專案，任命英國共享經濟教母黛比·沃斯科（Debbie

---

1. 延伸閱讀：https://www.gov.uk/government/news/move-to-make-uk-global-centre-for-sharing-economy。

Wosskow）成立一個調查小組，對英國的共享經濟進行評估，評估的內容包括共享經濟為英國帶來的益處，以及對傳統商業構成的風險、共享經濟領域的政策法規與消費者權益保護等內容，進而找出英國在成為「共享經濟全球中心」的道路上面臨的障礙，最終目的是為「共享經濟全球中心」的建置制定一份路線圖[2]。

政策主要內容

在政府對策中，英國政府將扶植政策分為兩類，一類是一般性的扶植政策，另一類是針對共享經濟分眾市場的具體建議。一般性的扶植政策包括以下六項內容：

第一，試點「共享型城市」。英國政府意識到共享經濟能夠以創新方法幫助城市解決社會和經濟挑戰，並推動當地發展。因此，英國政府決定2015到2016年在里茲市和大曼徹斯特區設立兩個實驗區，重點支援在交通、住宿和社會保障領域

---

2. 延伸閱讀：https://www.gov.uk/government/uploads/system/uploads/attachment_data/file/378291/bis-14-1227-unlocking-the-sharing-economy-an-independent-review.pdf。

的共享嘗試，如里茲市成立一個網路共享平台，分享閒置的空間和設備，以及居民的各項專長和技能等資產和服務。

第二，建立資料蒐集和統計制度。共享經濟是一個新興且快速發展的新業態，對其進行精確統計評估有很大的難度，因此英國政府讓創新實驗室（Innovation Lab）和國家統計局（Office for National Statistics）通力合作，統計和評估英國共享經濟的發展規模和經濟影響。此外，國家統計局還可以與外國數據機構合作，並提出共享經濟分眾市場發展的可行性報告。

第三，開放政府身分核實系統和犯罪紀錄系統。信用體系是共享經濟網上交易活動的基石，英國政府正在與銀行、行動網路業者等協商，逐步對包括共享經濟平台在內的私人經濟部門開放政府的身分核實系統（GOV.UK Verify）。此外，向共享經濟平台開放犯罪紀錄查詢服務（Disclosure and Barring Service），英國政府承諾實現網路查詢，並降低查詢的手續和費用。

第四，將共享經濟納入政府採購，探索政府資產參與共享。英國政府逐步更新其政府採購範圍，讓共享經濟也成為政府採購的選項之一，如從2015年秋季開始，英國政府官員執行公務時，可以選擇共享經濟中的住宿和叫車服務。與此同時，

英國政府增加政府辦公資源的共享程度，如從2015年春季開始，英國稅務及海關總署開展了一個實驗專案，透過一個數位平台實現其閒置的文具、辦公用品、家具和IT設備的共享。

第五，消除數位鴻溝與鼓勵保險。共享經濟離不開網路的支援，但英國在2015年仍有20%的人口缺乏基本的網路使用技能，尤其是老年人。英國政府承諾到2016年，將使此數字減少25%，讓更多英國人能夠享受到共享經濟帶來的益處。此外，英國政府支持保險公司開發適用於共享經濟的保險服務，歡迎英國保險商協會發布世界第一份共享經濟保險指引。

第六，簡化稅制。英國稅務及海關總署在英國政府官網上發布共享經濟納稅的指引，並開發稅務計算APP，幫助共享經濟參與者簡單快捷的計算出應繳納的稅額。此外，稅務及海關總署計畫充分利用網路媒體（如YouTube、Twitter）擴大共享經濟納稅宣傳。

至於針對各產業的具體政策，從住宿共享、技能和時間共享、交通運輸共享等一一提出具體政策，如住房共享領域，政策明確提出要區別對待居民零星出租閒置房屋與商業旅館，而且政府鼓勵房東將閒置房間出租，並給與稅收優惠，比如租金每年不超過4,250英鎊，就可以對分享出租的房間給與免稅待

遇。在交通運輸共享領域，倫敦交通局在2015年已經宣布，專車在倫敦屬於合法經營。

政策評價

如果從參與人數、市場規模與標竿企業等指標來看，英國全國目前都很難與美國洛杉磯相提並論，後者誕生了Airbnb、Uber等共享經濟鼻祖，而且這些企業目前都是業內舉足輕重的企業。但是英國政府十分重視共享經濟領域，透過從政策環境上給與大力支持，試圖迎頭趕上、甚至超前，將英國打造為「共享經濟全球中心」。

綜合英國政府推出的政策，具有以下特點：

目標明確，政策有系統

在法國、德國、西班牙等西歐其他國家還在為是否應該開放短期租賃、計程車業而爭吵不休時，英國已經大步超前。一方面，「共享經濟全球中心」是一個明確具體且可量化考察的政府目標，從參與人數、市場規模、標竿企業，以及創業公司的數量等指標可以評估政府目標的實現程度。另一方面，英國

政府頒發的政策有系統且有層次，努力全面具體的解決共享經濟發展中遇到的困難和障礙。這當中既有針對整體共享經濟產業的頂層設計，從試點城市、資料獲取、信用體系、保險、政府採購到稅收，也有針對各個分眾市場亟須解決問題的具體政策，如鼓勵個人對個人的房屋短租，允許專車合法經營，甚至為了讓英國一直處於共享經濟的領先位置，英國政府從2015年開始編列預算並動用基金，對共享經濟中新技術、新商業模式和新領域給與資金支持。

產業組織推動政策實施

英國共享經濟的發展，不僅得益於政府層面的政策扶植，產業協會在其中也發揮龐大的保駕護航作用。2015年3月，在英國政府推出共享經濟扶植政策的同時，由英國商業、創新與技術部組織，全英國最有影響力的20家共享型企業成立一個共享經濟產業聯盟——Sharing Economy UK（SEUK），該組織的目標有三個：第一是宣導共享經濟。透過傳統和新興媒體統一發聲，大力宣傳共享經濟的益處，並與政府緊密合作，遊說立法機構，推動共享經濟成為主流商業模式，讓英國成為共享經濟的全球中心；第二是制定標準。會員企業通過一份行為準

則（Code of Conduct），從維護共享經濟信譽、員工培訓和保障安全等方面著手，以期為所有英國共享型企業樹立清晰、需要遵從的價值標準和行為原則；第三是尋找對策。協會通過支持研究項目、集結企業成功實踐等方式，努力解決共享型企業共同遇到的問題和挑戰。

政府推動共享經濟發展

英國政府真正關心的是消費者的權益保護，在傳統產業和共享經濟相衝突之時，英國政府並不一味保護傳統產業，反而認為共享經濟是技術進步、資源稀缺和商業模式創新等因素融合驅動下形成的未來經濟發展大趨勢，傳統企業應該抓住機會落實自身的革新。因此，面對產業發展契機，英國政府大力鼓勵共享經濟的發展，政策帶有明顯的導向性，最為明顯之處在於政策的設計者本身就是共享經濟的利益相關方。

英國共享經濟的扶植政策以一份獨立的研究報告為藍本和路線圖，這份報告主要由共享經濟參與者完成，〈開啟共享經濟〉研究報告的作者黛比・沃斯科，其身分是英國住房分享公司「愛家互換」（Love Home Swap）的創辦人兼執行長，同時她也是英國共享經濟聯盟（SEUK）的第一任輪值主席。時任

英國商業、能源暨產業策略部長的馬修‧漢考克，在研究報告的前言中更是直白無諱的闡述英國官方立場，當其他國家和城市正在取消消費者選擇、限制人民更能善用自己資產自由的時候，英國正在擁抱這個全新、顛覆性的商業模式，能夠帶來更多的商業競爭和消費者福利。英國的目標是成為共享經濟的全球中心，並引領世界共享經濟的發展。

法國共享經濟政策報告[1]

共享經濟急劇發展

在法國，個人間的物品和服務交換在實踐中應用得非常普遍，二手物品的買賣尤為常見，超過2/3的法國人有這方面的經驗，為共享經濟的萌生和發展提供了良好的市場基礎。近年來，個人的消費觀念逐步從重視「占有」轉為重視「使用」。這個轉變大幅促進法國共享經濟快速發展。調查顯示，過去一年中，法國共享經濟的推進穩定有序、充滿活力，顯示強勁的潛在發展情勢。

法國數位經濟產業部2015年發布官方報告〈共享經濟的挑戰與前景〉，根據該報告，法國和美國、西班牙是世界上共享經濟最發達的三個國家，不少企業在本領域內均處領先地位，例如：在交通運輸方面，BlaBlaCar是歐洲領軍的共乘服務平台之一，並已開始將其業務領域拓展到國際；在食品消費方面，平台代表業者VizEat和La Ruche qui dit Oui（LRQDO）可

---

1. 本報告主要資料來源為法國政府官方共享經濟報告：http://www.entreprises.gouv.fr/etudes-et-statistiques/enjeux-et-perspectives-la-consommation-collaborative。

在多個國家為消費者提供合作解決方案；在融資領域，法國是群眾募資平台最為活躍的歐洲國家，2013年第一季到2014年第一季之間的成長率超過100%，代表網路平台為Ulule。

　　此外，法國共享型企業普遍比較年輕，79%的企業成立於2008年後，近50%的企業成立時間不超過3年，非常具有活力。他們涉足衣、食、住、行、娛樂、購物、服務、融資和倉儲九大行業。其中，融資、住宿、交通運輸等產業參與者眾多且競爭激烈；飲食和購物領域為賣方市場；服務和服裝方面市場分散，正在發展中；娛樂和倉儲領域發展相對有限。

　　截至2014年第一季度，排名前十的共享型企業按月訪問量排名如下：BlaBlaCar（交通運輸）、A Little Market（購物）、Etsy（購物），Delcampe（收藏）、Airbnb（住宿）、Videdressing（服裝）、La Ruche qui dit Oui（食品）、Viagogo（娛樂）、Vestiaire Collective（服裝）、Zepass（娛樂）。

刺激共享經濟發展因素

　　刺激共享經濟發展的總體因素包括：一、經濟危機影響下的轉變。2007到2008年爆發的經濟、金融危機導致法國居民

家庭預算緊縮、購買力下降，為節約開支或創造貼補收入，法
國共享經濟有了飛速發展；二、科技進步，尤其是數位工具、
資訊傳播科技及電商的發展，對共享經濟產生決定性的推動作
用；三、就業市場不景氣和高失業率，促使經濟活動多樣化和
個體化，使就業市場發生轉變，愈來愈多的個人參與分享物品
或服務的交易活動中。另外，法國政府有關共享經濟的法律規
範及稅收政策對共享經濟的發展同時產生刺激和抑制作用。

　　至於個人層面的因素包括：市民消費習慣促進共享經濟發
展。無論是否親身參與共享經濟，法國人普遍對分享消費模式
印象良好。雖然這種消費模式由居民購買力等因素刺激產生和
發展，但常常與社會團結、資源共享、環境保護等社會價值緊
密相連。此外，消費者對於網路平台的交易安全、保障性及實
用性的信心不足可能成為共享經濟發展的主要阻力。

政策面臨重重挑戰

◆新興共享型企業與傳統企業競爭

　　在法國，共享型企業透過C2C模式，建立個人物品、服務

供應者與個人消費者之間的直接聯繫,對按照B2C模式建立的傳統消費模式產生衝擊。共享經濟的成功有很大程度上取決於交換過程的靈活、迅速及非物質化,以及個人購買力最大化的可能性。雖然這種新的消費模式代表經濟革新,並創造更多交易機會,但也帶來不少問題。

其中最主要的問題在於,網路交易平台在很多方面不受相關產業領域現行法律法規和稅收制度的約束,能夠以較低的成本提供物品及服務。舉例來說,巴黎合作超市La Louve採取非營利性協會的組織運作模式,大部分日常工作由協會會員以志願者身分承擔,超市因此得以用比傳統超市低很多的價格提供物品。但該超市在勞動法及食品衛生方面存在一定問題。此外,由於分享消費模式促使個人使用者轉向藉由非專業物品或服務提供者,而不是透過專業物品服務供應商來滿足自己的需求,網路交易平台也在逐漸引起有關產業領域的「非職業化」趨勢。

不少共享型企業認為,共享型企業提供的服務是對該業務領域內已有的服務內容的彌補,而非競爭關係。為確定某一具體產業領域內共享型企業和傳統企業間的關係,應對該產業經濟活動的複雜性和多樣性做更具體的分析。為避免不必要的摩

擦，並且為各類型企業之間的對話提供便利，政府應儘快清楚
表明立場。

◆法規難以適應共享經濟發展

目前，法國適用於數位平台的法律是由歐盟2000年6月8
日頒布的第2000/31/CE號關於資訊企業和電商服務的指令轉化
而來，規定在2004年6月21日施行的〈數位經濟信任法〉中。
分享消費涉及的法律問題比較多，其中部分問題可由現行的民
法典和消費法典加以規範。但是，除群眾募資平台享有專門的
法律地位外，目前可以適用於共享經濟的法律規範遠遠不足以
應對迅速發展的消費平台。考慮到數位經濟活動的跨國性，為
確保對消費者權益、資料和公平競爭的保護，應在歐盟層面加
強針對數位平台，尤其是分享消費平台的立法活動。

◆使用者個人資訊與保護問題

法國共享經濟發展過程中也凸顯了個人資訊保護問題。
共享型企業及部分傳統企業堅持政府應當在不影響創新的前提
下，規範共享經濟消費者的個人資訊保護及其知情權，尤其應
注重大數據管理，且透過設立個人資訊安全儲存空間來保障個

人交易安全。政府應一方面改善和加強消費者對相關資訊的了解和掌握，另一方面應清楚劃分參與分享交易各方所應承擔的責任。

總體而言，法國共享經濟發展迅速，但相關挑戰也不少。對此，法國官方報告也針對性的提出了相關建議，其中包括：提高共享型企業做為相關經濟活動參與者和地區的發展策略核心的價值；強化參與分享物品及服務交易的個人知情權和保護；確保不同類型經濟活動參與者之間待遇平等，減少或避免不正當競爭；在共享經濟當地語系化的過程中給與必要輔助；加快建立新興共享型企業和傳統企業間溝通的橋梁，強化不同類型經濟活動參與者之間的協同作用；將共享型企業定位為發展職業技能的媒介；為在社會和環境領域有所創新的共享型企業籌措資金提供便利等。

歐盟共享經濟政策報告

共享經濟能夠創造額外的工作機會和經濟成長，透過提供社會互動與更便宜的服務和商品選擇，使消費者大獲其利。
—— 艾姿琵塔．比恩寇斯卡（El bieta Bie kowsk），
歐盟內部市場、工業、創業和中小企業執行委員

立法過程

早在2013年9月，歐洲經濟和社會委員會（EESC）召開公開聽證會，以討論共享經濟這一新興的商業模式對於歐盟的重要性，並發布了一份名為〈協作消費，21世紀永續發展模式〉（Collaborative or participatory consumption, a sustainability model for the 21st century）的意見[1]。聽證會後，在EESC的倡議下，成立了共享經濟的行業組織 —— 歐洲共享經濟聯盟，

---

1. 延伸閱讀：http://www.eesc.europa.eu/?i=portal.en.int-opinions.25754。

該聯盟的設立目的在於整合力量，統一發聲，推動歐盟和成員國共享經濟政策的開展。

2015年，歐盟對共享經濟立法進程大大加快。2015年9月，歐盟執行委員會啟動一項將共享經濟包括在內的公眾諮詢，希望在保護創新、公平競爭和保護消費者三者之間達成平衡。2015年12月，歐盟層面關於共享經濟的爭議終於塵埃落定，歐洲議會發布對數位市場策略的立場文件，其中大力支持共享經濟發展。雖然文件提出過程中，各國議員激烈爭論，但共享經濟最後贏得了歐洲議會所有黨派的支持。這份立場文件表示，共享經濟促進商業競爭和消費者福利，創造更多的就業機會，文件敦促歐盟執行委員會和各成員國重新審視現有法規政策對共享經濟的阻礙作用，逐步消除法律政策層面的障礙，進一步促進共享經濟的發展。

2016年1月，歐盟執行委員會發布報告，對歐洲議會文件做出回應，宣布歐盟執行委員會在當年提出《共享經濟指南》，在考慮成員國不同利益的前提下，指南將致力於如何更統一的在歐盟各國內促進共享經濟的開展。

主要促進措施

在發布《共享經濟指南》的同時，歐盟執行委員會宣稱計畫提出一份〈歐盟共享經濟議程〉（A European agenda for the collaborative economy），為共享經濟的發展設定路線圖。《共享經濟指南》將著眼於評估現有歐盟法律與共享經濟發展間的監管差距，指導如何實施現有的歐盟法律，以更適應共享經濟發展。根據歐洲學者的總結和建議，歐盟現有和將實施的共享經濟促進政策主要可以分為以下四個方面：

第一，普及共享經濟概念，提升消費者參與共享經濟的意識。共享經濟意識的提升主要依靠教育，透過逐步在初級、中級、高等、成人與職業教育中植入共享經濟的概念和原理，讓更多的消費者了解共享經濟的益處，進而接受和主動參與共享經濟。

第二，破除行業准入壁壘，確立安全和品質標準。通過全面貫徹〈歐盟服務業指令〉（EU Services Directive），打破各國設置的產業准入壁壘和簡化行政手續。同時借助監管平台仲介的條例指引，鼓勵共享經濟保險的發展，為共享經濟確立最低限度的安全和品質標準，讓消費者放心參與P2P分享活動。

　　第三，鼓勵各成員國試點共享經濟城市，透過既有互動平台加強城市之間經驗交流。2015年，英國已經在里茲市和曼徹斯特市開展共享經濟城市的試點，2016年2月2日，荷蘭阿姆斯特丹也加入共享型城市的行列，創業公司、社區中心、公立圖書館等多方單位參與，開展從知識、資產到技能的分享活動。此外，透過借助歐盟市長盟約（EU Covenant of Mayors）或智慧城市與社群歐洲創新夥伴計畫（The European Innovation Partnership on Smart Cities and Communities）等城市之間的平台機制，鼓勵地方城市開展共享經濟的經驗總結和交流。

　　第四，服務支援和資金扶持。通過設置一站式服務平台，將產業准入、融資和納稅等服務加以整合，節省共享型企業的成本。同時，希望借助歐盟2014到2020多年期財務架構（EU Multi-annual Financial Framework Program 2014-2020）等政府財政和其他基金項目，為共享經濟平台企業提供資金支持。

政策評價

　　大力發展共享經濟，在歐盟已經提升到非常重要的等級，在歐盟的2020年策略計畫中，明確表示未來的商品和服務應加

強智慧、永續發展和包容的特點，並著重增加就業機會、提高
資源利用效率和啟動社會經濟的活力和凝聚力。總結歐盟的策
略計畫的促進政策，具有以下特點，值得深入思考和借鑑：

　　**首先，清除制度障礙，努力營造有利於共享經濟發展的
法律制度。**現有法律法規如何與快速變化發展的共享經濟相適
應，是一個讓各國政府頭痛的問題。從歐盟的現有做法來看，
歐盟在專門的共享經濟促進政策之外，亦十分關注如何消弭現
有法律法規與共享經濟發展之間的監管差距。共享經濟在歐盟
並不是一個獨立的策略計畫，而是置於歐盟單一市場策略計畫
之下實施，具體而言，歐盟透過單一市場策略計畫之下已掌握
的兩個重點，實現對共享經濟的監督管理與推動促進：第一個
重點是平台企業。2015年9月，歐盟執行委員會對於共享經濟
的公眾諮詢，其實是歐盟如何處理線上平台企業這一更大語境
下的一部分，此次公眾諮詢的主題是「平台企業的社會和經濟
角色」，而共享經濟是該諮詢中非常重要的一項內容。將參與
共享經濟的企業劃入平台企業的範疇之內，有助於從根本上釐
清一些困擾共享經濟發展的法律爭議，如專車公司與司機是否
屬於雇用關係等。第二個重點是服務。

　　共享經濟雖然是一種新型的商業模式，但從經濟型態上劃

分，仍屬於服務業的範疇。在歐盟，大力發展共享經濟亦服務於歐盟構建統一內部服務市場這一目標，因此，〈歐盟服務業指令〉將全面適用於共享經濟，這大大有助於消除現有法律對共享經濟設置的准入門檻和壁壘，比如〈歐盟服務業指令〉要求歐盟各成員國確保其服務市場的自由准入和非歧視待遇，最重要的是取消跨區域經營企業須在營業地設立獨立分支機構的要求，取消對企業在其他成員國進行服務性經營需向當地政府報批的要求。

　　其次，行業協會先行。早在2013年，歐洲經濟與社會委員會召開有關共享經濟的聽證會之後，歐洲第一個多方利益主體共同參與的共享經濟協會 —— 歐洲共享經濟聯盟隨之成立，並在之後推動共享經濟在歐洲的發展發揮了十分重要的作用。歐洲共享經濟聯盟承擔的任務主要有：媒體公關、市場調查研究、組織公共辯論和成員國政策制定者之間的多邊會議、主動參與歐盟執行委員會的諮詢活動和提供產業政策建議，並促使共享經濟服務於歐盟策略諸多目標的實現，如單一數位市場策略、永續性消費和生產行動計畫等。更難能可貴的是，歐盟議會和歐盟執行委員會對於產業協會的建議亦十分重視，在多次的公開諮詢中皆可聽到共享經濟參與者的聲音。

　　最後，歐盟劃定底線，鼓勵各國開展實驗。歐盟2016年3月提出的共享經濟政策沒有採用條例、指令的形式，而是採用指南的方式，可謂是歐盟深思熟慮之後的明智之選。一方面，共享經濟正蓬勃發展，遠未到成熟定型的時候，這意味著共享經濟仍處於不斷快速變化發展之中；另外一方面，共享經濟的崛起已經對傳統經濟型態產生一定影響。因此，如果採用條例和指令的方式，雖然法律效力層級更高，但過於剛性，缺乏調整和轉圜的空間，既難以滿足共享經濟不斷變動的需求，容易造成「一刀切」，也容易引發傳統經濟業態的反彈。

　　採用指南形式的好處在於，在劃定底線的同時，給與各國自由發展共享經濟發展的彈性。比如在2015年9月，歐盟啟動關於共享經濟的公共諮詢之時，歐盟執行委員會就明確表示，在該公共諮詢結果公布前，排除頒布法規來規範如Airbnb和Uber等共享型企業的可能性。因此，歐盟推動共享經濟發展的政策思路是：歐洲議會全票通過支持共享經濟的議案，相當於歐盟已經為共享經濟劃下了支持的底線，而歐盟執行委員會2016年6月提出《共享經濟指南》，則是鼓勵各成員國先試先行，之後在總結各國優秀做法和實踐的基礎上，再擇機推出新的政策。

美國共享經濟政策報告

美式監管主義

　　了解美國政府目前對於共享經濟的監管，首先要明白美國政府分為聯邦政府與州、地方政府，聯邦政府和州、地方政府都有相應的權力在各自管轄的領域裡進行監管。而如今，就聯邦層面而言，並沒有統一立法，也沒有頒發相應的政策明確監管內容，只是總體表面上樂於支持共享經濟。具體到各州、地方而言，由於各自發展情況不一，法律條例制度也參差不齊，各州、地方政府對於共享經濟的做法就有所不同。

　　2015年，美國全國城市聯盟針對美國30個最大的城市對共享經濟的態度進行調查，當問及針對共享經濟的監管時，其中54%的城市表示對共享經濟不採取任何監管措施，而30%的城市表示希望可以和原有的經濟模式一樣進行監管[1]。美國聯邦政府和地方政府對共享經濟的態度似乎是多元的，但是其實暗含著統一的主線。

---

1. Nicole DuPuis and Brooks Rainwater, "The Sharing Economy: An Analysis of Current Sentiment Surrounding Homesharing and Ridesharing," National League of Cities.

　　具體來說，從聯邦層面來看，共享經濟的發展已經引起了美國聯邦貿易委員會（FTC）的重視。聯邦貿易委員會主要職能是執行多種反托拉斯和保護消費者法律，目的是確保國家市場行為具有競爭性。聯邦貿易委員會目前並沒有管理共享經濟的具體舉措，但是已經展開了一系列前期工作。

　　第一，舉辦研討會。經過一年多籌備，2015年6月9日聯邦貿易委員會舉行一場主題為「共享經濟議題：面對平台、參與者與監管者的問題」（The Sharing Economy: Issues Facing Platforms, Participants, and Regulators）的研討會，邀請來自史丹佛大學經濟學院、哈佛商學院等的諸多專家針對「市場競爭、消費者保護、監管」問題展開討論[2]。會議之前，聯邦貿易委員會就針對監管問題擬定了一個標準：監管要顧及市場競爭，監管不能破壞市場創新。在此基礎上聯邦貿易委員會希望明確現有的數十年之久的規定是否還能行之有效。

　　第二，向地方政府傳達「旨意」。雖然聯邦並無統一立法管制或者推動共享經濟，各地方政府有權在自己管轄領域裡「因地制宜」，但是聯邦貿易委員會還是希望各地做法能夠統

---

2. 延伸閱讀：https://www.ftc.gov/news-events/events-calendar/2015/06/sharing-economy-issues-facing-platforms-participants-regulators。

一。2014年4月聯邦貿易委員會提交評議給芝加哥市議會議員布蘭登・瑞利（Brendan Reilly），對芝加哥市提議一項授與行動共乘服務軟體許可的條例表示讚賞，不過同時也表示希望可以適當減少條例中規定的稅費，以免影響相應平台的發展[3]。

第三，向外界發聲，表明態度。聯邦貿易委員會的工作人員會在適當場合向外界傳達內部想法，例如2015年聯邦貿易委員會的主席伊蒂絲・拉米爾茲（Edith Ramirez）透過新聞發佈會向外界表示共享經濟帶來龐大的收益，而聯邦貿易委員會希望能夠進行更多的調查研究，更深入理解共享經濟。同年5月份，聯邦貿易委員會政策規畫辦公室主任瑪麗娜・拉奧（Marina Lao）告訴英國《金融時報》[4]：「實際上，我們希望弄清楚的是，該如何以一種不會妨礙創新卻能保護消費者的方式，監管這類新的商業模式。」

第四，廣泛徵求社會意見。聯邦貿易委員會透過各種管道向美國大眾表明希望了解美國民眾對於共享經濟的態度，並且公布詳細的意見回饋管道。同時還將研討會的成果公布在聯邦

---

3. 延伸閱讀：https://www.ftc.gov/news-events/press-releases/2014/04/ftc-staff-sub-mits-comments-chicago-city-council-proposed。

4. 延伸閱讀：http://www.ftchinese.com/story/001061960。

貿易委員會官方網站提供民眾參考。聯邦貿易委員會在2015年已經針對共享經濟的不同內容徵集了至少兩批次民眾意見，並挑選其中一些公布在其官方網站上。

在聯邦貿易委員會進行探索的同時，美國各地方政府表現就更為直接：在科羅拉多，州長約翰・希肯盧珀（John Hickenlooper）已簽署了法案授權交通運輸分享類服務的營業；加州的公共事務委員會通過了一個法律架構，使得交通運輸分享類的公司可以在該州境內合法營業；而到各市政府，奧斯汀、西雅圖、華盛頓等也提出政策明確允許交通運輸共享平台運行；奧斯汀和舊金山市政府還允許房屋分享類的平台運作。可見在經濟需求的推動下，美國各地政府的表現更為務實[5]。

如今美國從聯邦到地方對共享經濟的態度，就如同放風箏，此時需要的是不斷放線測試共享經濟能飛多高，而不是急於拉緊繩子，而目前來看這根線還比較長。

5. Nicole DuPuis and Brooks Rainwater, "The Sharing Economy: An Analysis of Current Sentiment Surrounding Homesharing and Ridesharing," National League of Cities.

對美式政策的評析

相對於歐盟急於提出成套成文政策來指導共享經濟發展，美國對於共享經濟的態度顯得更豁達，能夠感受到其胸有成竹的氣魄。一來在實務中美國共享經濟的發展已經站在世界前列，無須政府更多推動；二來是謀定而後動，只有冷靜思考後的政策，才能真正合適共享經濟。細想「美國特色」的做法，確有以下值得學習之處：

第一，市場先行，政策後動。綜觀美國政府對共享經濟的態度，就是先行發展，但發展如何完全交給市場去評判。共享經濟已經在美國盛行多年，而聯邦貿易委員會卻遲遲不祭出相關政策進行管理，目的就是希望先由市場對共享經濟進行成分檢驗，其次透過市場和各地政府的反映來檢驗現有制度的缺陷或者不合之處，最後，每項政策的提出都需要經過反覆討論與論證，不僅要做到制度上科學，還要能夠溝通民意。顯然，經過美國市場檢驗過的共享經濟是值得稱讚的，培養出了Uber、Airbnb這樣的龍頭企業，也發展了上百個各類型的候補梯隊，共享經濟是值得追逐的。而這些年集中出現的平台與各地政府間的管理矛盾也讓聯邦貿易委員會認識到現有制度和共享經濟

的不和諧之處，這才有聯邦貿易委員會後繼的研究與討論。

第二，統一思想，劃定底線。雖然美國不急於管理共享經濟，但也不代表容許出現思想上、指導思路上的混亂。聯邦貿易委員會不斷透過媒體、透過與當地政府進行接觸，就是想傳達出支持共享經濟的態度。2008年金融危機後，美國急需新的經濟驅動力，共享經濟讓美國政府看到一個新的成長點。統一對共享經濟的態度有利於經濟的更進一步復甦。而與此同時各地政府又一致劃出底線，從形式上表現為相關政府提出相應的政策，例如加州的公共事務委員會通過的法律架構，使得交通運輸分享類的公司可以在該州境內合法營運；但是這種政策是一種底線政策，其真正含義是允許共享經濟的平台運行，只有在其運轉偏離軌道，例如損害消費者利益等時才會出來進行干預。也因此，美國的共享型企業可以迅速發展。

第三，地方試點，高層等待。採用聯邦立法具有效力強、執行力強的特點，但是也有不易更改的問題。因此，每一個聯邦層面的政策實行都必須慎之又慎。美國的做法就是把問題先拋給地方，由地方各自嘗試解決之道，由聯邦層面進行觀察、篩選與指導。與此同時，聯邦層面也會徵求學界、商界與社會的意見，綜合考量、統籌兼顧，提出最終的意見。

▼

閱讀筆記

▼

閱讀筆記

▼

閱讀筆記

財經企管 BCB606

共享經濟
改變全世界的新經濟方案

國家圖書館出版品預行編目(CIP)資料

共享經濟：改變全世界的新經濟方案 / 馬化騰等合
著. -- 第一版. -- 臺北市：遠見天下文化, 2017.02
　　面；　公分. -- (財經企管；BCB606)
ISBN 978-986-479-166-8(平裝)

1.合作經濟

559　　　　　　　　　　　　　　106002029

作者 —— 馬化騰、張孝榮、孫怡、蔡雄山

事業群發行人／CEO／總編輯 —— 王力行
資深副總編輯 —— 吳佩穎
書系主編 —— 邱慧菁
責任編輯 —— 林淑鈴（特約）、楊逸竹
封面設計 —— 三人制創

出版者 —— 遠見天下文化出版股份有限公司
創辦人 —— 高希均、王力行
遠見・天下文化・事業群　董事長 —— 高希均
事業群發行人／CEO —— 王力行
出版事業部副社長／總經理 —— 林天來
版權部協理 —— 張紫蘭
法律顧問 —— 理律法律事務所陳長文律師
著作權顧問 —— 魏啟翔律師
社址 —— 台北市 104 松江路 93 巷 1 號
讀者服務專線 —— 02-2662-0012
傳　真 —— 02-2662-0007；2662-0009
電子信箱 —— cwpc@cwgv.com.tw
直接郵撥帳號 —— 1326703-6 號　遠見天下文化出版股份有限公司

電腦排版／製版廠 —— 立全電腦印前排版有限公司
印刷廠 —— 盈昌印刷有限公司
裝訂廠 —— 晨捷印製股份有限公司
登記證 —— 局版台業字第 2517 號
總經銷 —— 大和書報圖書股份有限公司 | 電話 —— 02-8990-2588
出版日期 —— 2017 年 2 月 24 日第一版第一次印行

原著作名：分享经济：供给侧改革的新经济方案
本書中文繁體版由中信出版集團股份有限公司
授權遠見天下文化出版股份有限公司
在台灣香港澳門、新加坡、馬來西亞獨家出版發行
ALL RIGHTS RESERVED

定價 —— NT550 元
ISBN —— 978-986-479-166-8
書號 —— BCB606
天下文化書坊 —— bookzone.cwgv.com.tw

Believe in Reading

相信閱讀